本书获得国家社科基金和首都经济贸易大学教育基金会项目资助

首都经济贸易大学
财/税/法/治/文/丛

复合功能型环境税的法律构造研究

何锦前 著

Research on the Legal Structure of
Compound Function Environmental Tax

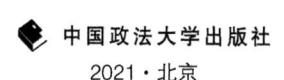

中国政法大学出版社
2021·北京

声　明　1. 版权所有，侵权必究。

　　　　2. 如有缺页、倒装问题，由出版社负责退换。

图书在版编目（CIP）数据

复合功能型环境税的法律构造研究/何锦前著.—北京：中国政法大学出版社，2021.9
　ISBN 978-7-5764-0094-6

　Ⅰ.①复… Ⅱ.①何… Ⅲ.①环境税—立法—研究—中国 Ⅳ.D922.229.1

　中国版本图书馆CIP数据核字(2021)第184802号

出版者	中国政法大学出版社
地　址	北京市海淀区西土城路25号
邮寄地址	北京100088信箱8034分箱　邮编100088
网　址	http://www.cuplpress.com（网络实名：中国政法大学出版社）
电　话	010-58908441(编辑部) 58908334(邮购部)
承　印	北京九州迅驰传媒文化有限公司
开　本	880mm×1230mm　1/32
印　张	10.25
字　数	240千字
版　次	2021年9月第1版
印　次	2021年9月第1次印刷
定　价	49.00元

总　序

　　欣闻首都经济贸易大学法学院计划推出大型税法研究项目"首都经济贸易大学财税法治文丛",并邀我为系列丛书作序,我欣然应允。长期以来,首经贸法学院一直支持中国财税法学的发展,得益于前任院长喻中教授和现任院长张世君教授的有力领导,财税法学科已经成为学院重点发展的优势学科,招揽了一批毕业于北京大学、中国人民大学、中国政法大学等高校的学术骨干。多年来,首经贸法学院不仅在教学中重视改革财税法学课程体系,还积极探索设立财税法学硕士点。此外,学院与中国法学会财税法学研究会之间也保持着良好的合作关系,自2016年起,学院已经连续5年承办了由研究会主办的"税务司法论坛"研讨会,吸引了全国各地的众多理论与实务界人士前来参会,成功将该论坛打造成了研究会的品牌会议。可以说,首经贸法学院为我国财税法学界举办个性化和规模化的财税法学术活动提供了宝贵经验。

　　此次,首经贸法学院计划推出新的系列丛书研究项目,是他们在推进财税法学科建设中所迈出的新步伐,不仅为财税法学研究的新成果提供了又一个展示平台,也能进一步扩大财税法学科在社会上的影响,助益财税法知识的推广与传播。习近平总书记在中南海主持召开经济社会领域专家座谈会时指出,新时代改革开放和社会主义现代化建设的丰富实践是理论和政策研究的"富矿",希望广大理论工作者从国情出发,从中国实践中来、到中国实践中去,把论文写在祖国大地上,使理论和政策创新符合中国实际、具有中国特色。我十分期待这个新的丛书研究项目能让更多的人关注到财税法视野下的中国问题,不仅要作有思想、有深度的研究,也要努力使相关研究接地气、有实用。

近年来,我国财税法学的教育和研究在祖国各地多点开花,不仅为国家培养了一批批青年才俊,也产出了诸多颇具影响力的学术成果。随着青年学者们的不断成长,我国财税法学界已基本形成了"老""中""青"共同努力的立体化研究梯队,同时,依据研究者们的学术背景与研究旨趣,我国的财税法学研究正呈现出多元化、多角度、多领域的研究格局。这些研究中,有的专注深挖财税法基础理论,有的着力探讨财税制度设计,有的重点比较国内外财税法治的异同,他们的成果使中国财税法学已经基本形成了立足本土、放眼世界的财税法学研究架构,有力促进了我国财税法制度体系的革新和财税法学教育事业的进步。

显然,中国财税法学的发展能取得今天的成果离不开几代财税法学人的苦心经营与筚路蓝缕,不积跬步无以至千里,那些为推动中国财税法学发展所做出的点滴努力,回过头看,都显得格外珍贵,衷心希望"首都经济贸易大学财税法治文丛"办出风采,办出特色,成为我国财税法学研究文库中的一面旗帜!也祝愿祖国的财税法学事业更加繁荣、美好!

是为序。

刘剑文
2021 年于燕园科研楼

自　序

在记忆中，小时候的家乡是长流的溪涧，是蜿蜒的山路。卷起裤腿下水，鱼虾手到擒来，穿到狗尾巴草上，带回家改善生活。而山间劳作间隙，用茅叶放在泉眼，引出的泉水清凉甘甜，沁入心脾，顺手摘几颗树莓，酸甜可口，顿觉惬意无比。后来，年岁渐增，离乡愈远，那绿水青山的记忆愈加深刻。"江南好，风景旧曾谙。日出江花红胜火，春来江水绿如蓝。能不忆江南？"（白居易《忆江南》）每次读到这首词，不由得忆起家乡的山水，仿佛整个江南都是家乡。

有一年，我到宁夏参加调研。亲眼所见，黄河边湿地连片，绿意盈盈，草长莺飞，果然是塞上江南景象。有山水处有江南，有山水处有家乡。对绿水青山的依赖，不只是江南人的偏好，更是大江南北人的天性使然。千里江山，都是爱山爱水人的家乡。

有一次，读到"在宁静的乡间谷仓那扇开着的宽阔大门外，一片阳光普照的牧场，牛马在吃着草，更有薄雾和极目处那遥远的水平线渐渐看不见了。"（惠特曼《一幅农家图画》）我不禁想，爱山爱水，恐怕不只是我自己以及我们这片土地上的人所独有的，而是地球上所有人的共性。

爱山爱水，就希望这"千山万水爱共永"。如何让这绿水青山永续？这是我和其他爱山爱水人萦绕心头的问题。自然界昭示给人类的答案是：生态环境保护是关键法门。不过，"生态环境保护"曾经与我的研究并无交集。

有一个机会摆在我的面前：环境税立法调研。2011年6月，我随导师张守文教授到江西调研环境税立法问题。其时，张老师主持了国家税务总局的课题，合作单位是江西省地方税务局，实地调研是计划中的重头戏。在前期准备工作完成后，当年6月，张老师带领我们赴江西多地、多个部门和多个企业进行调研访谈。这次调研激发了我对环境税法问题的浓厚兴趣，时间越久，越是希望能对其中的某些问题开展专门研究。

2015年，《中华人民共和国环境保护税法（征求意见稿）》发布。其中的很多问题引发了各方面热烈讨论。我随时关注着这些讨论。我发现，环境税法的一些基础理论问题很有必要加以专门研究，只有基础理论问题搞清楚了，才更有利于科学立法。在相关的基础理论问题中，环境税法的功能问题又格外重要。因此，我决心以此作为接下来的研究课题。

在我做了一段时间准备工作，发表了一些阶段性研究之后，正好遇上国家社科基金项目申报。我顺手就以"复合功能型环境税的法律构造研究"为题申报了国家社科基金一般项目，并最终获得立项资助。这是对研究者的物质支持，更是巨大的精神鼓舞。我抓紧按计划推进这一研究，并按期完成研究任务，顺利结项。目前这本书就是在结项成果的基础上修改而成的，总体上反映了我对复合功能型环境税法的思考。当然，还有部分研究成果尚未放入本书之中，或许在不久的将来，我觉得思考更成熟之时，会以论文的形式发表出来。无论是这本书，还是已经发表和未发表出来的论文，都衷心期待专家学者的批评。

这本书的出版，既是我个人几年来研究成果的涓滴汇聚，

自 序

也是很多人合力的智慧结晶。在此，要感谢很多人的指导帮助，感谢张守文老师将我领进环境税法研究的大门并给予诸多指导，感谢叶姗教授和其他一起调研的同门师弟师妹们的研讨，感谢课题匿名评审专家的建议意见，感谢我的研究生弟子们为课题所做的辅助研究工作，感谢出版社编辑的细致耐心编校。

绿水青山是爱山爱水人的愿景。我愿和大家一道，继续研究环境税法，为永续绿水青山不懈努力！

目 录

总　序 ……………………………………………………… 001
自　序 ……………………………………………………… 001

绪　论 ……………………………………………………… 001
 一、研究主题及意义 ………………………………………… 001
 二、环境税（法）研究述评 ………………………………… 003
 三、本书核心关切与基本观点 ……………………………… 026

第一章　环境税法的经济逻辑 …………………………… 033
 一、外部性内部化：从庇古税理论看环境税法的经济逻辑 … 033
 二、双重红利与多重红利理论 ……………………………… 057
 三、小结 ……………………………………………………… 063

第二章　环境税法的功能定位 …………………………… 065
 一、反思"零税收论" ………………………………………… 066
 二、环境税立法预设：大刀还是宝杖？ …………………… 070
 三、环境税法的两种预期：收入枯竭抑或动态稳定？ …… 078

四、认真对待环境税法的收入功能……………………… 082
　五、突出环境税法的规制功能…………………………… 088
　六、确立"规制—收入"复合功能定位………………… 092
　七、小结…………………………………………………… 099

第三章　价值权衡与环境税法的功能凸显……………… 101
　一、环境税法的价值范畴与"诸神之争"……………… 102
　二、内在非工具性价值考评……………………………… 113
　三、外在工具性价值考评………………………………… 128
　四、从价值协调看环境税立法…………………………… 148
　五、小结…………………………………………………… 158

第四章　复合功能型环境税的方案选择…………………… 161
　一、环境税立法方案回顾………………………………… 162
　二、从功能视角比较两种方案…………………………… 167
　三、两路并进与税制"绿化"…………………………… 180
　四、小结…………………………………………………… 184

第五章　环境税收法治路径再反思………………………… 186
　一、环境税收法治的评估标尺…………………………… 187
　二、环境税收法治平移路径的反思……………………… 190
　三、基于庇古税原理的环境税收法治并行路径………… 197
　四、小结…………………………………………………… 201

第六章 复合功能型环境税的税目优化 ······ 204
一、可持续发展对环境税税目提出的要求 ······ 204
二、税目扩围与结构优化：一种效率权衡 ······ 216
三、税目扩围与结构优化：一种公平考量 ······ 222
四、税目优化的基本路径 ······ 227

第七章 环境税法与相关财税法的协同并进 ······ 231
一、其他税种法的协同 ······ 231
二、其他相关财税制度的协同 ······ 258
三、小结 ······ 263

第八章 环境税法与环境保护制度的协调配合 ······ 264
一、环境税费改革中的历史遗留问题及其解决 ······ 265
二、环境税法与排污权交易制度的协调 ······ 268
三、从行政部门视角看制度间的矛盾与化解 ······ 279
四、小结 ······ 298

参考文献 ······ 299

绪　论

一、研究主题及意义

本书是笔者几年来不断思考的产物。2015年，国务院法制办公室（以下简称"国务院法制办"）公布了《中华人民共和国环境保护税法（征求意见稿）》（以下简称《环境保护税法（征求意见稿）》），该意见稿中的问题之多，以及问题的严重性出乎各方的意料，引发了包括学者在内的各方人士的激烈争论。在此背景下，每一个长期关注环境税法的研究者都能强烈意识到，就环境税法的功能定位问题开展系统的专门研究很有必要。

而在此之前，笔者已开展过四年的环境税法研究，笔者认识到，虽然环境税是个特别小的税种，相对于所得税等传统税种而言又是近些年来不少国家新开征的税种，但是，环境税法牵涉到几乎所有的税法基础理论问题，也涉及很多以往税法所不涉及的理论问题，是一个很好的理论增长点。事实上，环境税法虽然是一种因应生态环境保护的社会需要而出现的应急性、工具性制度，或者说是一种"回应型法"，[1]但并不意味着其

---

[1] 关于"回应型法"的讨论，可参见［美］诺内特、塞尔兹尼克：《转变中的法律与社会：迈向回应型法》，张志铭译，中国政法大学出版社1994年版，第81—87页。而关于经济法回应性的一个考察，可参见何锦前："透过对金融危机的

理论内涵肤浅。实际上，环境税法具有值得挖掘的深厚理论蕴涵，甚至对一些传统的理论命题提出了挑战。而诸多理论挑战之中，一个特别紧迫而又尚未得到充分研究的问题是环境税法的功能问题。

恰好，《中华人民共和国环境保护税法》（以下简称《环境保护税法》）的诸多问题也与此有关。笔者发现，《环境保护税法》在理论上需要深入研究的问题还很多，而几乎所有制度规则问题都与功能定位问题存在不同程度的联系。不过，笔者很遗憾地发现，环境税法功能定位问题似乎被当时聚焦于法条设计的批评浪潮掩盖。更显紧迫的是，一些似是而非的观点似乎有流行之势，一些研究主张环境税法只能有环境规制功能，或者只需要环境规制功能，根本就不需要，也不应当有财政收入功能。类似的一些说法很多，比如，环境税收入越少越好，环境税收入为零是最好的，因为这样就"天下无污"了。这些观点很有诱惑力，也特别容易误导立法。事实上，笔者发现，自《环境保护税法（征求意见稿）》到最终出台的《环境保护税法》，似乎未能形成对这类误导性观点所应有的"免疫力"。这些误导性观点，其实本质上是对环境税法的功能定位的错误认知和偏激看法。

正因如此，笔者迫切地感觉到，应当以环境税法功能为突破口大力推进相关理论研究。从制度本身来看，笔者的研究也将表明，"规制—收入"复合功能型环境税法才是理想的环境税法。

正值我们为理想的环境税法推进研究之际，2016年年底，《环境保护税法》有点意外地快速出台了。法律既定，木已成舟，但法律并未终结，也不可能终结理论上的悬疑，相反，任何

（接上页）回应看经济法学"，载张守文主编：《经济法研究》（第8卷），北京大学出版社2011年版，第35—53页。

存在缺陷的立法都将激发巨大的理论活力。因此,笔者前述的研究初衷并未改变。毕竟与《环境保护税法(征求意见稿)》和以往的排污费制度相比较,《环境保护税法》确有进步,但缺陷也很明显,仍待将来完善,且理论上的误区更是亟待澄清。

与此相关,笔者的研究意义也主要在于两方面:其一,为将来《环境保护税法》和相关法律的修订完善做必要的理论准备,为科学立法尽绵薄之力;其二,为环境税法理论乃至相关方面的税法基础理论做一点积极的推进工作。同时,这两者也均契合我国生态文明建设与法治中国建设的战略需求。

为此,笔者借鉴交叉学科理论,从庇古税等环境税基础理论、环境税制比较、环境税费制度的社会需求与实施效应到复合功能型环境税法的基本构造,开展了一系列研究。笔者不敢奢望本研究取得多大程度的突破,惟愿相关成果能成为今后这一领域研究的合格垫脚石。

二、环境税(法)研究述评

(一)背景与问题

环境问题一直是困扰世界各国的难题。环境税自20世纪中期雏形初现以来,各个国家都在探索环境治理中引入环境税制度。[1]我国作为最大的发展中国家,如何有效控制环境污染更是亟需解决的问题,而环境税和环境税法当然也更早地进入中国人的视野中,被认为是有助于解决环境问题的手段之一。但是,从制度实践来看,我国环境税制度的建立经历了比较长的过程,直到2016年12月25日才通过了《环境保护税法》,这标志着环境税制度正式跻身于中国法律谱系之中。

---

[1] 参见何锦前:"价值视域下的环境税立法",载《法学》2016年第8期。

从改革开放迄今,环境税制度作为一种治理环境污染的新手段逐渐被介绍到并引入我国,乃至最终通过《环境保护税法》,这一过程很值得我们去关注和研究,从这一过程中,我们能窥见环境税(法)研究的点滴积累,[1]也能发现环境税(法)研究在"前立法"时期的一些基本发展脉络,更重要的是,我们或许能看到,环境税(法)研究在"后立法"时期的一些新的需求和新的挑战。

我们了解到,从改革开放至今的几十年间,我国财税学、法学、环境学等诸多领域的许多专家学者都针对环境税这一对象进行了探讨。在这数十年中,学者们对于环境税的认知有了比较明显的改变,学界领域对环境税的研究也更加深入。但一直以来,我们缺乏关于我国环境税(法)研究发展历程的比较精确、客观的总结评述,随着文献计量分析技术的发展,我们有信心能在这方面取得一定的进展。

上述感悟并非只是环境税(法)研究上的独特感悟,事实上,就任何稍有历史积淀的研究领域而言,对一段历史时期的研究予以回顾评析是一项充满挑战的工作。一方面是因为回顾评析可能受到个人学术旨趣和偏好的影响而不客观,传统的学术史研究因而特别考验一个学者长期的积累、宏阔的视野和独到的眼光,往往只有那些数百年一出的天才式的集大成者才能担此重任,但即便如此,主观化的解读甚至误读仍然不少。[2]

---

[1] 需要说明的是,学界关于环境税法的研究与环境税的研究多有交叉融合,因此,有时难以截然区分环境税法研究与环境税研究,甚至在大多数情况下也没有必要,故人们有时以"环境税(法)研究"来指称这些研究。

[2] 其中的原因是多方面的,如康有为学养深厚,但对传统文献作了一些显然不客观甚至武断的曲解,就可能有一些非学术的考量。See Gongquan Xiao, Kung-Chuan Hsiao, *A Modern China and a New World: K'Ang Yu-Wei, Reformer and Utopian*, 1858–1927, University of Washington Press, 1975.

绪 论

另一方面则是因为回顾评析的对象规模过于庞大而难以有效把握,时间越长,文献数量越多,要摸的这头"大象"越大,即便抛开以偏概全的风险不说,单个学者在短期内也很难全面吃透所有资料。在学术生产数量跃升甚至大爆炸的当代社会,[1]即便学者愿意皓首穷经、青灯黄卷,也很难以肉眼凡胎之身应对海量文献资料,只能凭借主观判断来筛选资料,如此则又落入了前面所说的主观化窠臼。

这是一个最好的时代,也是一个最坏的时代。海量文献及其伴生的学术垃圾为文献研究带来了巨大挑战,但现代科学技术的发展也为我们打开了一扇窗,它使得分析海量文献成为可能,同时,它软化或打破了传统的学术壁垒,降低了研究门槛,让更多学者从事这类研究具有了可行性,当然也显著降低了资深学者的研究成本。金观涛在自身具备深厚学术积淀的情况之下,依靠计算机技术,通过关键词抓取和大数据分析方法,从1.2亿字的文献中梳理了中国现代重要政治术语的形成和演化过程,该研究方法令人耳目一新,[2]给国内学界以极大的学术冲击。这种研究方法代表着新技术条件下的一种新的学术发展方向,越来越多的学者沿着这一新方向努力挖掘,取得了一批阶段性成果。[3]

---

[1] 例如,我国科技论文数量已经超过美国成为世界第一,当然也发生过多起学术论文造假被撤稿的事件。参见饶毅:《饶议科学2》,上海科技教育出版社2014年版,第145—146页。

[2] 需要说明的是,即便有现代科技的辅助,金观涛先生这本书仍然是长达十年耗费大量研究经费且得到团队持续艰苦付出的结果,在古代,做这种研究是无法想象的。

[3] 法学领域的相关成果如杨红岗等:"国内数字化作品版权保护的研究态势——基于文献计量的科学知识图谱分析",载《情报杂志》2012年第8期;郑磊、张亮:"基本范畴与方法进路的中国宪法学积累图式——'中国宪法学基本范畴与方法'学术研讨会十年考",载《法制与社会发展》2016年第3期;潘新睿:"基于知识图

近年来的实践表明，运用现代技术手段进行文献研究，有两条路径可走：一是大型团队在充分的财力保障下花较长时间对全部文献进行总体计量分析，或者将样本容量尽可能扩大以进行高精度计量分析；二是个别学者在能承受的经济成本和时间成本范围内选取较小容量的样本进行分析。我们所能选择的只有第二条路径，由此，首要的问题就是如何选择样本。

具体来说，对知网数据库的文献计量分析能更为直接、精确、客观地反映出学界对环境税（法）研究的发展进程。本书正是基于对知网数据库的期刊中发表过的关于"环境税"[1]的论文进行文献计量分析，由此梳理我国环境税（法）研究的发展脉络和基本规律，并发现既有研究的某些局限或不足，考察需要进一步深入的研究主题。

众所周知，环境税的研究成果一般会以专著、期刊论文、会议论文、网络博客、内参要报等多种形式呈现在各类读者的面前，囿于时间、精力和研究成本，我们无法就所有形式的研究成果都一一搜罗考察，一个最可行的办法是以知网期刊论文作为我们分析的样本。期刊作为学术交流的主要平台，在很大程度上能够反映学界对环境税的关注点。故笔者以知网数据库中

（接上页）谱的我国证券法研究现状分析"，载《管理评论》2012年第11期；曾鹏、杨莎莎："中国法学研究水平省域空间分布规律的若干问题研究——基于CSSCI（1998—2009）收录法学期刊的数据分析"，载《统计与信息论坛》2012年第12期；彭辉、姚颉靖："基于文献计量的我国文化产业版权保护研究进展分析"，载《理论月刊》2015年第11期；何锦前、司晓丽："改革开放以来税法研究之主题变奏——以《税务研究》为样本的文献计量分析"，载《税务研究》2019年第1期；何锦前、王倩瑜："改革开放以来财政法治研究的文献计量分析"，载《经济法学评论》2018年第2期。

[1]"环境税"是一个源于欧美国家的税种，由于翻译、研究尚处初步阶段，学界对"环境税"的称呼并不统一，相关文献使用过的术语至少包括环境税、环保税、绿色税、生态税等，再加之一些文献中的环境税范围大小不同，也会使用碳税等其他术语。

的期刊论文作为研究样本,搜索全文内容涉及环境税的论文,包括全文含有"环境税""环保税""绿色税""生态税"以及"碳税"等术语的论文,进行统计分析。进而,笔者利用相关软件对知网提取出的文献进行关键词词频分析、网络分析等文献计量分析。

我们知道,学者研究的重点往往与时代特征密切相关,其问题意识通常是基于具体历史条件下、具体时空结构下的主要矛盾而生发的。改革开放以来,大体上十年左右就呈现出一个较大的跃升,因此,我们将环境税(法)研究的40余年历程粗略地划分为四个阶段:1979—1988年、1989—1998年、1999—2008年以及2009年至今。[1]

(二)萌芽阶段:1979—1988年

通过筛选知网数据库中关于"环境税"的论文,笔者统计了全文内容中涉及"环境税""环保税""绿色税""生态税""碳税"的论文数量,如下表:

表1 各阶段环境税论文篇数统计

年份	1979年以前[2]	1979—1988年	1989—1998年	1999—2008年	2009年至今[3]
篇数	2	3	327	3341	28 717

笔者据此进一步制作成折线图(图1)。从图中我们能够清晰地发现,学界对环境税(法)研究热度的发展的确经历了几

---

[1] 统计时间截止到2020年11月1日。
[2] 1979年以前所发表的两篇论文中所含有的"碳税"一词与我们现在所讨论的"碳税"并非同一含义,它是我国的一种特殊的与碳矿有关的税种。为保证数据的完整性,故在表中列出,但该两篇论文不在本书讨论范围之内。
[3] 本书统计时间截止到2020年11月1日。

个跃升阶段。从早期仅有个位数的研究,到最近十几年关于环境税(法)研究的期刊论文已经突破 1 万篇,这不仅是论文数量上的飞跃,而且也在一定程度上表明,环境税(法)研究已经成为我国学界的一个重要学术领域。

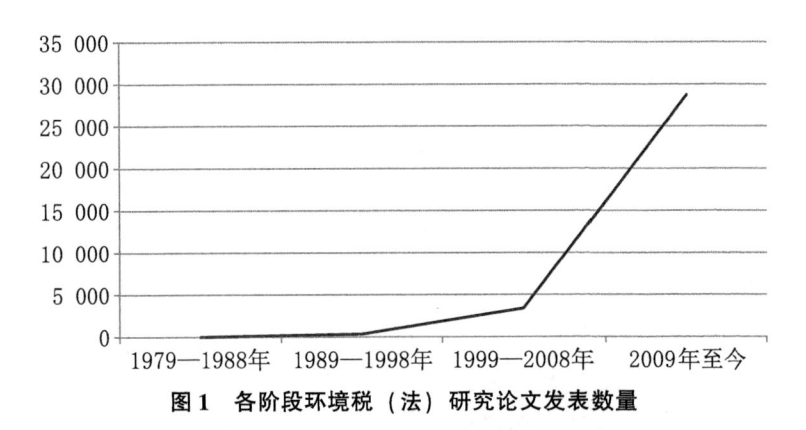

图 1　各阶段环境税(法)研究论文发表数量

1979—1988 年间,我国学者公开发表关于环境税的论文仅有 3 篇,但这些学者正是我国环境税(法)研究的探路者。这一阶段正是环境税在我国的萌芽时期,是我国环境税理论研究的重要起点。

早期一篇环境税文献的作者靳怀刚时任原上海卫生环保局局长,其对上海环境治理有着源自一线工作的独特感悟和丰富经验,对环境问题亟待解决的现状也有着较为深刻的认知。上海市在水污染环境治理的过程中一直在摸索探寻一条新路,基于探索过程中的经验,靳怀刚认为,单以行政手段对水污染进行控制的办法已经进入瓶颈状态,难以取得理想效果,而经济杠杆可能是更好的替代性手段,完全可以引入水源保护等相关措施中,在诸多经济杠杆中,环境税正是值得注意的一种工具。这一观点,虽然谈不上成熟之见,也未明确解释环境税以及环

绪 论

境税实际执行操作等问题,但的确是我国环境税(法)研究的先声。同时,靳怀刚认为排污费与环境税是截然不同的,在征收排污费的同时加收环境税是对高污染企业的一种惩罚措施。其将环境税与排污费区别看待,并且实际上认为环境税对于企业而言是一种新增加的额外经济负担,是一种类似于行政处罚的行政行为。需要指出的是这与现在的主流认识不同,也与笔者的看法很不一样。但须承认,靳怀刚的观点体现了当时希望借环境税的经济杠杆作用来规制环境影响行为的社会吁求。[1]

经济学界也有学者从财政学角度切入,较早向国内引介了环境税。杨斌曾提出"生态财政"这一说法。生态财政论的提出具有一定的积极意义,它是以财政学理论去解决日益严峻的生态问题的一种尝试和探索。既然是生态财政,那必定少不了税收这一环节,自然要涉及生态税或环境税,当然,囿于当时的研究状况,论者也只是提到环境税,并未对环境税进行详细介绍。值得一提的是,论者还提到应当建立一个独立的"保护资源和保护环境税收体系",其构想的税收体系与当前我们所说的环境税或环境税系有诸多差异。例如,其提到"保护环境税是对目前已实行的资源税、土地使用税的完善和扩大",或许,该"保护环境税"体系涵盖的范围可归属广义环境税,比当前环境税概念更宽泛。[2]

总的来看,以靳怀刚和杨斌为代表的早期研究者敏锐地看到了环境税的重要性,为此后环境税(法)研究打响了第一枪。星星之火,可以燎原,虽然他们的研究在概念的精确性和论述

---

[1] 参见靳怀刚:"解放思想 立志改革 开创环保工作新局面",载《环境管理》1983年第4期。

[2] 参见杨斌:"理财模式的转换——生态财政论",载《财经理论与实践》1986年第4期。

的体系性等方面有历史局限性，但它们的历史贡献是积极且明显的。

(三) 生长阶段：1989—1998年

进入20世纪90年代，随着我国私有经济不断发展，各类企业如雨后春笋，一夜之间在我国各地出现。国有企业、民营企业比翼齐飞，中资企业、外资企业万马奔腾，国民经济蓬勃发展，但同时也带来了生态平衡的巨大压力和环境污染的现实危机。在这一时期，与上一个十年相比，环境税（法）研究已经从萌芽状态进入了草长莺飞的良好生长状态。依照前述方法，笔者对这些论文的题录数据进行分析，可以得到此一阶段关键词多维尺度图以及关键词共现图（图2、图3）。

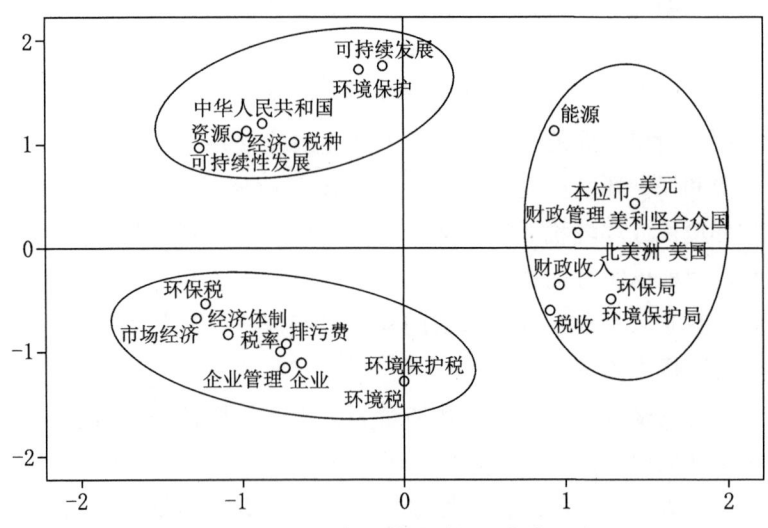

图2 1989—1998年环境税关键词多维尺度图

绪　论

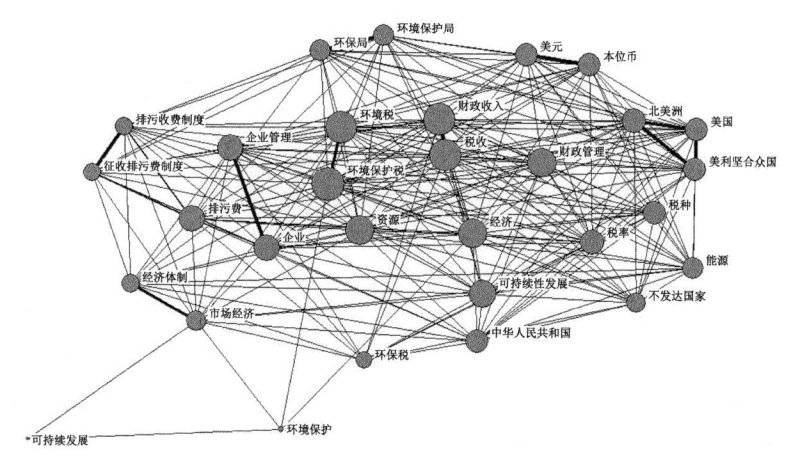

图3　1989—1998年环境税关键词共现图

就关键词多维尺度图而言，关键词之间关系紧密度比较明确，其所表征的环境税主题大体上归为三类：①以国外环境税为核心的主题群落，包括"能源""本位币""美元""美利坚合众国""财政管理""北美洲""美国""环保局""环境保护局""税收"和"财政收入"共11个关键词。如同大部分学科的研究刚开始本能地"睁眼看世界"一样，学界在研究我国环境税问题时，也通常会借鉴国外的成熟经验，尤其是美国等发达国家的环境税经验。②以中国环境税为核心的主题群落，包括"可持续发展""环境保护""中华人民共和国""资源""经济""税种"和"可持续性发展"共7个关键词。这表明学界在研究环境税时具有鲜明的中国问题意识，也有一些学者较早地意识到了可持续发展理念的重要性，尤其是在研究我国环境税开征问题时，一些学者注意到了我国经济发展的阶段性特征、环境保护的紧迫性与可持续发展理念之间的关系。③以环保税与排污费为核心的主题群落，包括"环保税""市场经济""经济体制""税率""排污费""企业""企业管理""环境税"和

"环境保护税"共9个关键词。这说明学者在考虑环境税的时候也注意到了企业在环境治理中的作用，同时也意识到了环境税必然会对企业产生直接的影响。

从图3可以看出，在1989—1998年这个阶段，除"可持续发展"和"环境保护"与其他关键词不够紧密外，其他各个关键词之间的关系均较为紧密。同时，此阶段学者讨论的重点在"环境保护税""税收""资源"和"财政收入"。学者的研究总是与当时的社会背景有关，我国在1995年9月的中共十四届五中全会提出了"可持续发展"概念，而这一时间节点正处于1989—1998年阶段的中后期。"可持续发展"概念进入决策层文件之中，并将其作为国家的重大发展战略，对学术研究的推动是很大的。[1]环境税方面的研究变化明显，至少从可持续发展理念的角度来讨论环境税的论文明显增多了。

其中，有的研究指出，可持续发展是符合我国经济发展要求的理念和原则，基于可持续发展的理念，必须"加强政府对自然资源利用的宏观调控"，建立"碳税"等制度是其中重要的手段之一。[2]有的研究在可持续发展理念下提出了"环境成本内部化"的主张，认为建立"生态环境补偿税（或收费）"是重要措施之一。[3]还有研究认为，对实施可持续发展战略而言，一个较为完善的税收法律体系具有不可替代的必要性和特别的

---

[1] 知网上可查到关键词中含有"可持续发展"的环境税期刊论文是王松霈于1995年10月在《自然资源学报》所发表的一篇论文。详见王松霈："论我国的自然资源利用与经济的可持续发展"，载《自然资源学报》1995年第4期。

[2] 参见王松霈："论我国的自然资源利用与经济的可持续发展"，载《自然资源学报》1995年第4期。

[3] 参见王金南、曹东："可持续发展战略与环境成本内部化"，载《环境科学研究》1997年第1期。

重要性，其中就包括环境税收法律制度。[1]

此时，"睁眼看世界"，参考国外已有的环境税制度也是很有必要的，事实上，这也构成了我国早期环境税（法）研究的重要部分。徐华清考察了发达国家能源环境税制的特征，得出的结论是：环境税是一种间接税，各国之所以设立环境税制度，主要是为了加强间接税、完善现有税收体系，这是设立环境税的首要目的，至于解决环境问题则是次要目的。在他看来，当时中国的税收制度对环境保护的力度不够，也正因此我国有必要开征能源环境税，但要注意开征这类新税种的主要目的和次要目的之分。[2]此外，计金标分别介绍了荷兰、美国和瑞典的生态税收制度与现状。[3]

随着研究的深入，一些学者开始细致地讨论起环境税的具体课税要素等问题。陈建国讨论了环境税税基、税率以及环境税征收形式等问题。[4]张世秋人等从经济学与法学角度分析了环境税收制度，就法学角度而言，国家拥有征收环境税的权力，因为生产者与消费者等社会成员均利用了环境资源，故具有缴纳环境税的义务。[5]

在1989—1998年这个阶段，环境税（法）研究多局限于财税学、环境学等领域，从法学角度分析环境税的研究难觅其踪，

---

〔1〕 参见牛杰、郭凯峰："完善税收法律，保障可持续发展战略的实现"，载《河北法学》1998年第4期。

〔2〕 参见徐华清："发达国家能源环境税制特征与我国征收碳税的可能性"，载《环境保护》1996年第11期。

〔3〕 参见计金标："荷兰、美国、瑞典的生态税收"，载《中国税务》1997年第3期。

〔4〕 参见陈建国："环境税理论及其对我国的启示"，载《涉外税务》1998年第6期。

〔5〕 参见张世秋、李彬："关于环境税收的思考"，载《环境保护》1995年第9期。

研究环境税的法学学者当然也是寥寥无几。我国目前可搜索到的、公开发表在学术期刊上的第一篇关于环境税的法学论文是鲁篱于1994年在《法学》杂志上所发表的《环境税——规制公害的新举措》。鲁篱讨论了环境税设计中的公平、效益、多因子重叠征税等原则。在对环境税与排污费进行比较后，鲁篱认为，环境税与排污费存在相似之处，又有明显不同。[1]有意思的是，这与后来《环境保护税法》立法的路径不谋而合，众所周知，我国2016年制定的《环境保护税法》正是从之前已有的排污费整改过来，是一种"费改税"。

需要指出的是，上述一些研究开始注意到环境税在财政收入中的积极作用，换言之，环境税不仅是一种政府实施宏观调控和进行环境保护的有力手段，溯及其本源，环境税还是税收中的一种，当然也就具有其他税种所具有的财政汲取方面的作用。同时，基于对1989—1998年该阶段的研究回顾，我们也能明显看出，在环境税（法）研究领域，法学学者与财税学学者之间关注点与切入点的差别。

（四）蓬勃发展阶段：1999—2008年

进入千禧年，我国正式加入世界贸易组织（WTO）并且日益融入全球化的大舞台。无论是从经济发展角度来看，还是从学术交流角度来看，这一时期都为我国环境税（法）研究创造了蓬勃发展的条件。通过上文统计可以明显看到，在1999—2008年这一阶段，我国关于环境税的研究开始井喷式增长。依照前述方法，我们对这些论文的题录数据进行分析，可以得到此一阶段关键词多维尺度图以及关键词共现图（图4、图5）。

---

[1] 参见鲁篱："环境税——规制公害的新举措"，载《法学》1994年第3期。

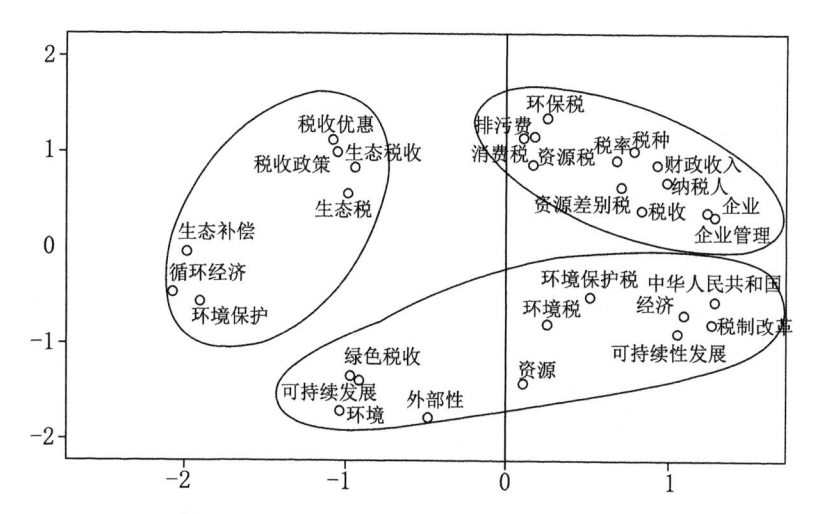

图4 1999—2008年环境税关键词多维尺度图

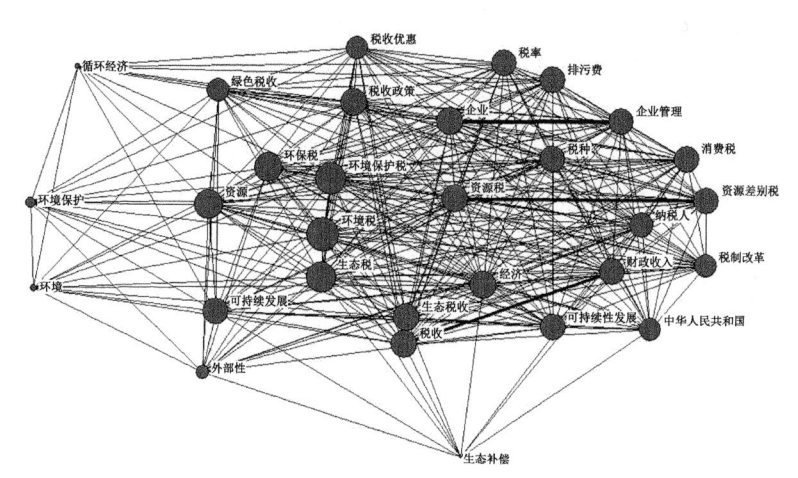

图5 1999—2008年环境税关键词共现图

就关键词多维尺度图而言,关键词之间关系紧密度比较明确,其所表征的环境税主题大体上归为三类:①以生态税收为核心的主题群落,包括"税收优惠""生态税收""税收政策"

"生态税""生态补偿""循环经济"以及"环境保护"共7个关键词。这代表着学界探讨环境税在生态保护中作用的视角。②以中国环境税为核心的主题群落,包括"中华人民共和国""经济""税制改革""环境保护税""可持续性发展""环境税""资源""外部性""绿色税收""可持续发展"和"环境"共11个关键词。这表明相关学者研究环境税的出发点仍是我国国情以及可持续发展目标。③以环境税构成为核心的主题群落,包括"环保税""排污费""消费税""资源税""税率""税种""财政收入""纳税人""税收""资源差别税""企业"和"企业管理"共12个关键词。这说明学者在设计环境税体系时,着重对环境税与其他相似税种或收费进行比较,并且注重纳税人在该体系中的地位。

从图5可看出,1999—2008年这一阶段,相关研究讨论的问题焦点不再像前一个阶段那么紧密,但关联程度仍处于较高的水平。我们还可以发现,环境税与生态税是相关研究中的高频词。在本阶段,相关研究关注环境税与其他税收政策之间的区别,同时也讨论如何通过资源税等其他税收制度来加强环境保护。

改革开放之初,一些人认为,经济发展难免以环境破坏和生态退化为代价,对此,苏明等人认为,经济增长与环境保护并不是对立的,可以构建一种经济增长与环境保护之间的平衡机制,其中就包括环境税,其相对于排污费而言具有明显优势,特别是环境税不存在排污费"权威性不高、强制性不够"的问题。就环境税的制度建构来说,苏明等人还建议,在环境税设计时应明确中央与地方的事权与财权。[1]笔者发现,2016年出台的《环境保护税法》和2017年发布的《国务院关于环境保护

---

[1] 参见苏明、刘军民、张洁:"促进环境保护的公共财政政策研究",载《财政研究》2008年第7期。

绪 论

税收入归属问题的通知》（国发〔2017〕56号）中，已经改变以往的税权配置结构，并明确将环境税划归地方，这也说明税权分配问题的确是环境税制度建构中的重要问题。

笔者也注意到，这一时期，一些研究已经提出了绿色税制的新说法，环境税制度即被视为我国推行绿色税制改革的重要组成部分。[1]这对后来学者们提出税制的"绿化"或税制的生态化等新观点是很有启发意义的。

环境保护和环境税的很多讨论最开始都是基于一些善良的动机和美好的愿望，不过，推行环境税制构建，还绕不开环境税制能否带来人们所期望的实际作用这个问题。有的研究立基于微观经济效应，从分析边际机会成本的角度切入，论证环境税能够对节能减排产生合理的激励效果。这种激励效果不是单一的而是双重的，换言之，环境税能带来"双重红利"效果。"双重红利"是西方经济学界探讨已久的一种假说，存在一定的争论，但相关研究认为，不能因此对环境税政策产生消极态度。在设计环境税制结构时，应当降低现有扭曲税收的税率，尽可能为"双重红利"效应的实现创造有利条件，保证中国整体税收政策的健康。[2]针对环境税的"双重红利"假说开展各种形式的争论不断，[3]经过一段时期的争论，学界认为，环境税"双重红利"假说推动了西方国家环境税理论的演化，其也正是我国在进行税制结构调整及优化中可以借鉴的宝贵经验。[4]

---

[1] 参见刘尚希："面向民生的税收制度改革"，载《税务研究》2008年第5期。

[2] 参见武亚军："绿化中国税制若干理论与实证问题探讨"，载《经济科学》2005年第1期。

[3] 参见刘红梅等："环境税'双重红利'研究综述"，载《税务研究》2007年第7期。

[4] 参见司言武："环境税'双重红利'假说述评"，载《经济理论与经济管理》2008年第1期。

鉴于环境税制的积极效应，有的研究建议，应当将具有"准税收"性质的排污费进行循序渐进的"费改税"，甚至有必要开征新的税种——环境税。[1]从价值定位角度来看，环境税收制度具有与传统税收理念不同的价值取向和特定的目标导向作用，环境税收制度的改革应当以生态为本位，构建社会、经济和生态之间的和谐发展。[2]从制度建构原则来看，中国环境税的政策目标应当遵循多元原则和兼顾原则，环境税的设立与推进应当遵循循序渐进原则。[3]就制度设计所应体现的特征而言，环境税具有所有税种都具有的一般法律特征，包括法定性、公共财政性、普遍性、无对价给付性等，但也有其独特的法律特征，具体包括：①科学技术性。基于此特性可以考虑将环境税委托环境保护主管部门代征。②交叉性。③专用性。其收入应作为专项基金，用于环境治理。[4]

（五）全面发展阶段：2009年至今

2009年至今是我国环境税全面发展的阶段，无论是学术研究还是立法实践，环境税都已成为热点。我国在2016年正式通过《环境保护税法》，这标志着我国理论界多年针对环境税究竟应不应该开征、征税对象是什么、如何征管等问题的讨论有了重要的结论和里程碑式的成果。当然，这些仍然是阶段性的，并非终结性的，事实上，环境税的体系建设仍然在路上，针对环境税的理论研究也仍在进行，我们仍有必要继续推进相关研

---

[1] 参见贾康、王桂娟："改进完善我国环境税制的探讨"，载《税务研究》2000年第9期。

[2] 参见曹明德、王京星："我国环境税收制度的价值定位及改革方向"，载《法学评论》2006年第1期。

[3] 参见侯作前："经济全球化、WTO规则与中国环境税之构建"，载《政法论丛》2003年第2期。

[4] 参见丛中笑："环境税论略"，载《当代法学》2006年第6期。

绪　论

究。针对这一阶段的回顾，正是一个梳理我国环境税法出台前后学术热点与争论焦点的好契机。依照前述方法，我们对这些论文的题录数据进行分析，可以得到此一阶段关键词多维尺度图以及关键词共现图（图6、图7）。

图6　2009年至今环境税关键词多维尺度图

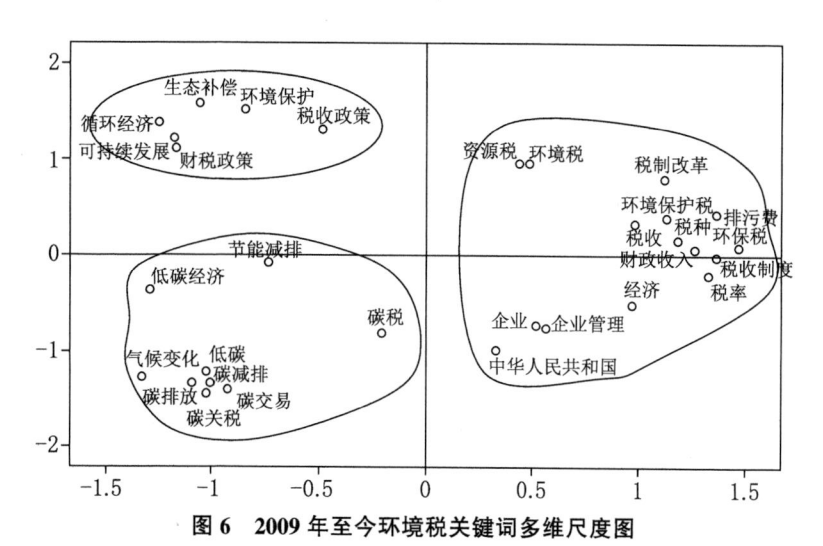

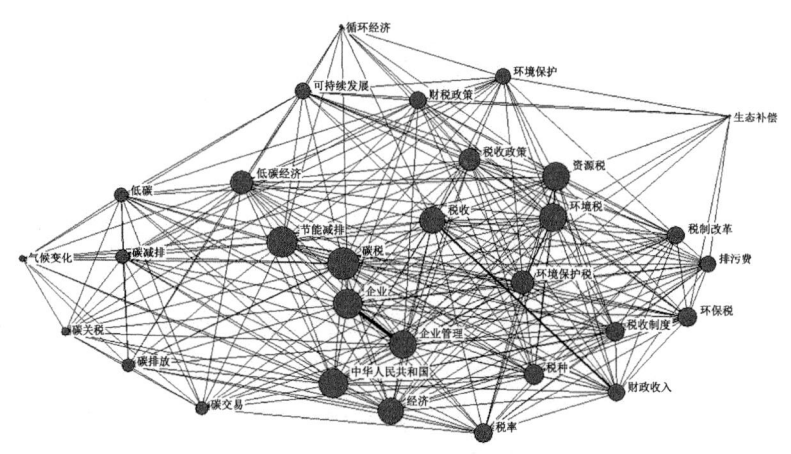

图7　2009年至今环境税关键词共现图

图6多维尺度图反映的是学界讨论热点的关联性。该图清晰展现了这一阶段环境税相关研究的关注点,大体上可以分为三类:①以碳税为核心的主题群落,包括"节能减排""低碳经济""碳税""低碳""碳减排""气候变化""碳排放""碳关税"和"碳交易"共9个关键词。不难看出,2009年以来,随着诸如哥本哈根世界气候大会这样的国际性会议的召开,学者针对碳税的讨论已然成为一个重点话题。②以生态财政为核心的主题群落,包括"生态补偿""环境保护""税收政策""循环经济""可持续发展"以及"财税政策"共6个关键词。这个主题群落虽然规模较小,但反映出我国生态财政政策的核心要义,即环境保护与可持续发展的关系,以及如何利用财税政策来引导可持续发展与循环经济。③以环境税制建设为核心的主题群落,包括"资源税""环境税""税制改革""环境保护税""排污费""税种""税收""财政收入""环保税""税收制度"等共15个关键词。这一主题群落之庞大,反映出学界针对我国环境税制的讨论更加深入且具体。

图7能够反映出学界在讨论环境税时的主要聚焦点。我们可以看到,这一阶段学界的关注点已经没有前几个阶段那么紧凑,这说明相关研究呈现出多点开花、日益精细的特点。学者们关于环境税的讨论已经不再简单地聚焦于是否应当构建环境税体系,而是转为如何构建环境税体系,这一点也可以从该阶段关键词多维尺度图看出,环境税体系构建中不可回避的一些细致问题,如税目、税率等,逐渐成为讨论的关键和重点。

2016年,《环境保护税法》通过,这是我国在明确"税收法定原则"之后通过的第一部税法。如前所述,我国环境税法是从排污费制度"平移"或直接转换过来的,不少人将其评价为一次较为完美的"费改税"过程。"税法取代收费制度,法治取代行政管理，这也是我国环保领域税制体系的又一次制度变革与创新。"[1]立法的积极效应是颇受期待的。不过，恰恰由于环境税是由排污费转化而来，也带来了一定的问题。比如，环境税法的制度设计存在许多不符合公平价值和效率价值的地方，尚需今后制度修订时加以改进完善。[2]

其实，在《环境保护税法（征求意见稿）》刚刚公布之际，学者们对其提出了很多批评和建议。比如，当时的制度设计并未突出环境税独有的作用，其立法宗旨与资源税、车船税等其他税种重合，而环境税纳税人的规定与原有排污费的规定高度重合，环境税税率也完全照抄原有排污费标准，征收范围与税收优惠也有明显缺陷。[3]此前，还有一些研究曾明确建议：我国应当构建一个独立型的环境税，环境税的首要功能是环境保护；环境税的政策目标是阶段性的、动态的，既能够在短时间内遏制破坏生态的行为，长期来看也能够引导并改变我国不健康的经济增长方式；碳税需要被纳入决策议程，要明确不对个人进行征收，针对企业的碳排放税目也应当以不影响国际竞争力为底线。[4]

一些学者在他们的论述中涉及了环境税的功能问题，但总体来看，学界对环境税的功能讨论尚浅，即便少数学者在他们

---

[1] 参见傅志华、李铭："环境保护税立法：税制设计创新与政策功能强化"，载《环境保护》2017年第Z1期。
[2] 参见何锦前："价值视域下的环境税立法"，载《法学》2016年第8期。
[3] 参见宋丽颖、王琰："完善我国环境保护税法的思考"，载《税务研究》2015年第9期。
[4] 参见王金南等："中国独立型环境税方案设计研究"，载《中国人口·资源与环境》2009年第2期。相关讨论还可参见何锦前："排污费改税：新设税种还是增设税目"，载《海南师范大学学报（社会科学版）》2012年第7期；何锦前："环境税税目设计的原则与路径——以发展方式转变为背景"，载《广西政法管理干部学院学报》2012年第4期。

的观点论述中涉及了环境税功能问题,由于不是专门讨论功能问题,也就不可能深入开展研究。有的学者提出,环境税应当仅有规制功能,不应当有收入功能。[1]有的学者认为,环境税的制度设计应当遵循激励原理,要对环境影响行为起到"震慑作用"。[2]有的研究则着重考察环境税法中的利益衡量问题,在此基础上分析环境税收负担的分配,进而把握环境税的规制功能对市场经济的影响,强调环境税的政策导向性。[3]少有的几篇论文专门讨论了环境税法的功能定位问题,[4]其中,有的论文主张,环境税法应当具有"规制—收入"复合功能,也只有这样的功能定位方才符合中国的国情,方才有利于税制结构优化。[5]有的研究则从改革、法治与发展这三个维度对《环境保护税法》的制度设计进行评议,研究旗帜鲜明地指出:"环境税作为一种税,当然具有收入的功能,同时,对污染行为也有规制的功能"[6],而这正是环境税应当具有的双重功能。也正因此,《环境保护税法》的立法宗旨应当明确"双重目标",而这有利

---

[1] 王霞:"宏观调控型税收视野下的环境税探析",载《湖南科技大学学报(社会科学版)》2014年第2期。

[2] 邢会强:"基于激励原理的环境税立法设计",载《税务研究》2013年第7期。

[3] 参见叶姗:"环境保护税法设计中的利益衡量",载《厦门大学学报(哲学社会科学版)》2016年第3期。

[4] 参见王慧:"环境税如何实践?——环境税类型、功能和结构的考察",载《甘肃政法学院学报》2010年第3期;付慧姝、周婼:"中国环境税的功能检视与立法路径",载《财经理论与实践》2015年第6期;何锦前:"论环境税法的功能定位——基于对'零税收论'的反思",载《现代法学》2016年第4期;李英伟:"资源税与环境税功能定位辨析——马克思产权理论的分析视角",载《经济学家》2017年第3期。

[5] 参见何锦前:"论环境税法的功能定位——基于对'零税收论'的反思",载《现代法学》2016年第4期。

[6] 参见张守文:"我国环境税立法的'三维'审视",载《当代法学》2017年第3期。

绪 论

于实现"双重红利"。

可见，虽然少数研究中涉及了环境税功能这一话题，但并非都是专门的环境税法功能研究，而这正是学界应该大力加强的。《环境保护税法》并未明确环境税的功能定位，究其原因，这在很大程度上是由于我们对环境税功能定位的讨论不足，甚至，一些研究在未对环境税功能进行深入考察的情况下就给出了一个武断的结论。这些情况亟待改变，相关研究亟待加强。

就环境税制度设计的框架性问题，不少学者作过探讨与论证。从环境税课税对象来看，有的学者认为，应当将破坏生态和污染环境的行为、产品和原材料作为课税对象，课征范围应当从重点污染和容易征管的课征对象着手，环境税开征初期的课征范围不应过宽。[1]类似的看法是，为了减少征收环境税带来的负面经济效应，应当从影响较小、效果明显的领域着手。[2]从环境税的征管模式来看，一般认为有三种征收模式可供选择：一是以环境保护主管部门代为审核，税务部门征收；二是环境保护主管部门代征，税务部门审核；三是税务部门征收，而针对由排污费改税的项目应当以第一种或第二种方式征收逐步转为税务部门征收模式。同时，环境税应当是中央与地方的共享税，以 8∶2 的比例分成，且环境税应当专款专用。[3]当然，对此也有一些不同的看法。[4]

---

[1] 参见计金标、高萍："试论我国开征环境税的框架性问题"，载《税务研究》2008 年第 11 期。

[2] 参见杨志勇、何代欣："公共政策视角下的环境税"，载《税务研究》2011 年第 7 期。

[3] 参见王金南等："中国独立型环境税方案设计研究"，载《中国人口·资源与环境》2009 年第 2 期。

[4] 参见何锦前："环境税与环保制度的矛盾与化解——以行政部门为视角"，载《石河子大学学报（哲学社会科学版）》2012 年第 4 期；何锦前："环境税与环保制度的协调"，载《中国环境管理干部学院学报》2012 年第 4 期。

在2009年至今这一阶段，一个无法回避的问题是，为应对全球气候变化而召开的哥本哈根世界气候大会给世界各国带来了巨大的影响，[1] 与此相关，碳税问题也成为本阶段的热点之一。例如，有的研究认为，碳税作为一种典型的间接税，一般不会改变社会财富分配结构，且对经济发展的副作用较小，所以，碳税一方面有助于解决能源环境问题，同时也能为税制改革提供契机，还有可能成为主要的税收来源，甚至可以补充财政资金缺口。[2]

（六）新需求与新挑战

改革开放至今的40余年来，我国环境税（法）研究的发展历经了多个阶段，每一个阶段都具有鲜明的时代特征，一定程度上反映了当时特有的社会背景。40余年间，我国财税学、法学、环境学等诸多领域的专家学者都针对环境税这一对象进行

---

[1] 哥本哈根世界气候大会是指《联合国气候变化框架公约》第15次缔约方会议［The 15th Conference of the Parties (COP 15) to the United Nations Framework Convention on Climate Change (UNFCCC)］暨《京都议定书》第5次缔约方大会，其于2009年12月7日至18日在丹麦首都哥本哈根召开。超过85个国家元首或政府首脑、192个国家的环境部长和其他官员们出席了本次会议。人们期待这次会议能继1997年《京都议定书》后再通过一份具有划时代意义的全球气候协议书。如果《哥本哈根议定书》在这次大会不能如愿获得共识并通过，那么《京都议定书》第一承诺期在2012年到期以后，全球将没有一个约束温室气体排放的共同文件。这是一次被喻为"拯救人类的最后一次机会"的会议。结果是我们所知道的，哥本哈根世界气候大会最终未能出台一份具有法律约束力的协议文本，换言之，会议达成的是无约束力协议——《哥本哈根协议》。《哥本哈根协议》没有明确发达国家到2020年的中期减排目标和2050年的长期减排目标，对于发展中国家最为关心的资金支持和技术转移又规定得十分模糊，只有对欧盟和日本明确了资金支持的数额，美国这个温室气体排放总量最大的发达国家对减排所作的承诺和努力令很多国家感受不到诚意。"从这一点来说，哥本哈根会议达成的结果是令人失望的。"参见王斌：《环境污染治理与规制博弈研究》，中国财政经济出版社2017年版，第44—45页。

[2] 参见李伟等："关于碳税问题的研究"，载《税务研究》2008年第3期；张梓太："关于我国碳税立法的几点思考"，载《法学杂志》2010年第2期。

绪 论

了探讨。在这 40 余年中，学者们对于环境税的认知有了比较明显的改变，各方对环境税的研究也更加深入。

从这一过程中，我们也能窥见环境税（法）研究的点滴积累，也能发现环境税（法）研究在"前立法"时期的一些基本发展脉络，更重要的是，我们能看到，环境税（法）研究在"后立法"时期的一些新的需求和新的挑战。其中值得关注的一点是，大量的环境税（法）研究并未来得及讨论环境税法的功能定位问题，即便少数研究涉及了这个问题，也是顺带提及，只有极个别研究就此作了较详细的讨论，但也不是专门研究。就这些少数研究和个别研究而言，均存在不少错漏之处，有的还可能严重误导立法，这样的风险在立法前就已经显现出来，甚至可能已经误导了《环境保护税法》的制定，如果不及时澄清误会、纠正错漏，那么，今后《环境保护税法》在修订完善时就可能错过改正的良机。因此，我们很有必要对环境税法的功能定位开展专门研讨，很有必要就笔者后面所要讨论的复合功能型环境税的法律构造开展详细分析。笔者的讨论不是要终结这个领域的相关讨论，而是抛砖引玉，从而开启对这个领域的大探讨。

根据前述分析，笔者认为，之所以既有研究很少涉足环境税法的功能定位问题，是因为以往我们迫于环境压力和立法紧迫性而更多地从事技术化或实用主义的研究，从而导致我们既未能从容不迫地梳理与环境税有关的庇古税等相关理论的脉络，也未能有足够的机会将各学科的理论（而不是主要依赖税收学）引入法学研究之中，甚至对财税法的一些理论命题也未经充分反思、扬弃而匆忙应用于环境税的研究之中。有鉴于此，笔者将进一步梳理相关理论脉络，借鉴更多的学科理论，并在复合功能型环境税法研究中反思财税法的一些理论命题。当然，最后还是要再强调，笔者的研究不是要终结讨论，而只是抛砖引玉。

三、本书核心关切与基本观点

改革开放以来，我国环境税（法）研究日增，但环境税立法进程中的诸多争议说明，环境税法基础理论问题的腹地尚待我们深入，其中环境税法功能定位问题尤为关键。如果说人构建制度有如人制造产品，那么，目的若既定（如为通话的目的制造手机），功能可否作多种设计（如手机在通话功能之外尚有其他功能）？答案则是各不相同的。笔者注意到，环境税的规制功能获得了普遍认同，但其是否或应否具有收入功能则有分歧。其中有些学者认为，环境税收入功能可能缺乏稳定性基础。还有学者称，环境税为零是最好的，在西方国家，"无收入功能"的环境税是普遍现象。类似地，一些学者认为，环境税法只需要规制功能即可，而不应具备收入功能。因对环境税功能存在认知差异，前述各方关于环境税立法的主张差别很大。陈清秀教授曾简略地指出，环境税当然能够获得税捐收入，同时，"不得以绞杀性租税方式课征，亦即不得以零税收为目标"。[1]不过，总体而言，学界基本上没有就环境税法功能问题开展专门研究，前述对立意见双方往往是在讨论其他问题时顺带论及功能问题，双方也未就此展开辩论。

重视上述分歧，还具有普遍的理论意义。自庇古1920年提出环境税的理念雏形和初步原理以来，环境税成为不少国家税法体系的组成部分，各方都认同环境税法的立法目的是保护环境。但是，在环境税法的功能问题上，国外也存在较大的争议。比如，环境税双重红利理论、多重红利理论均表明环境税可兼

---

〔1〕 陈清秀：《税法总论》（第7版），元照出版有限公司2012年版，第87页。

具加强环境规制、汲取收入、发展经济、公平分配等功能。[1]就收入功能而言,阿吉·保卢斯(Aggie Paulus)认为环境税不能具有收入功能,[2]约翰·斯内普(John Snape)等人则认为环境税应具有收入功能。[3]唐·富勒顿(Don Fullerton)的研究总结道,所谓环境税不能具有收入功能的说法是"过分夸大其词"了,无论是从逻辑上还是从事实上,都不能简单地下结论说环境税只能是非收入性工具。[4]

而上述国内外的争议,其实又关系到税法学上的一个重要基础理论问题。克劳斯·蒂普克(Klaus Tipke)、[5]葛克昌[6]等人均指出,凡税皆须有收入功能,如果某项课征与财政收入完全无关,就可能不属于法律上的租税,或者有滥用租税形式之嫌。当然,一直以来也有学者认为税收未必要有收入功能,至少环境税就如此。可见,环境税法功能问题的研究还可作为税法基础理论的突破口。

理论进步能推动实践,理论滞后也会影响实践。正如学者们所批评的,2016年通过的《环境保护税法》是"平移"排污费制度的结果,其在征税主体、税权配置、征税范围、税率、

---

[1] 参见何锦前:"论环境税法的功能定位——基于对'零税收论'的反思",载《现代法学》2016年第4期。

[2] Aggie Paulus, *The Feasibility of Ecological Taxation*, Universitaire Pers Maastricht, 1995, p. 45.

[3] See John Snape, Jeremy de Souza, *Environmental Taxation Law: Policy, Contexts and Practice*, Routledge, 2006, p. 483.

[4] See Don Fullerton, Andrew Leicester, Stephen Smith, "Environmental Taxes", in IFS ed. , *Dimensions of Tax Design: The Mirrlees Review*, Oxford University Press, 2010, p. 423.

[5] Klaus Tipke, *Die Steuerrechtsordnung, Band I*, Köln, 1993, S. 1053f.

[6] 参见葛克昌:《税法基本问题》(财政宪法篇),北京大学出版社2004年版,第79页。

税收优惠等规则设计方面尚存许多问题。笔者认为，这与前述环境税法的功能定位分歧以及理论滞后是分不开的。

通过梳理庇古税的理论源流、比较各国环境税费制度，笔者发现，环境税法在理论上具有规制和收入功能，在实践中也能发挥双重红利甚至多重红利效应。通过认真研判中国国情和未来发展趋势，笔者认为，环境税法应当把握好功能定位，明确"规制—收入"复合功能，并以此红线为各项具体制度的建构提纲挈领。此前，"零税收论"等否定环境税法收入功能的观点在一定范围内比较流行，这恰恰是因研究者执泥于过时的理论和经验、误判中国国情和各国立法趋势所导致的。然而，从加速发展方式转变的中国国情考虑，收入功能值得认真对待，一定的收入功能有助于筹集环境治理资金，也能为税制优化、分配公平提供制度性契机。

正因如此，我们在《环境保护税法》立法前就呼吁构建复合功能型环境税法，即便在当下这个"后立法时期"，《环境保护税法》没有，也不可能终结前述理论探讨。相反，《环境保护税法》更应当朝着复合功能型环境税法的方向演化。

为了更好地完善《环境保护税法》并最终构建理想的复合功能型环境税法，我们认为，就该制度本身而言，应当从宏观、中观和微观三个维度来共同着力。

从宏观维度来看，应明确"规制—收入"复合功能定位，并权衡好价值定位。由于环境影响行为种类繁多，从法律规制的角度考虑，我们要区分必然存在的与不应当存在的环境影响行为。前者是只要人类社会正常的生产生活就必然要出现且须予以容忍的行为，包括一定的污染排放；后者则是除前者以外的行为。这两类行为的法律评价则常常体现为"合法"与"非法"。对于合法行为，环境税、排污权交易等都是常用的规制工具。而对于非法行为（如超标排放），则主要靠行政处罚、刑事处罚等法律机制来解决，它们与环境税法的分工迥然有别。由此，否定环境税法收入功能的学者对"天下无污"的追求、对"零税收"的想象以及将环境税作为"大刀"式高压惩罚性工具的预设是很有问题的，至少混淆了不同法律制度之间的分工。而环境科学也揭示了排污行为的长期性，环境治理只能是"持久战"而非"速决战"，环境税因而需要一定的收入功能，也可以具有一定的收入功能。在此基础上，我们要注意，制度领域上的"环境—税"、制度功能上的"规制—收入"的并存，会加剧环境税法的公平价值和效率价值等的"诸神之争"，因此，环境税法相关规则应妥善权衡各种价值导向，通过"预告制"（预先公布理想税率并逐年过渡至理想税率）等技术来缓解相关价值之间的冲突。

从中观维度来看，应在当前独立型环境税立法路径的基础上，不断完善环境税的系统性优化配置。在2016年以前，"学术版"的环境税立法方案不少于4套，其中独立型环境税方案和关联型环境税方案更受青睐。此前，我们曾建议采用独立型环境税方案，因为其更有利于实现排污费改税的目标，更有利于实现"规制—收入"复合功能。《环境保护税法》的出台意味着独立型环境税方案的胜出，但由于该法是原排污费制度"平移"而来，也就意味着这并非是理想的独立型环境税方案，而是"瘦身版"或"矮化版"的独立型环境税方案，这就制约了复合功能型环境税法的制度构建。未来，《环境保护税法》的修订应彻底突破原排污费制度的"路径依赖"，在诸多课税要素的制度设计上全面趋近理想的复合功能型环境税法。《环境保护税法》不应当是排污费的升级版，它涉及了立法权、收益权和征管权等诸多重要权力的重新配置问题。环境税立法权配置最根本的理据在于税收法定原则，同时，环保效益原则也是重要的辅助考量基础，据此，应由中央立法机关主导立法权，地方立法机关和中央行政机关可经由法律授权而分享少量立法权，但须严格限制地方立法权的范围、防范中央行政机关对中央立法机关权力的蚕食。环境税收益权配置最基本的理据在于环保效益原则、财政公平原则以及与公共产品分级供给下的效率原则，据此，在当前央地财权结构下，宜将环境税收益权划归地方，同时，地方各级人民代表大会及其常务委员会应切实掌控环境税收益权。环境税征管权配置最主要的理据在于行政效率原则，据此，应进一步强化生态环境主管部门和税务部门等主体之间的分工合作机制。对照起来，《环境保护税法》在税权配置规则上仍然有待将来进一步完善，以更好地实现"规制—收入"复合功能。

从微观维度来看，应着力完善诸课税要素方面的规则设计。就其中一些重点难点问题，笔者提出了初步设想。就征税范围而言，《环境保护税法》的征税范围过窄，导致复合功能型环境税法缺乏必要的坚实基础，因此需要大力优化税目结构。对此，环境税税目优化的基本步骤是：第一阶段扩大挥发性有机物排放（现行环境税已经将部分挥发性有机物引入了征收税目）、扬尘等为相关税目，或者把这些项目纳入现有税目之中；第二阶段对建筑施工噪声、交通噪声征税，并适时开征碳税。税目结构的优化能直接强化对环境影响行为的规制力度，也能显著增强环境税收入功能，有助于筹集更多的环境治理资金。就税率而言（因在多个章节均具体讨论了税率，故未单设一章重复分析税率问题），《环境保护税法》至少存在三方面问题：一是税率普遍过低，导致规制乏力、收入能力孱弱，也实质上压缩了中央立法权空间；二是对地方的授权内容不够明确，有冲击税收法定原则之虞;三是立法技术滞后,有的学者曾建议采用"预告制"技术,但《环境保护税法》并未采用。为确保法律的安定性、维护纳税人的合理预期、避免经济发展因税率调整而出现波动,采取"预告制"技术确定环境税税率很有必要。具体做法又可以分为两种:一是,明确未来若干年分别适用的不同税率;二是,明确一个可以满足环境影响补偿标准的较高税率,并在一定年限内实施减免征收的政策,如第一年减按50%征收,第二年减按60%征收,以此类推。就税收优惠而言,《环境保护税法》的优惠过多、结构不合理,应以复合功能型环境税为指向进行重构。应秉持税收法定原则、避免过多非环保考量、减少量能型优惠等非环保型优惠,形成"环保型>量能型>公益型>效率型"的价值序列,构建起以环保型优惠为主,以量能型、公益型、效率型等其他优惠为辅的优惠制度结构。

  前述分析主要是内部视角,而从外部视角看,复合功能型环境税的法律构造还离不开相关法律制度的协调配合。首先,《环境保护税法》应进一步加强与排污权交易制度、环境总量控制制度的衔接,使得基于庇古税理论和科斯产权理论的两种制度能更为融洽地产生保护环境的巨大合力。其次,《环境保护税法》也有赖于其他税种制度的配合,这些税种中相当一部分具备保护环境的潜在制度基础,有一部分已经体现了资源节约、环境保护的立法倾向,但总体来说,都值得进一步"绿色化",从而形成一个完整的环境关联税制体系。再其次,《环境保护税法》也需要预算制度、审计制度、税收征管制度的协同。最后,需要强调的是,环境税法与一些相关制度之间的互动对"规制—收入"复合功能具有积极意义,既有助于为环境税法分担压力而不至于其功能负荷过重导致失衡,也有助于其着眼于关键环节来实现其功能。当然,环境税法反过来也对其他制度有所助益，比如某些条件下环境税法双重红利可为所得税税率适度下调创造契机，有利于纳税人减负。

如果把视野放大，我们还可以进一步发现，环境税法研究还有助于深化税法学上的一些基础理论。其一，传统税法学上存在收入功能是否为税收必要构成要件的争议，环境税法上的考察揭示出，即便规制色彩如此强烈的税收也具有一定的收入功能，这也呼应了以往"无收入功能之税乃滥用税收形式"的理论命题。其二，税权往往呈现出差序格局，因而对税权的系统分析格外重要。其三，量能课税原则是否具有普适性也曾存在争议，环境税法研究支持了普适性论断，但也表明，该原则在不同税种制度中的遵循程度不同，因而呈现出结构化特征。其四，在以往税收优惠类型化理论的基础上，还应拓展税收优惠结构理论。其五，税、费、罚不仅性质不同，功能亦存在分化，不应将规制性税收混同于处罚，否则会导致制度设计的严重错误。

第一章
环境税法的经济逻辑

环境税法是晚近出现的法律现象。它的出现不是自然演化的结果,是人类主动为之的产物,是人类面对环境问题迫不得已而做出的选择。在环境税法的产生过程中,其内在的制度逻辑或许包含诸多元素,但制度逻辑的底蕴当属庇古所揭示的经济逻辑。

一、外部性内部化:从庇古税理论看环境税法的经济逻辑

环境税往往也叫庇古税。原因在于,环境税从理论上来说起源于庇古1920年《福利经济学》中的外部性内部化理论,该理论主张用政府干预下的税收手段调节外部不经济。这种税收就是庇古税。

回顾学术史,庇古的老师马歇尔最早提出了"外部经济"的概念。马歇尔认为:"如果更仔细地观察任何一种商品的生产规模扩大后所产生的经济,我们发现,这种经济分为两类:一类是依赖于产业的总体发展,另一类是依赖于从事该产业的个别企业的资源和管理效率。就是说,分为外部经济(external economies)和内部经济(internal economies)两类。"[1]而就外部经济来说,"最重要的是,在这些经济中,相关产业或者聚集在同

---

[1] Alfred Marshall, *Principles of Economics*, Palgrave Macmillan, 2013, p. 262.

样的地方,或者没有聚集,无论如何,它们都利用轮船、火车、电报、印刷机等各种现代交通通信工具,相互开展协作。这些产业不断壮大,进而促进了经济发展。任何生产部门都可以通过这种方法发展经济,这种经济不完全依赖于它自己的增长。但是,这些经济当然会随着它的增长而快速稳定地发展。它一旦衰落,这些经济势必萎缩,尽管可能是某些方面而非所有方面都萎缩。"[1]马歇尔的这种概念可以视为"外部性"概念的雏形,在理论上颠覆了完全竞争市场(Perfectly Competitive Market)的假设。传统理论和观念受到的冲击是系统性的,也是根本性的。罗宾逊夫人后来对完全竞争市场理论被解构所作的一个评价在这里是完全适用的——"新古典学说所谓每个人对自身利益的追求增进了所有人的利益,突然壮观地崩溃了。"[2]可以说,马歇尔的外部经济理论极大地推动了人们对不完全竞争市场(Imperfectly Competitive Market)甚至市场失灵(Market Failure)的关注和研究。人们可从正的外部性和负的外部性两个方面来观察到市场失灵现象。市场主体实施具有正的外部性的行为不需要向他人付费,其他人往往还可以利用这种正的外部性来获益,最典型的就是后来经济学所阐述的"搭便车"(free rider),比如,张三建造了一个私人园林,园林中的树木净化了空气,一些原本在其他地方锻炼身体的大爷大妈就转到张三的园林附近来了。但是,马歇尔关于"外部经济"的上述论述并未明确外部不经济或负的外部性问题,也没有讨论人与自然关系下的环境污染等外部性问题,这一工作后来被庇古承担。作为马歇尔的学生,庇古极大地推进了老师马歇尔的外部经济理

---

[1] Alfred Marshall, *Principles of Economics*, Palgrave Macmillan, 2013, p. 264.
[2] [英]琼·罗宾逊:《经济哲学》,安佳译,商务印书馆2015年版,第154页。

第一章 环境税法的经济逻辑

论,在福利经济学框架下,讨论了经济行为对环境的外部性,并提出了国家对此类外部性经济行为征税的建议。这就是后人所说的"庇古税"的由来。

庇古税属于直接环境税,是根据污染者所造成的危害程度对排污者征税,用税收来弥补排污生产者的私人成本和社会成本之间的差距。在庇古的理论中,净边际产品被划分为社会净边际产品(marginal social net product)和私人净边际产品(marginal private net product)两种。其中,他以火车为例解释了社会净边际产品。"火车引擎溅出的火星给周围树林造成的损害往往得不到补偿,从而可能使那些无辜的人付出代价。"类似地,"某一产业中某家企业多使用一些资源,就可能给整个产业带来外部经济"。[1]

这种社会净边际产品是普遍存在的,其根源在于市场经济所依赖的人的逐利本能。也就是说,"任何人不管掌握着什么生产资源,也不管掌握着多少生产资源,为了给自己带来尽可能多的货币收入,他都会想办法把资源配置到各种合适的用途中去。他要是认为,不考虑运输费用等因素,通过把一单位资源从这种用途转移到另一种用途,他能赚到更多的钱,那他就会这样去做。由此可见,应该让自利心自由发挥作用(free play of self-interest),而不被无知妨碍。在没有移动费用(costs of movement)的条件下,自利机制往往使资源在不同用途和地方之间实现有效配置,使各处的回报率相等。申言之,前述分析表明,在有移动费用的情况下,自利心自由发挥作用,而不被无知妨碍,虽然不会使各处的回报率相等,但是能避免差距过大。相应

---

[1] A. C. Pigou, *The Economics of Welfare*, Macmillan and Co., Limited, 1932, p. 134.

地，在有移动费用的情况下，回报总额能达到最大值。"[1]

而社会净边际产品所产生的外部不经济却无法通过市场机制来妥善解决。因为，在庇古看来，"问题的关键在于，一个人（A）向另一个人（B）提供某些服务时，B 给 A 一定的报酬。但同时 A 也可能客观上附带地给其他人提供了某种服务，或者 A 给 B 提供服务时伴随着对其他人的损害，在这两种情况下，A 无法从受益方索取报酬，受害方也难以从 A 处获得补偿。"[2]

庇古还引用了西季威克关于灯塔的经典例子来加以说明。[3]西季威克曾指出："很普遍的现象是，把灯塔建在一个好位置上，过往的很多船舶都会从中受益，不过，其中大多数船舶的通行费恐怕是难以收到了。"[4]

庇古进一步作了论证："我们可以举出许多实例，在这些实例中，私人净边际产品都少于社会净边际产品，原因在于，即便某人客观上为第三方提供了服务，不过要向第三方索取报酬则在技术上不太可行。"[5]同样，"此外，在城市里建造私人花

---

[1] A. C. Pigou, *The Economics of Welfare*, Macmillan and Co., Limited, 1932, p. 143.

[2] A. C. Pigou, *The Economics of Welfare*, Macmillan and Co., Limited, 1932, p. 183.

[3] 灯塔在经济学理论发展史上具有格外重要的象征意义，数十位著名经济学家在他们的经典论著中都曾先后使用灯塔的例子来阐述他们的观点和论证逻辑。科斯的《经济学上的灯塔》就是最有名的作品之一。See R. H. Coase, "The Lighthouse in Economics", *The Journal of Law & Economics*, Vol. 17, No. 2, 1974, pp. 357-376. "这篇文章非常有效地说明了他（科斯）反对理论的一个中心要点：经济学家用了大批例子来例证他们的理论，却不愿稍微查一查这些例子是否真确。"参见［美］理查德·A. 波斯纳：《超越法律》，苏力译，中国政法大学出版社 2001 年版，第 472 页。

[4] Henry Sidgwick, *The Principles of Political Economy*, Macmillan and Co., 1901, p. 406.

[5] A. C. Pigou, *The Economics of Welfare*, Macmillan and Co., Limited, 1932, p. 184.

第一章　环境税法的经济逻辑

园也能客观上服务于他人，但业主投入的资源也是得不到补偿的。因为，这些花园虽然不向公众开放，但是改善了周围的空气质量。同样地，投资修建公路或电车轨道时也是如此——这会提高相邻土地的价值——应考虑到其他方面的损害问题。当然，如果根据相邻土地所有者所获得的土地增益对他们征收一种特别改良税（special betterment rate），就另当别论了。类似地，投资造林有利于改善气候，造林者以外的人也能享有好处。在私人住宅门前安装电灯也是如此，因为这必然为街道提供了照明。防止工厂烟囱排烟也是一样。"[1]

那么，如何解决社会净边际产品所产生的外部不经济问题呢？庇古很肯定地认为："显然，到目前为止，我们所讨论的私人净边际产品和社会净边际产品之间的那种背离，不能像租赁法（tenancy laws）引起的背离那样，通过改变双方之间的合同关系来缓和，因为这种背离产生于向合同当事人以外的第三方提供的服务或给第三方造成的损害。不过，如果国家愿意，它可以通过'特别鼓励'（extraordinary encouragements）或'特别限制'（extraordinary restraints）某一领域的投资，来消除该领域的这种背离。这种鼓励或限制可以采取的最明显的形式，当然是奖金（bounties）和征税。"[2] 很长一段时间内庇古税的理论都被人们赞同，庇古的理论是震撼性的，支持其理论的人非常多。许多学者在庇古的基础上作了进一步拓展。有学者总结了庇古税的机理和优势：由于污染来源于工业活动，庇古税就可以针对那些工业活动的具体程度来计征，或者干脆直接按照排污量本身

---

[1] A. C. Pigou, *The Economics of Welfare*, Macmillan and Co., Limited, 1932, p. 184.

[2] A. C. Pigou, *The Economics of Welfare*, Macmillan and Co., Limited, 1932, p. 192.

来计征。根据马歇尔边际分析，边际效益函数与边际成本函数相吻合时，经济活动处于最优水平（在图1中用OE表示）。如果没有额外的补偿，市场主体是不会主动将其工业活动规模从OB降低到OE，这显然不符合其利益。但要是根据市场主体每个单位的产出量来征收庇古税，那市场主体就会将其工业活动规模从OB降低到OE，从而使社会经济活动达到最优水平。其原理在于：假设庇古税的数额等于T，由于它是市场主体的成本之一，市场主体的收益函数就不得不相应左移，直到工业活动规模降低到OE，此种状况也正好是社会经济活动的最优水平。[1]

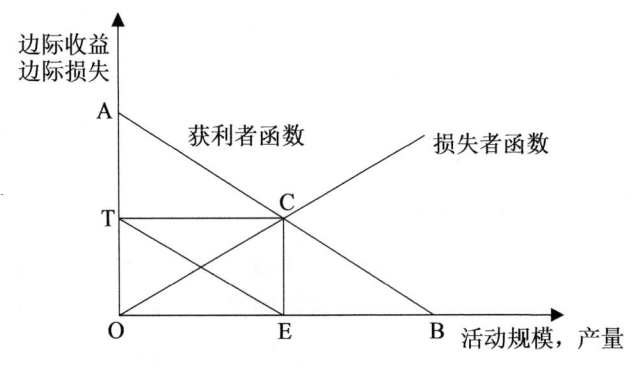

图1 针对产出的庇古税

当然，对庇古税理论的批评从未停歇。庇古税的内在逻辑是将外部成本内部化，针对这一点的批评相当尖锐。保罗·霍肯为庇古作了辩护，他认为："批评者们坚称外部成本难以估量，但是他们忽视了一个事实：试着去估量消极成本总是好过完全视而不见。这就是所谓的宁求大致正确，勿使完全错误。有两种成本

---

[1] See Erhun Kula, *History of Environmental Economic Thought*, Routledge, 1998, pp. 86-87.

第一章 环境税法的经济逻辑

需要内化：第一种是由一种生产体系对另一体系、人或地区造成的实际损害成本。经济学家赫尔曼·戴利称之为'外溢效应'，即虽然可能是无心的，却是有害的。比方说，一家化学工厂的排污管排出的废水杀死或毒害了下游的鱼，使那些捕鱼的人失去收入，使吃鱼的人生病。第二种成本虽然更难以测量，却是同样重要的，那就是对子孙后代的成本，如全球变暖、森林砍伐、土壤侵蚀和地下水枯竭。大多数的环境破坏，如辐射、影响持久的杀虫剂和森林皆伐，都可以同时归入以上两种成本。"[1]

富兰克·奈特认为庇古的论述前提并不明确，他认为，庇古的论述实际上在讨论如果状况良好的道路没有所有人，将会发生什么情况。奈特将两条道路的例子转换成两块土地的例子，进而指出："问题在于，在私人占有和自行开发土地的情况下，事情的发展是很不一样的。事实上，所有权的社会功能恰恰在于防止优良土地被过度利用的情况。"[2]然后，回到庇古两条道路的例子，奈特强调："庇古教授关于两条道路的逻辑单从逻辑上来说当然无懈可击。但缺陷在于，其理论假设从根本上脱离了实际经济状况，这也是经济理论化中经常碰到的。"因为，庇古隐含的假设是道路不为任何人所有，在这种情况下征税能使资源利用达到理想状态，但是，"如果假定道路由私人占有和开发，那么通过一般的经济动机的作用也会实现那种理想状态"。[3]奈特认为，那条"好路"的所有者完全可以收取一定的通行费，通行费的高低代表着"好路"优于"差路"的程度，根据经济

---

[1]［美］保罗·霍肯：《商业生态学：可持续发展的宣言》，夏善晨、方堃译，上海译文出版社 2014 年版，第 64 页。

[2] F. H. Knight, "Some Fallacies in the Interpretation of Social Cost", *The Quarterly Journal of Economics*, Vol. 38, No. 4, 1924, p. 586.

[3] F. H. Knight, "Some Fallacies in the Interpretation of Social Cost", *The Quarterly Journal of Economics*, Vol. 38, No. 4, 1924, pp. 586-587.

学上的租金理论，此时的通行费将恰好等于庇古所建议的理想税。换言之，完全不需要征税，只需要产权即可解决该问题。[1] 有意思的是，"虽然两条道路的例子从《福利经济学》后来的版本上删掉了，但庇古从来没有回应奈特的文章——争论还没有开始就告结束了。"[2] 删掉两条道路的例子，并不意味着庇古改弦更张了，事实上，他的观点并没有改变。

奈特的批评影响了很多人，也引发了后来学界的许多争论。[3] 科斯的《社会成本问题》颇有代表性。科斯直言不讳地批评道："庇古在《福利经济学》中对环境污染问题的处理获得了许多经济学家的积极响应。大多数经济学家作了庇古式的研究，他们的结论都是，要求工厂主对烟尘所造成的损害承担赔偿责任。或者，对工厂主征税，税的高低与工厂的排烟量相关，与烟尘所致损害的经济价值相当，甚至最终责令该厂迁出居民区（也包括人们受到烟尘排放有害影响的其他地区）。在我看来，他们所说的那些解决办法并不合适，原因在于，那些办法一旦付诸实施，结果未必令人满意，甚至往往事与愿违。"[4] 在科斯看来，庇古直接将工厂与居民的关系界定为前者对后者的侵权关系是不妥的，他认为"问题的本质具有相互性"（the reciprocal nature of the problem）。也就是说，并不能一开始就认为甲给乙

---

[1] See F. H. Knight, "Some Fallacies in the Interpretation of Social Cost", *The Quarterly Journal of Economics*, Vol. 38, No. 4, 1924, p. 587.

[2] 张五常：《经济解释——张五常经济论文选》，商务印书馆 2000 年版，第 238 页。

[3] See Pierre Schlag, "Four Conceptualizations of the Relations of Law to Economics (Tribulations of a Positivist Social Science)", *Cardozo Law Review*, Vol. 33, No. 6, 2012, pp. 2357-2371; A. W. Brian Simpson, "'Coase v. Pigou' Reexamined", *The Journal of Legal Studies*, Vol. 25, No. 1, 1996, pp. 53-97.

[4] R. H. Coase, "The Problem of Social Cost", *The Journal of Law & Economics*, Vol. 3, 1960, pp. 1-2.

第一章　环境税法的经济逻辑

造成了损害，从而要求甲对乙进行赔偿。这在逻辑上是完全错误的。正确的分析方法是，先讨论这样一个问题——是允许甲损害乙，还是允许乙损害甲？进而讨论不同的权利配置下的成本收益问题。[1]在交易费用为零的情况下，根本就不需要国家干预，所谓庇古税也就完全没必要了。即使考虑到现实生活中的交易费用大于零的情况，也未必需要庇古税这样的干预手段，税收也未必能带来最佳的效果。[2]科斯在这篇经典文献中所阐述的理论被乔治·施蒂格勒命名为"科斯定理"。

科斯的理论也存在着实践上的局限性，比如：①自愿协商是否能轻易达成；②跨代之间的利益交换与协商应该如何实现，如环境问题往往是前几代人的行为而造成的，这样的利益协商应该如何达成？其实通过分析我们不难看出，科斯对于庇古税的分析并不是实质上的驳斥，而是通过寻找一种协商的机制来解决问题，这也是对庇古税理论的补充。无论是政府以税的方式干预还是科斯所提倡的协商方式，都为外部不经济的调节提供了方案。此后，学界掀起了围绕"科斯定理"展开热烈讨论的浪潮，也引发了对庇古税的诸多反思。

这些争论对实践产生了直接影响。"在过去几年中，政策制定者和某些利益集团发现，可以不用庇古式的分析和直接管控，而采用科斯式的分析来看待世界。如果通过科斯的有色眼镜来看环境挑战，分析家们将会以不同的方式看待问题，因此，也会以不同的方式解决问题。"[3]

---

[1] See R. H. Coase, "The Problem of Social Cost", *The Journal of Law & Economics*, Vol. 3, 1960, p. 2.

[2] See R. H. Coase, "The Problem of Social Cost", *The Journal of Law & Economics*, Vol. 3, 1960, p. 42.

[3] [美]兰迪·T. 西蒙斯：《政府为什么会失败》，张媛译，新华出版社2017年版，第282页。

针锋相对的两种意见是分别基于庇古税理论的环境税方案和基于"科斯定理"的产权方案。举一个典型的例子：假设某工厂将废水排放到河中，影响到了附近居民使用河水，由此造成5000元的损失。该厂建一个配套污水处理厂需要1000元，而居民安装净水系统需要3000元。两种赋权方案是：①如果将权力赋予该厂，则该厂有权排污而无需赔偿，此时居民们会愿意在3000元的额度内支付给该厂一笔钱用来净化废水，该厂当然会接受这笔钱——只要这笔钱超过1000元。这一方案的结果就是居民们同意付给该厂1000元。②如果将权力赋予居民，则该厂愿意提供最多1000元给居民们作为补偿——这笔补偿金和建污水处理厂的成本相等，不过，居民们安装净水系统需要3000元，他们能接受的最低金额也就是3000元。这一方案的结果就是该厂自己花1000元建一个污水处理厂。[1]这两种方案都能解决污染问题，并不需要国家用税收的方式来干预。

但是，后来的研究也表明，基于"科斯定理"所提出的产权方案也存在若干局限性。其一，产权方案可能只适用于当事人数量比较少、交易费用比较低的少数情况。而在大多数环境外部性问题中，如颗粒物、温室气体排放等，其中的受影响者数量众多，外部性来源也多种多样，由此引发的交易费用会令人望而却步。其二，产权方案往往面临双方之间的协商困境。因为每个主体都有异质化的利益诉求和立场，在数量众多、利益分化的主体之间开展有效率的协商谈判几乎是不可能的。污染者比污染受影响者的议价能力更强时，协商结果往往并不能反映各方的真实意思，也就不能反映市场的真实价格。其三，在许多实际案例中，产权的界定或建立很困难。其四，产权方案

---

[1] See W. Kip Viscusi, Joseph E. Harrington, John M. Vernon, *Economics of Regulation and Antitrust*, The MIT Press, 2005, pp. 748-749.

第一章 环境税法的经济逻辑

的长期效率可能没法保证。在短期内，前述两种产权分配方案都能有效解决污染问题，但从长期来看，如果由居民们来补贴排污企业，则会给市场释放错误的信号——排放污染是有利可图的，导致众多企业蜂拥而至。其五，产权方案还要顾虑到公平分配的后果、政治或社会接受度等。[1]

同时，在科斯定理的基础上，戴尔斯（Dales）1968年创造性地提出了"排污权"的概念。他建议将排污权按照标准单位进行分割，然后用免费划拨或有偿拍卖的办法分配给排污企业，企业之间可以自愿交易剩余的排污权。他认为，排污权交易"能够自动确保以最低的社会总成本实现政府所要求的废物排放量"。[2]刚开始，与排污权相关的争议非常多。[3]后来，1972年，蒙哥马利（Montgomery）对排污权交易机制进行了更为系统的论述，并用计量经济学方法作了证明。[4]学界的研究加速了排污权交易从理论到实践的落地过程。美国改变了原本侧重命令控制机制的《空气污染控制法》（Air Pollution Control Act）、

---

[1] 参见［英］萨布海斯·C.巴塔查亚：《能源经济学——概念、观点、市场与治理》，冯永晟、周亚敏译，经济管理出版社2015年版，第528—529页。

[2] J. H. Dales, *Pollution, Property and Prices: An Essay in Policy-Making and Economics*, University of Toronto Press, 1968, p. 107.

[3] 比如，有些学者关于排污权能使社会总成本降到最低的论断就引来不少批评，一些学者认为，排污权交易只能确保市场主体的遵从成本或减排成本最低，而社会总成本还得包括行政成本等其他成本。See J. H. Dales, *Pollution, Property and Prices: An Essay in Policy-Making and Economics*, University of Toronto Press, 1968, p. 107; Chulho Jung, Kerry Krutilla, Roy Boyd, "Incentives for Advanced Pollution Abatement Technology at the Industry Level: An Evaluation of Policy Alternatives", *Journal of Environmental Economics and Management*, Vol. 30, No. 1, 1996, pp. 95-111; Daniel H. Cole, *Pollution and Property: Comparing Ownership Institutions for Environmental Protection*, Cambridge University Press, 2002, pp. 14-15.

[4] See W. David Montgomery, "Markets in Licenses and Efficient Pollution Control Programs", *Journal of Economic Theory*, Vol. 5, No. 3, 1972, pp. 395-418.

《空气质量法》(Air Quality Act) 等相关法律制度，逐步引入排污权交易等新的机制。1970 年通过的《清洁空气法》(Clean Air Act) 确立了排污权交易机制，[1]是美国环境法律制度创新的里程碑，此后，排污权交易运用到了更多的领域。

业已形成的共识是，排污权交易"是一种创造市场的形式"。"其基本思想很简单：①排放的总量不能超过允许的限额。②在限额内，污染者可自由决定其如何控制排放。污染者决定是否减少污染并出售许可证，或持续污染并购买许可证，或持续污染并交纳罚金。③基于成本和价格信号，污染者可以通过与其他有额外减排信用的人交易而获益。④不遵守规定将会被处罚。"[2]

排污权交易与环境税在原理上有着显著的差别。有学者指出："可交易许可证（tradable permits）是另一种以市场为基础的政策工具，该制度规定排污或开发资源的权利可以通过自由或受控的许可证市场进行交易。就像税收制度一样，它们会对经济主体产生激励作用，可以减少对环境的破坏。到目前为止，它们主要对企业具有直接影响。可交易许可证与税收有着本质区别。就污染控制而论，税收产生的激励是为每单位排放确定固定价格，许可证产生的激励是发放固定排放量的许可证，持有者通过灵活价格买卖许可证，改变持有量。环境管理部门认为，税收确定的是排放价格而不是个人或集体的排放量，许可证确定的是集体或个人排放量而不是排放价格。那么，可交易许可证的工作原理是什么？一张可交易许可证就是一种环境政策工具，管理

---

[1] 正因如此，这部法律被评价为"包含了一些科斯式创新"。参见[美]兰迪·T.西蒙斯：《政府为什么会失败》，张媛译，新华出版社 2017 年版，第 282 页。
[2] [英]萨布海斯·C.巴塔查亚：《能源经济学——概念、观点、市场与治理》，冯永晟、周亚敏译，经济管理出版社 2015 年版，第 529 页。

第一章 环境税法的经济逻辑

向环境中排放某种废物或开发某种资源权利的交易。前者不是为排放付费，而是需要持有许可证，按许可的量排放。"[1]

从法律人的角度来看，排污权交易的实质可能是某些公共财产权的私有化安排。也就是说，如果我们把环境物品分为两类，一类是环境善品（goods），如清洁的空气，一类是环境恶品（bads），如排放的废水废气，那么，通过私有化环境善品或环境恶品上的某些公共财产权利，我们就可以借助市场这只无形之手来降低保护资源和减少污染所需要的成本。[2]因此，这项制度安排的关键在于成本。或者说，在排污权交易方面，允许交易的首要目的不是减少污染排放量，而是把减少污染排放量的成本降到最低。[3]

当然，排污权交易也并非是完美无缺的方案。排污权交易一般置于环境总量控制之下，总量控制下的排污权交易制度有其具体的适用条件，有学者对此提出了一个框架性的衡量标准体系：①能否灵活处理环境问题或健康问题？②能否保证准确无误和持续一致地检测污染排放？③市场主体之间的边际减排成本是否具有差异化特征？排污影响因素越同质，边际减排成本越趋近，交易动机越小；排污影响因素越异质，边际减排成本越离散，交易动机越大。④是否有足够的参与交易的市场主体？参与者越多，交易机会越多，交易成本越低。⑤政治和市场机制能否确保总量控制下的排污权交易制度有效实施？有效的政治和市场机制包括：合同制度和产权制度健全；市场主体

---

[1] [英]康芒、斯塔格尔：《生态经济学引论》，金志农等译，高等教育出版社 2012 年版，第 364 页。

[2] See Daniel H. Cole, *Pollution and Property: Comparing Ownership Institutions for Environmental Protection*, Cambridge University Press, 2002, p. 46.

[3] See Daniel H. Cole, *Pollution and Property: Comparing Ownership Institutions for Environmental Protection*, Cambridge University Press, 2002, p. 47.

是基于降低成本和提高利润的目的来作出商业决策；制度上能保障尽可能少干预市场主体且允许其自主决定如何削减污染。[1]对照来看，要满足这些条件并不容易。因此，并非任何国家任何时候针对任何环境问题都可以采用总量控制下的排污权交易制度，即便采用了该制度，其实施过程和最终效果可能也会千差万别。

随着各国排污权交易制度和环境税制度的先后建立，相关研究也日益深入。总的来看，现在普遍认为，"排污许可证（排污权交易）和庇古税（环境税）一样是一种低成本高效率地使环境保持清洁的方法。"[2]这两者从理论上来说都可以产生同样的环境规制效果（如图2、图3所示）。

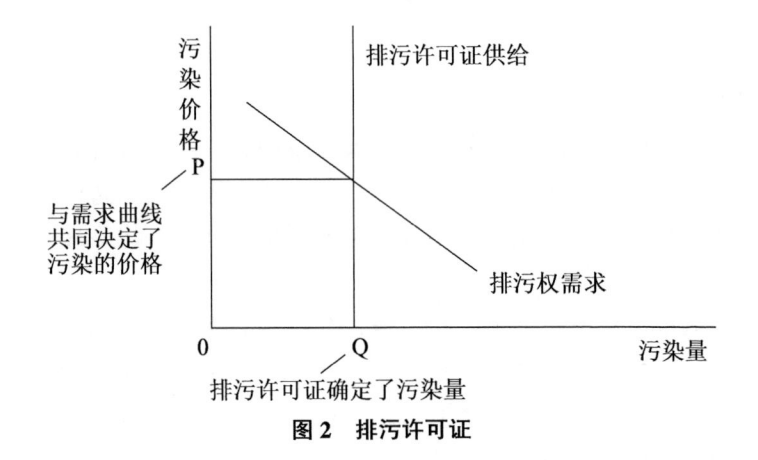

图2　排污许可证

---

[1] See Stephanie Benkovic, Joseph Kruger, "To Trade or Not to Trade? Criteria for Applying Cap and Trade", *The Scientific World*, Vol. 1, No. S2, 2001, pp. 953-957.

[2] [美] 曼昆：《经济学原理》（原书第3版），梁小民译，机械工业出版社2003年版，第182页。

第一章 环境税法的经济逻辑

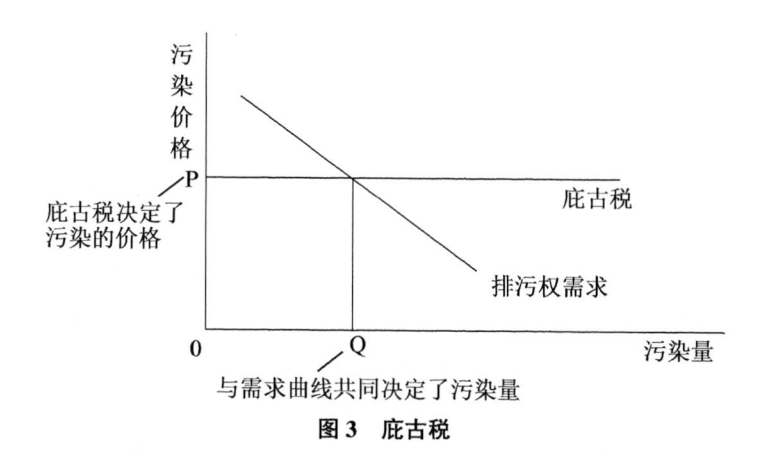

```
污染价格
  P┤────────┐
  │         │╲      庇古税
庇古税决定了 │  ╲
污染的价格   │    ╲
             │      ╲ 排污权需求
             │        ╲
  0─────────Q──────────────→ 污染量
       与需求曲线共同决定了污染量
```

图3　庇古税

当然，一些实践中的跨域比较所带来的困惑并未得到彻底解决。例如，"既然环境税和排污权交易作为环境规制工具有殊途同归之效，那么为什么欧洲国家特别是斯堪的纳维亚半岛国家特别热衷于对硫和二氧化碳及其他污染品使用'绿色税收'（这种税收为丹麦带来的收入占税收总收入的9%）。相形之下，美国更不愿意征收环境税，环境税只占总税收收入的3%，但美国却是实施排污权交易控制酸雨和减少二氧化硫排放最成功的国家。哪些因素制约着环境规制工具的不同模式选择是值得思考的问题。"[1]

不管如何，"科斯定理"所产生的产权方案和庇古税方案虽已部分取得协调，但分歧仍在，很多问题也有待今后的进一步讨论。科斯也承认："我在《社会成本问题》一文中，只是提出一种研究方法，而不是提供答案"。对于他与庇古之间关于市场和政府关系的分歧，他指出尚无定论，也"无法指出界限应该画在何处"。他强调："我们应该对以不同方法来处理问题所产

---

[1] 孙玉霞：《公共经济学视阈的财税改革问题探究》，光明日报出版社2016年版，第54页。

生的实际结果,作仔细的探索,才能知道界限所在。"[1]换言之,科斯与庇古之间,恐怕都没有十足的把握说真理就在自己手上,或者说真理全部在自己手上。

除了"科斯定理"带来的挑战外,庇古税理论和相关环境税费实践还面临来自其他诸多方面的考验和拷问。

比如,对于税收和标准两种规制工具哪种最理想,法律人和经济学家一般会有不同的回答。法律人倾向于建立一套明确的标准,确认那些可被接受的行为,否定那些不能被接受的行为。经济学家往往有所不同,他们倾向于在有效市场中建立一套价格调节机制(如环境税等)来规制排污行为。[2]

有的研究对此作了比较。税收允许污染者根据自身的边际减排成本控制污染,而标准则规定了一个与成本无关的数量限制,下图表明了税收和标准两种规制工具在经济效果上的异同。可以看到,如果行业之间的控制成本相同,即均为 MC_1,则两种规制工具的经济效果相同;如果控制成本不同,税收可以允许低成本公司(MC_2)比高成本公司(MC_1)在更大范围内减少其污染(如从 Q_1 到 Q_2)。因此,税收规制工具为污染者提供了自主决定排污多少和治污水平的空间,而标准规制工具则直接为污染者做了决定。[3]

---

[1] 高小勇、汪丁丁编:《高小勇、汪丁丁专访诺贝尔经济学奖得主——大师论衡中国经济与经济学》,朝华出版社 2005 年版,第 294 页。

[2] See W. Kip Viscusi, Joseph E. Harrington, John M. Vernon, *Economics of Regulation and Antitrust*, The MIT Press, 2005, p. 757.

[3] 参见[英]萨布海斯·C. 巴塔查亚:《能源经济学——概念、观点、市场与治理》,冯永晟、周亚敏译,经济管理出版社 2015 年版,第 525 页。

第一章　环境税法的经济逻辑

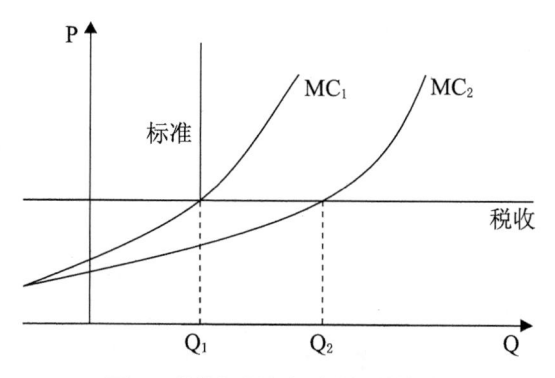

图4　税收规制与标准规制的比较

可见，总的来说，税收等价格调节制度更灵活。但是，考虑到标准控制制度和税收等价格调节制度各有其特性，适用的条件也不一样，对于很多国家来说，也可以根据具体行业产业的不同和地区条件的差异而采用包括标准控制制度和价格调节制度在内的综合性制度体系。

还有很多批评来自政治、伦理等其他方面。美国参议员艾德蒙·马斯基（Edmund Muskie）曾经评论道："我们不能让任何人选择付费污染。""这反映了一些环保主义者的观点。他们认为，清新的空气和清洁的水是基本人权，不应该因经济方面的考虑而被贬低。你怎么能给清新的空气和清洁的水确定价格呢？他们声称，环境如此之重要，以至于无论代价多大，我们都要尽可能保护它。"[1]经济学家一般不赞同这种观点，在他们看来，好的环境政策必须承认"人们面临权衡取舍"这个前提。他们认为："清新的空气和清洁的水肯定有价值。但是，必须把它们的价值与其机会成本相比，也就是说，与为了得到它

---

[1]　[美] 曼昆：《经济学原理》（原书第3版），梁小民译，机械工业出版社2003年版，第182页。

们而必须放弃的东西相比。完全消除污染是不可能的。想要完全消除污染就要把许多使我们享有高生活水平的技术进步颠倒过来。很少有人愿意为了使环境尽可能清洁而接受营养不良、医疗缺乏或拥挤的住房。"[1]"有些环境保护主义者把庇古税看成一种罪恶税而不以为然：虽然污染者将被迫为他们的危害行为付费，但是他们仍然可以继续危害环境。这些批评家坚持认为应根据科学、美学和道德原则对这些危害行为进行管理和监控。不过，在假设庇古税不足以带来行为变化的同时，这种批评可能低估了企业内部的动态变化。将成本整合到定价中去的目的并不是为污染者提供一条收费公路，而是要走出一条革新之路。降低成本的动机与目前在所有企业中起作用的动机是相同的，但这里所不同的是，制造商降低这些成本最有效的方式不是将这些费用外部化并转嫁于社会，而是实施更优的设计方案。"[2]"经济学家认为，一些环保积极分子没有根据经济学思考问题而伤害了自己。清洁的环境是和其他物品一样的物品。与所有正常物品一样，它有正的收入弹性：富国在经济上可以比穷国享受更清洁的环境，因此也有更严格的环境保护制度。此外，就像大多数其他物品一样，清洁空气和水也服从需求定理。环境保护的价格越低，公众也越想要保护环境，排污许可证和庇古税的经济方法降低了环境保护的成本，因此，它增加了公众对清洁环境的需求。"[3]

当然，反过来也有人从道德等其他方面质疑"科斯定理"以

---

[1] [美]曼昆：《经济学原理》（原书第3版），梁小民译，机械工业出版社2003年版，第182页。

[2] [美]保罗·霍肯：《商业生态学：可持续发展的宣言》，夏善晨、方堃译，上海译文出版社2014年版，第64—65页。

[3] [美]曼昆：《经济学原理》（原书第3版），梁小民译，机械工业出版社2003年版，第182页。

第一章　环境税法的经济逻辑

及相关环境规制方案。"从效益角度看，有人认为排污补贴方式更好一些。因为，与耗费巨大的排污税政策相比，企业更容易接受补贴，并能快速作出反应，但是，这有悖于道德观念——造成污染的人减少污染得到了'奖励'，忍受污染的人却什么也没得到。对于排污补贴政策，人们有时确有这种看法。我们将排污视为不道德的行为，因此采取符合这种道德规范的政策，判定排污行为违法，更容易让人接受。如果站在全人类角度（不再考虑甲对乙的影响），排污是为了生产，为了创造价值，排污只是满足人类生活需要的一种附加物。那么，排污作为一种'必要'行为，也就没有那么'可耻'了。"[1]

还有学者对排污权交易和庇古税都持批评态度。"无论污染者赔偿原则采取哪一种形式，由市场决定排污许可证的有效分配和价格或是征税体制，污染排放数量的商品化将是一项必要的先决条件……然而，通过污染者赔偿原则，市场推动了对环境的持续污染。因为人与生态系统在通常情况下有不受污染的权利，而这是和赋予污染者排放污染物的权利相抵触的……承认污染权利可以购买获得，这就践踏了免于有毒污染物的环境人权主张，就是对资本主义理性逻辑的践行，就是认为有效配置和市场机制比人权更为重要。"[2]

污染者付费原则是庇古税的一个演变规则，保罗·斯图克斯（Paul Stookes）认为"污染者付费原则（polluter pays principle）可能被认为是对污染和环境损害的回应，而不是环境保护的有效机制（effective mechanism）。就其含义来说，污染者付费

---

〔1〕　曾克峰主编：《环境与资源经济学教程》（第2版），中国地质大学出版社有限责任公司2013年版，第68页。
〔2〕　[英]简·汉考克：《环境人权：权力、伦理与法律》，李隼译，重庆出版社2007年版，第36—37页。

原则接受污染程度的提高，只不过污染者要付费……事实上，有能力付费的污染者可以免受惩罚而排污，不过，重要的是，污染者付费原则不能就此被理解为是污染者的特许状（charter）。"[1]

不论如何，以庇古税理论为依据的环境税费制度已经成了普遍的世界现象，科斯与庇古的分歧以及与此相关的诸多争论恐怕会伴随环境税费的始终。

当然，环境税毕竟也只是众多环境规制工具中的一种。尽管从庇古税理论的角度来看，环境税是最合适的那一种，但从更客观的角度来看，人们需要更一般化的评价准则。申言之，环境规制工具多种多样，每个国家应该根据哪些标准来选择适合本国的规制工具并加以制度化呢？帕纳约托曾提出以下框架性的标准：[2]

第一，环境效益标准（environmental effectiveness）——所选环境规制工具是否能在特定时间范围内达到环境目标？达到这一目标的把握有多大？

第二，成本收益标准（cost effectiveness）——所选环境规制工具能否以最小的社会成本来实现环境目标？这些社会成本包括但不限于市场主体的遵从成本、环境保护主管部门开展环境监测与执法的行政成本，以及特定规制工具的扭曲效应所引发的成本。

第三，灵活性标准（flexibility）——所选环境规制工具能否灵活地适应技术、资源稀缺程度和市场条件的各种变化？例如，该规制工具能否有效应对通货膨胀？有没有采用通货膨胀指数化等技术来加以应对？当资源稀缺度加剧时，该规制工具

---

[1] Paul Stookes, *A Practical Approach to Environmental Law*, Oxford University Press, 2005, p. 32.

[2] See Theodore Panayotou, *Economic Instruments for Environmental Management and Sustainable Development*, UNEP, 1994, pp. 50–52.

（排放权交易、命令控制工具、环境债券等）能否随之提高规制力度？新的技术诞生，旧的技术被淘汰，规制工具能否以适度的成本来应对？

第四，动态效率标准（dynamic efficiency）——所选环境规制工具是否有利于鼓励市场主体研发和使用更加清洁、更加经济的技术？所选环境规制工具是否从总体上有利于促进环保型基础设施建设和经济结构调整？一个动态有效的规制工具能够引导资源流向有比较优势的国家，因此，对发展中国家而言，选择何种规制工具来促进环保型基础设施建设和经济结构调整显得尤为重要。

第五，公平性标准（equity）——所选环境规制工具的成本和收益能否被公平分配？谁获益，谁受损？不同的规制工具具有不同的分配效应。环境效益累进和经济效益累退有时候相伴而生，因而，低收入群体往往缺乏为改善环境而承担某些成本的意愿。为此，要注意两个方面因素对收入分配的影响：产权或排污权许可如何妥善分配，以及环境税费收入如何合理使用。

第六，引入的难易度标准（ease of introduction）——所选环境规制工具能否与本国现有法律框架保持一致？如果需要制定新法，立法方案是否可行？政府相关部门是否有足够的治理能力来运用新法所创设的规制工具？与此相关的机会成本是什么？通常来说，如果所选规制工具既能利用现成的治理机构，又无须制定新法，那就应当成为首选。

第七，监管和执行的难易度标准（ease of monitoring and enforcement）——监管和执行的难度多大？成本多高？在监管和执行能力有限的条件下，更适合的选择是产品税等间接规制工具或债券、押金退还（deposit-refund）等自发执行（self-enforced）的规制工具。

第八，可预期性标准（predictability）——所选环境规制工具能否将可预期性和灵活性结合起来？规制工具的可预期性越强，越能有效引导市场主体的行为，越能提高市场主体的遵从度，而不确定和不可预期的规制工具将会弱化环保效果。

第九，可接受性标准（acceptability）——所选环境规制工具能否被公众理解？能否被相关产业接受？能否被决策者认可？收税或收费往往不受欢迎，排污权交易则常常被环保组织和公众抵制，不同利益群体的诉求各不相同，均会影响环境规制工具的选取和最终落实。

也有学者认为："在解决环境问题时，无论以经济学的立场（成本收益分析）还是以法律的立场（财产权），我们都无法找到最佳解决方法……任何防止污染的政策在本质上都注定是一场社会试验（social experiment），这个试验无所谓对错，只不过或多或少地有效引导一种明智的、全社会一致同意的方式来使用空气和水资源。"[1]

还有学者认为："所有环境保护的方法——从以技术为基础的命令——控制型管制（command-and-control regulations）到排污税（effluent taxes）、可交易排污权（transferable pollution rights）以及完全私有化（complete privatization）——无非是在污染者、政府、纳税人以及其他那些构成'公众'（public）的团体和个人之间配置经济成本和收益。"[2]"在这种方法和那种方法之间，唯一真正有意义的区别在于各自不同的成本与收益结构。"[3]

---

[1] J. H. Dales, *Pollution, Property and Prices: An Essay in Policy-Making and Economics*, University of Toronto Press, 1968, p. 77.

[2] Daniel H. Cole, *Pollution and Property: Comparing Ownership Institutions for Environmental Protection*, Cambridge University Press, 2002, p. 14.

[3] Daniel H. Cole, *Pollution and Property: Comparing Ownership Institutions for Environmental Protection*, Cambridge University Press, 2002, pp. 14-15.

第一章 环境税法的经济逻辑

庇古税理论诞生初期，人们对环境问题的认识还不够深入，庇古税的研究和应用相对较少，随着环境问题的日益突出，庇古税的经济效应就成为人们所关注和研究的重点。研究认为，从理论上来看，庇古税的缺陷为："庇古税忽视了不同市场之间还存在着'相互作用效应'；庇古的分析假设了经济运行中不存在其他有损于效率的因素存在，其近似于完全竞争状况下的约束条件显得过于苛刻，这样的假设条件也就使得庇古税的设计中不需要考虑其他扭曲经济运行效率的因素；正如庇古也同样意识到的那样，庇古税没有考虑到公平分配的问题。"[1]在实际应用中，庇古税存在的问题主要是：①背景环境要求严苛，没有考虑多种税的存在；②庇古税所支持的税率很难确定；③对于社会整体经济发展会产生负面效应。学者们不断努力，试图找出庇古税的最优税率以达到社会福利最大化，由此发展出庇古税的三种演化模型，即以边际社会损害度量的原始庇古税模型、以纳什均衡度量的经典庇古税模型、以社会福利度量的最优庇古税模型。[2]当然，许多学者从不同的角度论证了庇古税在经济社会发展等方面的积极效应，最受关注的是庇古税的双重红利乃至多重红利效应，对此，笔者后文将予以详述。

税率确定问题也是庇古税理论中的核心问题之一。一般来说，庇古税的最优税率是旨在实现社会福利最大化的税率，对此，传统庇古税理论一般通过社会边际成本和社会边际效益之间的均衡来确定最优税率。但是，不少学者对此进行了质疑。例如，有的学者用一般均衡模型将环境税与其他税收关联起来

---

[1] 司言武："环境税经济效应研究：一个理论综述"，载《社会科学战线》2009年第6期。

[2] 参见高艳荣、蒋飞："博弈论思想下的庇古税理论模型分析"，载《中国林业经济》2007年第5期。

进行分析，结果发现，给定污染物排放的最优税率通常低于庇古原则所支持的税率。[1]也有学者基于"双重红利"假说、一般均衡分析框架和健康受益视角这三个角度考察了庇古税最优税率，在其看来，"双重红利"假说下的税率高于庇古税最优税率，而后两种情况则低于庇古税最优税率。[2]还有研究指出，在给定条件下，"环境税'双重红利'假说是不成立的，最优污染品课税的税率水平只能定位在低于庇古税税率水平上。"但是，如果引入非同质性假设条件，"环境税'双重红利'假说可能是成立的，从而为环境税税率水平定位在高于庇古税税率水平之上提供了可能。"[3]换言之，庇古税最优税率的确定难以获得一个简单的答案。正如有的学者所言："在许多情况下，最优税收制定中的关键成分——边际环境效益——是非常不确定的。在进一步的研究中，缩小不确定性范围将对政策分析师具有重要价值。"[4]

庇古税理论为环境的负外部性效应问题的解决提供了基础理论的构建，以及对于环境保护与现代环境税的设置与开征而言，也功不可没，如垃圾税、碳税的开征都是基于庇古税理论确定税率和课征的方式。[5]近年来，很多学者也尝试从不同角

---

[1] A. Lans Bovenberg, Lawrence H. Goulder, "Optimal Environmental Taxation in the Presence of Other Taxes", *American Economic Review*, Vol. 86, No. 4, 1996, pp. 985-1000.

[2] 参见司言武："环境税理论创新——基于庇古税率水平的分析"，载《人文杂志》2007年第4期。

[3] 司言武："环境税经济效应研究：一个趋于全面分析框架的尝试"，载《财贸经济》2010年第10期。

[4] A. Lans Bovenberg, Lawrence H. Goulder, "Optimal Environmental Taxation in the Presence of Other Taxes", *American Economic Review*, Vol. 86, No. 4, 1996, pp. 985-1000.

[5] 邓安泽："基于公共经济学视角下的庇古税探讨"，载《中国外资》2013年第16期。

度利用庇古税理论来解决环境问题。[1]

二、双重红利与多重红利理论

(一) 双重红利

环境税的"双重红利"学说最早由西方学者提出，对我国相关研究产生了很大影响。当然，学者们关于"双重红利"的定义有所不同。有的认为，"双重红利"是指治理环境和增加财政收入两方面的好处。还有的认为，"双重红利"是指治理环境和促进劳动力就业。不同的学说观点碰撞交流之间，又发展出了关于环境税"双重红利"的"弱红利"和"强红利"之说。在此基础上，国内学者也作了一些理论上的拓展。其中，有的学者支持环境税的"双重红利"假说，也有的学者质疑环境税的"双重红利"效应，或者质疑"双重红利"假说在中国的适用性。

顺着环境税的理论脉络溯源而上，我们可以发现，大卫·皮尔斯早在1991年的一篇文章中就对环境税"双重红利"有过阐述。他认为，以碳税为代表的环境税具有明显的"双重红利"，即减少碳排放和增加财政收入。[2]经测算，英国如果引入碳税，将新增188亿美元收入，约占当年国民生产总值的2.3%；法国如果引入碳税，碳税收入约占当年国民生产总值的1.3%；日本如果引入碳税，碳税收入约320亿美元，约占当年国民生产总值的1.1%。这些都鲜明地体现了碳税的第二重红利——增

---

[1] 例如，乔永璞、储成君："庇古税改革、可耗竭资源配置与经济增长"，载《经济与管理研究》2018年第2期；彭玉兰："庇古税制的有效性及废弃物处理技术选择"，载《中国软科学》2011年第1期。

[2] See David Pearce, "The Role of Carbon Taxes in Adjusting to Global Warming", *The Economic Journal*, Vol. 101, No. 407, 1991, pp. 938-948.

加财政收入。[1]

考虑到以往有的文献在分析环境税时忽略了其他扭曲性税收的存在，结论难免有失偏颇，为了纠偏，一些学者还对最优环境税进行了一般均衡分析。这些学者利用相关实证数据构建一般均衡模型，进而揭示环境税的主要机理。其结论是，环境税不仅有助于遏制环境污染，还有利于汲取财政收入，而这部分收入能够为减少部分所得税提供契机，从而缓解所得税的扭曲效应。这些研究进一步推进了人们对环境税"双重红利"的理解。[2]

皮尔斯等人曾经提出过一个很有意思的说法："如果仅仅是为了达到二氧化碳的排放目标，那么其他措施可以代替税收。"[3]在他们看来，环境税一方面可以汲取财政收入，另一方面，国家可以将所得税等其他扭曲性税收中的部分收入返还给纳税人，减缓税收制度对经济发展的扭曲效应。据此，他们得出结论："环境税收因此达到了两个目标——减少污染和提高经济效益。"[4]

我国环境税（法）研究虽然起步稍晚，但对国外环境税"双重红利"学说跟进迅速。付伯颖认为，我国环境税制建设与总体税制改革应同步进行，以最大限度地实现改善环境质量和优化税收结构的"双重红利"。不过，这需要具备一定条件：一

---

[1] See James M. Poterba, "Tax Policy to Combat Global Warming: On Designing a Carbon Tax", *NBER Working Paper Senes*, 1991, No. w3649, pp. 1-40.

[2] See A. Lans Bovenberg, Lawrence H. Goulder, "Optimal Environmental Taxation in the Presence of Other Taxes", *American Economic Review*, Vol. 86, No. 4, 1996, pp. 985-1000.

[3] [英] 大卫·皮尔斯等：《绿色经济的蓝图 2——绿化世界经济》，初兆丰、张绪军译，北京师范大学出版社 1997 年版，第 6 页。

[4] [英] 大卫·皮尔斯等：《绿色经济的蓝图 2——绿化世界经济》，初兆丰、张绪军译，北京师范大学出版社 1997 年版，第 7 页。

第一章 环境税法的经济逻辑

是从新征环境税中取得收入能否达到一定的标准,二是通过优化税制、增强企业竞争能力后财政增收潜力能否提高到一个合理水平。[1]司言武认为,环境税"双重红利"理论对我国税制结构调整和优化提供了重要的参考。在他看来,税收对社会资源配置的扭曲程度以间接税为重,如果我国开征环境税并辅之以增值税转型,则可能获取"双重红利"。[2]刘凤良和吕志华认为,如果开征环境税,国家必须采取提高居民对环境偏好程度或环境边际再生能力的配套政策,以降低环境成本上升对经济增长和社会福利可能带来的不利影响,由此,环境税"双重红利"效应方可实现。[3]汪新波等人以新古典增长理论为基础,将环境税作为技术进步因素引入模型,进而论证了我国环境税"双重红利"效应的可能性。[4]俞敏的研究发现,欧盟实行"绿色税收转移"的环境税改革,实现了经济、社会和环境三赢,我国若借鉴欧盟的经验,深化环境相关税种的改革,重构能源税、交通环境税与资源税,适时引入新环境税种,构建可持续发展绿色税收体系,合理分配环境税收入,我国的环境税就能获得"双重红利"的效应。[5]

当然,如前所述,也有一些学者怀疑环境税"双重红利"的存在。对此,有些学者建议,用不完全竞争理论来调和关于

---

[1] 参见付伯颖:"论环境税'双盈'效应与中国环境税制建设的政策取向",载《现代财经(天津财经学院学报)》2004年第2期。

[2] 参见司言武:"环境税'双重红利'假说述评",载《经济理论与经济管理》2008年第1期。

[3] 参见刘凤良、吕志华:"经济增长框架下的最优环境税及其配套政策研究——基于中国数据的模拟运算",载《管理世界》2009年第6期。

[4] 参见汪新波、潘恩阳、马东春:"我国环境税'双重红利'的存在性研究",载《生态经济》2014年第7期。

[5] 参见俞敏:"环境税改革:经济学机理、欧盟的实践及启示",载《北方法学》2016年第1期。

环境税"双重红利"的分歧。比如,在环境税拥有减少污染和促进就业"双重红利"假设的框架下引入拉弗曲线,由此得出的结论是:当初始劳动税和家庭收入中用于非环保型消费比重高时,双重红利就会丧失,换句话说,只有当初始劳动税和家庭非环保型支出份额都较低时才能获得双重红利。概言之,环境税的"双重红利"只有在一定条件下才能实现。[1]也有一些学者怀疑我国环境税"双重红利"效应是否存在。例如,胡绍雨对环境税与环境质量影响的相关性进行了实证分析,在其看来,"环境税对我国环境质量的改善具有明显的效应,但环境税促进就业的效应在我国并不显著。也就是说,环境税的'双重红利'效应在我国并不完全成立。"[2]

随着研究的纵深发展,环境税的"双重红利"在理论上有了更细致的表达。学界日益承认,西方国家的环境税改革实践也逐步证实,环境税的确存在第一重红利,但是,对于环境税的第二重红利的看法稍有差异。考虑到西方各国经济发展水平、税率的波动性和税种替代的差异等因素后,劳伦斯·古尔德(Lawrence H. Goulder)和兰斯·博文伯格(A. Lans Bovenberg)就提出,第二重红利又可以进一步分为"弱红利"[3]和"强红利"[4]两种效应。

---

[1] See Thorsten Bayindir-Upmann, "On the Double Dividend under Imperfect Competition", *Environmental and Resource Economics*, Vol. 28, 2004, pp. 169-194.

[2] 参见胡绍雨:《清洁发展目标下的中国公共财政优化研究》,中国财政经济出版社2012年版,第104—114页。

[3] See Lawrence H. Goulder, "Environmental Taxation and the 'Double Dividend': A Reader's Guide", *International Tax and Public Finance*, Vol. 2, 1995, pp. 157-183.

[4] See A. Lans Bovenberg, "Green Tax Reforms and the Double Dividend: An Updated Reader's Guide", *International Tax and Public Finance*, Vol. 3, 1999, pp. 421-423.

(二) 多重红利

随着环境税"双重红利"的讨论不断深化,"三重红利""多重红利"等理论也逐渐发展起来。当然,与环境税"双重红利"理论一样,关于环境税"三重红利""多重红利"的争议也不少。

阿尔弗雷多·佩雷拉(Alfredo M. Pereira)等人认为,环境税存在"三重红利",即改善环境、改善宏观经济和增加公共财政收入,不过,这些红利的实现需要立法者进行精巧的制度设计。以葡萄牙环境税改革为例,葡萄牙计划到2030年将二氧化碳排放量减少到1990年的60%,不过,其立法方案存在重大弊端,势必无法实现"三重红利",除非尽快调整立法,特别是采用财政收入循环战略(revenue-recycling strategy),在增加环境税收入的同时,降低个人所得税、降低雇主的社会保障税费、增加投资税收抵免。[1]

范·赫登(J. Van Heerden)等人研究了南非的环境税法。他们注意到,在《京都议定书》中,南非在第一个承诺期内没有任何减排目标,轻装上阵有利于南非发展经济,通过引入特定的环境税制度,南非获取了"三重红利",即既治理了环境污染,又促进了经济增长,还有助于减少贫困。[2]

库尔巴耶娃以发展中国家为样本考察了环境税的效应问题。其认为,环境税存在"双重红利"效应,即改善环境和公共财政。不仅如此,如果制度设计合理,环境税还有助于增加工人

---

[1] See Alfredo M. Pereira, Rui M. Pereira, Pedro G. Rodngues, "A New Carbon Tax in Portugal: A Missed Opportunity to Achieve the Triple Dividend?", *Energy Policy*, Vol. 93, 2016, pp. 110-118.

[2] See J. Van Heerden et al., "Searching for Triple Dividends in South Africa Fighting CO_2 Pollution and Poverty while Promoting Growth", *The Energy Journal*, Vol. 2, 2006, pp. 113-141.

和失业者的税后收入，由此可能产生环境税的"第三重红利"。[1]

以上关于发展中国家的研究对我国的借鉴意义很大。当然，发达国家在环境税制改革方面也积累了很多经验，学者们也曾揭示过发达国家环境税的多方面积极效应，对我国也有较大的启发意义。例如，埃文·特金（Evan Turgeon）在考察美国环境税问题时指出，改革后的环境税收政策会产生"三重红利"，即同时惠及美国经济、国家安全前景和环境治理。[2]

我国不少学者也就环境税"三重红利""多重红利"问题开展了相关研究。例如，张景华认为，随着市场化改革的不断推进，我国环境税的红利效应将不断凸显出来，不过，他没有严格区分"双重红利"和"多重红利"，并认为环境税带来的效益越多越好。[3]

武亚军认为，环境税改革及税制优化有可能产生多重福利。其一，环境税可产生环境改善效益和资源合理利用的福利效应；其二，环境税收入有助于减少不合理的要素税收，如负担较重的企业所得税，从而获得资本积累加速和投资增长效应；其三，利用环境税收入替代扭曲性的个人所得税、社会保障费，从而增加就业和人力资本的积累。[4]

许文立、刘晨阳分析了绿色财政收入和绿色财政支出对环

---

[1] Karlygash Kuralbayeva, "Environmental Policy and the 'Triple Dividend' in Developing Economies with Rural-urban Migration", see http://personal.lse.ac.uk/kuralbay/TripleDividend.pdf.

[2] See Evan Turgeon, "Triple-Dividends: Toward Pigovian Gasoline Taxation", *Journal of Land Resources & Environmental Law*, Vol. 1, 2010, pp. 145-177.

[3] 参见张景华："环境税的双重红利效应分析"，载《商业研究》2012年第9期。

[4] 参见武亚军："转型、绿色税制与可持续发展"，载《中国地质大学学报（社会科学版）》2008年第1期。

境的作用机制,考查了废气产量与成本、废气减排量与收益进行边际成本和边际效益,进而发现,环境税不仅能获得环境效应、经济效益,甚至可以达到降低贫困的作用,从而实现"三重红利"效应。[1]

综上,在传统的环境税"双重红利"理论基础上,很多学者也关注到了环境税的"三重红利"乃至"多重红利"。这些讨论虽然多集中于经济学领域,但对环境税法的功能定位问题具有积极的理论意义。我们看到,越来越多的学者赞同,在规制环境的红利效应基础上,环境税还可能通过筹集财政收入产生更多的红利,这意味着,环境税法完全可以在规制功能的基础上发挥其财政收入功能。

三、小结

环境税的制度设想最初来自庇古等经济学家,环境税的基础逻辑和底层机理主要是庇古税理论所揭示的外部性内部化的逻辑和机理。从这个角度来说,环境税法理论的一大基石应当是庇古税及其后续的各种红利理论,而环境税法则在某种程度上可视为经济政策的法律化。由此,立法者既要重视制度的法律逻辑,也要遵循制度的经济逻辑,形成法律逻辑与经济逻辑的融洽协奏。

从庇古税理论来看,环境税法是调节环境影响行为的规制性法律,旨在将环境影响行为主体所产生的外部性通过征税的方式转化为该主体的内部成本,故要求体现污染者付费原则。也正是因为其仅为成本内化的经济规制工具,而非"命令—控制"型工具,显著区别于关停并转式的手段,因此,环境税法

---

[1] 参见许文立、刘晨阳:"外国绿色财政改革经验及启示",载《财政科学》2016年第3期。

的制度构造也要根据这一特性来进行设计。

　　从环境税的功能效应来看，庇古税理论经过多年延续拓展，已不断揭示出"双重红利""三重红利""多重红利"等积极效应的理论可能性，而多国环境税实践也陆续证实了环境红利、经济红利、减贫红利、政治红利等诸多好处的现实可能性。就此而言，环境税法的制度构造就不应局限于环境规制功能，而应物尽其用，充分发挥其潜在的功能效应。就好比手机最初作为通话工具，随着时代的发展，已出现了功能上的多元集成。环境税法也应通过定位其制度功能，特别是协调其环境规制功能和财政收入功能，以激活、调动、实现可能的"多重红利"，将其制度效应尽可能地最大化，进而实现社会福祉的最大化。

第二章
环境税法的功能定位

环境税法从理论探讨到酝酿起草乃至出台之后的整个过程，无不伴随着大量的争议。仅就2008年财政部、环保部和国家税务总局等部门开始着手酝酿环境税立法方案，到2015年国务院法制办公布《环境保护税法（征求意见稿）》这几年来说，立法方案和立法内容引发的诸多批评常见于报刊媒体。可以说，直至2016年第十二届全国人民代表大会常务委员会第二十五次会议通过《环境保护税法》，2018年第十三届全国人民代表大会常务委员会第六次会议又对《环境保护税法》进行修正，我国环境税法的诞生和成长颇为不易。然而，关于环境税法的争论并未因正式法律的出台而尘埃落定，个中缘由总绕不过各界对这部姗姗来迟的法律的期待同最终通过的版本间的巨大落差。

犹记得中国工程院院士王金南（原环境保护部环境规划院副院长兼总工程师）坦陈："作为一个关注环境税政策研究近20年的研究人员，我对《环境保护税法（征求意见稿）》的看法比较复杂……这个版本的环保税法经过了理想与现实的博弈以及现实中诸多问题的平衡，最终从理想主义回归到'现实'，公众对环保税法的失望恐怕更多地来自这种从理想主义回归

'现实'的落差。"[1]可以说,作为《中华人民共和国立法法》修改税收法定条款后贯彻税收法定原则的第一部立法,《环境保护税法》似乎并未平复这些心情"复杂"或"失望"的人的情绪。

这与环境税立法的"平移"模式有关。但从更深层次的问题而言,这是因为人们所期待的环境税法的功能与立法者通过"平移"立法所呈现出来的环境税法的功能存在"落差"。"平移"立法模式比较"稳",体现了立法者对政策承接、平稳过渡的考量,但后果是其可能淡化、忽略甚至扭曲了环境税法的功能定位。与此同时,理论上一些关于环境税法功能定位的误解、误读甚至曲解,可能与"平移"立法模式对环境税法功能定位的忽略、扭曲产生"化学反应",后果可谓相当严重。尽管我们曾经就环境税功能定位问题作过一些探讨,也提出过若干建议,[2]但是,反观环境税法的立法现状,笔者认为,还很有必要继续推进对这一问题的探讨。其中,对环境税法的环境规制功能(以下简称"规制功能")和财政收入功能(以下简称"收入功能")的讨论,尚有很多问题仍需学界持续加以研析,如此,各方才能更清晰地看出理想的环境税法应当如何定位其制度功能。

一、反思"零税收论"

在就《环境保护税法》开展细致分析前,我们有必要就环境税法功能问题上的理论争议进行澄清和辨识。在这个问题上如果仍然受所谓"零税收论"等一些似是而非的理论误导,我

---

[1] 参见《环境保护》编辑部:"科学设计环境保护税 引领创新生态文明制度——访环境保护部环境规划院副院长兼总工王金南",载《环境保护》2015年第16期。

[2] 参见何锦前:"论环境税法的功能定位——基于对'零税收论'的反思",载《现代法学》2016年第4期。

第二章 环境税法的功能定位

们不可能在《环境保护税法》的讨论上取得大的突破。

回顾过去,在环境税立法研究的早期,学界就意识到,环境税的功能在理论上可分为规制功能和收入功能两种,其中,规制功能是不可或缺的,这一点到今天也仍然是基本共识。但是,对收入功能,学界始终存在不同的看法。

早期环境经济研究曾提及,中国应建立国家环境基金,以后开征的环境税可为此筹集资金,[1]而早期立法研究已在环境税诸功能中简略提及收入功能。[2]后来的环境税法研究则发现,垃圾税等不仅可以减少生活垃圾等污染物排放,而且可以筹集环保资金。[3]一些研究也注意到了环境税的双重作用或曰"双重红利",即环境税既有规制污染之效,其所带来的财政收入亦可发挥矫正经济扭曲的作用,[4]因而收入功能亦不可忽视。[5]正因如此,环境税法应"适度体现财政原则,为环境治理筹集资金,有利于增加环保投入",而这同时也是规制功能的内在要求,因为"如果没有相当水平的税收负担,就不足以改变纳税人的污染行为。"[6]还有一些研究提出,环境税内部可以划分为多个种类,除了通常所说的环境税种类外,还应通过开征环境收入税,拓宽环境治理的筹资渠道。[7]或者,创设旅游环境税,在控制污染之

---

〔1〕 参见王金南、陆新元、杨金田主编:《中国与 OECD 的环境经济政策》,中国环境科学出版社 1997 年版,第 195 页。

〔2〕 参见谭立:"环境税的基本问题",载《法学杂志》1999 年第 3 期。

〔3〕 参见张怡、李明朝:"论环境税收法律制度",载李昌麒主编:《经济法论坛》(第 4 卷),群众出版社 2007 年版,第 269 页。

〔4〕 参见邓尧:"环境税法律制度比较研究",载李昌麒主编:《经济法论坛》(第 6 卷),群众出版社 2009 年版,第 603 页。

〔5〕 参见李慧玲:"我国环境税收体系的重构",载《法商研究》2003 年第 2 期;吕忠梅主编:《环境法原理》,复旦大学出版社 2007 年版,第 347 页。

〔6〕 高萍:《中国环境税制研究》,中国税务出版社 2010 年版,第 132 页。

〔7〕 其中影响较大的一篇论文详细分析了环境收入税。参见李慧玲:"论环境收入税",载《现代法学》2007 年第 6 期。

余，利用该税收为旅游地筹集环保资金、创造就业、调节收入分配等。[1]在与环境税法研究具有较大交叉重合的生态税法研究领域，[2]规制功能与收入功能也被视为两项基本功能。[3]

社会科学研究往往有正方就有反方。有的早期研究虽未直接否定收入功能，但国外研究对环境税收入的稳定性进行了初步质疑，[4]这在后来成了反方的重要理由之一。起初，反方还是在较弱的意义上反对收入功能，或者认为收入功能即便有也不能作为重要功能。例如，有学者认为，"获取收入不是环境税的主要目的，甚至连附随目的都谈不上"，"环境税收入越少，环境保护的效果越好"。[5]近年来，反对立场似乎愈加鲜明。如有学者明确主张，环境税法只需规制功能即可，而"不应该具备财政收入的功能"。[6]或者，类似看法是，环境税起的是"震慑作用"，"它最好像刑法中的'军人违反职责罪'那样，备而不用。环境税最好征不到一分钱"[7]。如果说以上观点主要

---

[1] 当然，作者也特别说明，旅游环境税的收入功能要适度。参见邓禾："旅游环境税的国外实践及其对我国的借鉴"，载《现代法学》2007年第3期。

[2] 事实上，"在我国对就环境资源保护而征收的税类的名称叫法不一，有叫环境税的，有叫生态税的，有叫环境保护税的，但大多将环境税和生态税同时并用，我们也将环境税和生态税等同使用。"参见吕忠梅主编：《环境法原理》，复旦大学出版社2007年版，第346页。

[3] 参见陈少英：《生态税法论》，北京大学出版社2008年版，第105页。

[4] 参见杨金田、葛察忠主编：《环境税的新发展：中国与OECD比较》，中国环境科学出版社2000年版，第2页。

[5] 熊伟："环境财政、法制创新与生态文明建设"，载《法学论坛》2014年第4期。当然，应当注意的是，该文还提出了一个值得学界继续深思的问题："以往我们都强调，税收必须以财政收入为主要目的或至少是附随目的，不以财政收入为目的的税，不是真正的税，而只是借用税形式的管制工具。照此标准，环境税还是税吗？"

[6] 王霞："宏观调控型税收视野下的环境税探析"，载《湖南科技大学学报（社会科学版）》2014年第2期。

[7] 邢会强："基于激励原理的环境税立法设计"，载《税务研究》2013年第7期。

第二章　环境税法的功能定位

是学者对中国环境税立法的倾向性判断，有的观点就直接上升到"普遍真理"的高度了，似乎"零税收"或"无收入功能"是世界环境税立法的普遍规律，是放之四海而皆准的、颠扑不破的"公理"或"定理"。[1]

正如一些学者明确指出的，所谓环境税不能具有收入功能的说法是"过分夸大其词了"，无论是从逻辑上还是从事实上，都不能简单地下结论说环境税只能是非收入性工具。[2]要找准环境税法的功能定位，必须澄清对收入功能的有关误判。为方便起见，笔者以"零税收论"为代表对相关误判进行反思。需要说明的是，对相关误判的反思应当放在具体情境中进行，因为任何立法都是"嵌入"特定时空结构之中的。当代中国对发展方式转型之求索恰恰是环境税立法之语境，[3]在此语境下，人们会发现，"零税收论"等观点存在许多无法自圆其说的地方。一些主张或许在有些国家的特定历史时期有一定合理性，但在当下中国需另当别论。而更多观点在许多国家也未必经得起检验，在当下中国就更没有直接的普适性。

"零税收论"言之凿凿，表面看来颇有道理，但背后隐含的是其立法预设的巨大偏漏。这种立法预设与以往对收入稳定性的质疑在当前社会氛围下联起手来，从而形成了对收入功能的合围。但是，这当中的逻辑瑕疵与漏洞是致命的，如果深入背后进行反

---

〔1〕 其中，林江教授断言："在西方国家，环境税……的主要目的是收不到税，因为国家的环境税为零是最好的。"参见何明强："普通消费者或为环境税'买单'"，载《东莞时报》2010年7月28日，第A24版。

〔2〕 See Don Fullerton, Andrew Leicester, Stephen Smith, "Environmental Taxes", IFS ed., *Dimensions of Tax Design: The Mirrlees Review*, Oxford University Press, 2010, p.423.

〔3〕 参见何锦前："环境税税目设计的原则与路径——以发展方式转变为背景"，载《广西政法管理干部学院学报》2012年第4期。

思,笔者相信,即便是持此类观点的学者也会意识到这些问题。

二、环境税立法预设:大刀还是宝杖?

理论判断往往隐含前见或预设。陈清秀先生曾简略地指出,环境税"不得以绞杀性租税方式课征,亦即不得以零税收为目标"。[1]换言之,"以零税收为目标"同"绞杀性"租税方式一样,于环境税而言是极不可取的。就此而言,"零税收论"的背后也潜藏着"大刀"式的环境税法这一预设,只不过由于它属于法律思维中的前见部分,相关学者自身也未必清晰地意识到这一点。不过,我们如果愿意花点时间,将相关主张置于环保制度谱系之中加以检视,仍然可以穿透表象发现它。

通常,环保制度的构建必须符合人类行为的基本逻辑。环境影响行为种类繁多,特征各异。从法律规制的角度考虑,我们要区分必然存在的与不应当存在的环境影响行为,前者是只要人类社会正常的生产生活就必然要出现的行为,包括一定的污染排放,后者则是除前者以外的行为。这两类行为的道德评价分别为"不得不如此"与"不得如此",法律评价则常常体现为"合法"与"非法"(如图1所示)。显然,并非全部污染现象均应受到道德谴责和法律惩处。

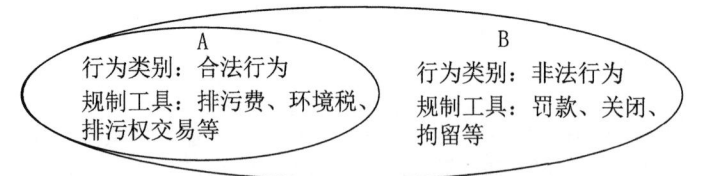

A
行为类别:合法行为
规制工具:排污费、环境税、排污权交易等

B
行为类别:非法行为
规制工具:罚款、关闭、拘留等

图1 环境影响行为的类别与对应的规制工具

---

〔1〕 陈清秀:《税法总论》(第7版),元照出版有限公司2012年版,第87页。附带说明的是,陈清秀教授该书的前6版均无这部分内容。

第二章 环境税法的功能定位

正因如此,相关法律才确立了排放标准,在符合法定要求的情况下,达标排放是合法行为,超标排放是非法行为。[1]对于合法行为,环境税、排污权交易等都是常用的规制工具。因为排放污染物毕竟是对环境公共产权的利用或耗损,所以必须为此支付相应对价,国家作为环境公共产权受托人使用这些对价来维系生态环境的可持续发展。基于这一机理,环境税法主要针对合法行为,按法定税率计征以取得相应的环境对价,致力于引导合法排污行为,使其在价格机制下尽可能减少对环境的不利影响,通俗地说,环境税法的态度是"可以做但最好少做,否则要交钱"。正因如此,环境税被视为一种体现市场机制的"庇古税"[2]——"正因为是一种财政收入来源,排污税具有很大的吸引力。任何税收制度的主要目的都是汲取财政收入,那些无法有效筹集财政资金的税是不受欢迎的,就算它们是公平的、便利的、确定的、经济的,都免不了被嫌弃"[3]。

而对于非法行为(如超标排放),则主要靠行政处罚、刑事处罚等法律机制来规制。它们与环境税法的分工迥然有别,所涉支出的会计处理也有所区别:税费可以列入"税金及附加"科目中在企业所得税税前扣除,加倍征收的费用、滞纳金和补偿性罚款等处罚类费用则不计入成本,要在缴纳所得税后的利润中列支。如图1所示,环境税法主要作用在于控制合法行为的范围(A区域),而行政法、刑法等则要使非法行为的范围(B区域)尽可能消失。由于分工不同,行政法、刑法等扮演着

---

[1] 例如《中华人民共和国环境保护法》第60条、2008年《中华人民共和国水污染防治法》第74条等。

[2] See John Snape, Jeremy de Souza, *Environmental Taxation Law: Policy, Contexts and Practice*, Routledge, 2006, p. 116.

[3] Ray M. Sommerfeld et al., *Concepts of Taxation*, Harcourt Brace Jovanovich College Publishers, 1993, p. 12.

"大刀"式的角色,其基本态度是"绝对不让做,交钱也不行",它们致力于实现的理想状态是"收不到罚款、抓不到人",或者说让"大刀"悬而不坠,因为这意味着社会上没有任何环境违法行为。相比之下,环境税更像是"沙和尚的宝杖",既可作武器(规制工具),又可挑担承载钱粮(收入工具)。

在这里,我们不妨接着上面的税前扣除这个稍有些技术化的问题作一些分析。

我们知道,在费改税之前,按照1982年的《征收排污费暂行办法》(已失效)第8条中关于排污费的会计处理是:企业单位缴纳的排污费,可以从生产成本中列支。但是加倍征收的费用、滞纳金和补偿性罚款不计入成本,要在缴纳所得税后的利润中列支。[1]关于该会计处理问题就引起了很多争论。

有些学者认为,排污费计入企业生产成本的制度需要改革,换言之,排污费不应计入企业生产成本,企业的排污费支出也应缴纳企业所得税和增值税,对排污费征税后不减少企业应缴纳的排污费金额。在他们看来,排污费计入企业生产成本,表明污染者以内部成本的形式承担了外部费用,而计入企业生产成本则减少了企业所得税的税基进而减少了国家财政收入,实质上是向社会转嫁了一部分外部费用,这会降低企业治污的积极性,不利于节能减排。因此,排污费不应计入企业生产成本,如果这样改革,则不但能强化对污染者的刺激,还符合"激励回报最大化原则",有利于调动企业治理污染的积极性。

相反,有些学者建议,应继续坚持将排污费计入企业生产成本的做法。道理在于,排污费是企业商品生产所必要的,应当计入成本。进而言之,企业是在为消费者进行生产,如果没

---

[1] 参见罗素清:《环境会计研究》,上海三联书店2012年版,第203页。

第二章 环境税法的功能定位

有消费者的需求就不会有企业从事生产活动，因而企业的生产成本就应当由消费者负担，排污费计入企业生产成本在逻辑上是合理的。而那些反对将排污费计入企业生产成本的人没有将环境要素与企业生产过程中所使用的其他要素平等对待，没有将环境要素作为企业应支付的合理费用之一。[1]至于把排污费计入企业生产成本将导致企业治污不积极的反对理由似乎也难以成立，因为企业消耗的原材料也计入了成本并最终由消费者负担，但并没有促使企业拼命消耗或浪费原材料。[2]如果反对理由成立，则原材料也不应计入企业生产成本，推而广之，生产成本将成为空壳，税前扣除也失去了基础。因此，"将排污费计入成本，是将环境商品的消耗也纳入竞争机制，并不会使企业治污积极性不高，反而会促进企业减少和治理污染，从而促进环境保护。"[3]

很显然，第二种意见成为主流观点，不具有处罚性的排污费税前列支也是费改税以前的惯例。而环境税是排污费"平移"而来的，环境税负在立法者那里也有一个类似的"平移"的考虑。例如，原财政部部长楼继伟曾在《关于〈中华人民共和国环境保护税法（草案）〉的说明》中解释，环境税的立法目的是按照"税负平移"的原则进行环境保护费改税。既然原来的排污费能在企业所得税税前扣除，费改税之后，环境税应当也能适用同样的规则。

综合来看，环境税与其他环境规制工具在性质上有很大不

---

[1] 参见蒋庭松、王健民："试论排污费的性质与作用机制——兼与孙景汉、孙炳彦二同志商榷"，载《中国环境科学学报》1991年第4期。

[2] 参见蒋庭松、王健民："试论排污费的性质与作用机制——兼与孙景汉、孙炳彦二同志商榷"，载《中国环境科学学报》1991年第4期。

[3] 蒋庭松、王健民："试论排污费的性质与作用机制——兼与孙景汉、孙炳彦二同志商榷"，载《中国环境科学学报》1991年第4期。

同。环境问题的有效解决需要一个层级化的环保制度体系，环境税法只能作为体系中的一部分来解决部分环境问题。环境税法不可能"包治百病"地解决所有环境问题。

事实上，从排污费制度——环境税法的前身来看，环境税法也不应当是"大刀"式的高压惩罚性工具。20世纪90年代，一些著名学者曾一再强调排污费的法律性质问题，这对今天仍有极大的启发意义。蔡守秋先生强调：排污费是排污者向环境排放污染物、污染环境而又没有达到明显损害（即民法上的损害赔偿程度）时，由法律规定必须支付的环境污染补偿费，它既不是罚款更不是罚金……征收排污费的目的不是惩罚，而是促进企业、事业单位加强经营管理，节约和综合利用资源，治理污染，改善环境。[1]王金南先生也指出："排污收费则是获取环境容量资源所有权的一种支付价格……排污收费并不是罚款。"[2]可能正是出于类似的考虑，2000年修订的《中华人民共和国大气污染防治法》、2008年修订的《中华人民共和国水污染防治法》均规定达标排污征收排污费、超标排污限期治理并罚款，改变了以往"超标排污收费"的规定，从而明确将收费与罚款分别对应于合法行为与非法行为。[3]与此逻辑一致，环境税也不应混同于罚款或更严厉的惩罚性制度，它主要是一

---

〔1〕 蔡守秋：《环境行政执法和环境行政诉讼》，武汉大学出版社1992年版，第190页。

〔2〕 王金南：《排污收费理论学》，中国环境科学出版社1997年版，第379—380页。类似地，陈慈阳先生对我国台湾地区空气污染防制费的法律性质也作了这样的界定："空气污染防制费于此并非系以'惩罚'为其目的，而仅是将因空气污染所造成之支出视为污染者本应负担之成本而回复至其身上"。参见陈慈阳：《环境法学基础理论（一）：环境法总论》，元照出版有限公司2003年版，第503页。

〔3〕 排污费征收制度也相应遵循费、罚两分的原则，并随法律修订而作出了相应调整。例如《关于停止征收水污染物超标排污费问题的复函》（环函〔2008〕287号，已废止）就体现了这样的制度调整。

第二章 环境税法的功能定位

种对价型规制工具,因而必然具有收入功能。

而回过头来看,"零税收论"主张环境税法的目的是解决那些原本不应当存在的社会现象或曰"临时出现的消极现象"。[1]从而,环境税法的使命就是严厉惩罚,[2]使"消极现象"尽快消失。也因此,评价其是否成功的标志是"环境税为零"或"收不到税",换言之,任何污染——当然也必定包含合法排污——都被消灭了。很显然,这至少是让环境税扮演罚款的角色——罚款等处罚措施无疑比税更有杀伤力,当然也就必定要否定收入功能,因为罚款为零、"天下无污"才最好。

把环境税当作罚款,第一个直接的制度效应将是,合法排污与非法排污不再区别对待,不同环保制度之间的分工被打乱。所幸《环境保护税法(征求意见稿)》第 10 条(惩罚性税率规则)在现行《环境保护税法》中已被删除。[3]把环境税当作罚款、排斥收入功能的另一个直接的制度效应将是,环境税收入使用规则的问题容易被忽略。巧合的是,《环境保护税法》虽然基本照搬了排污费制度,但出人意料地完全抛弃了后者专门规定收入使用的成例,[4]对此未着一字。如此立法,似乎使

---

〔1〕 王霞:"宏观调控型税收视野下的环境税探析",载《湖南科技大学学报(社会科学版)》2014 年第 2 期。

〔2〕 相关报道和评论可参见马新萍:"环境税重在惩罚排污",载《中国环境报》2014 年 3 月 26 日,第 3 版。

〔3〕《环境保护税法(征求意见稿)》第 10 条规定:"具有以下排放应税大气污染物和水污染物情形的,加倍征收环境保护税:①污染物排放浓度值高于国家或者地方规定的污染物排放标准的,或者污染物排放量高于规定的排放总量指标的,按照当地适用税额标准的 2 倍计征;②污染物排放浓度值高于国家或者地方规定的污染物排放标准,同时污染物排放量高于规定的排放总量指标的,按照当地适用税额标准的 3 倍计征。"

〔4〕《排污费征收使用管理条例》(已失效)第 4 章为"排污费的使用",后据此制定了《排污费资金收缴使用管理办法》(已失效),两者规定,排污费收入纳入预算作为环境保护专项资金管理,同时明确了央地分成比例、资金使用范围等。

"零税收论"成为辩护理由。[1]

此外,一种间接的,但更值得注意的效应是,以"天下无污"为追求、以"大刀"式高压惩罚性工具为定位的环境税法,将产生多方面的严重后果。从环境税法的基本原理和普遍经验来看,环境税法要考虑的关键要素有:环境影响行为引致的社会成本(S)、征税成本(T)、环境税负担(B)、经济社会发展水平所能承受的环境税负最大值(M)。高压惩罚性工具的定位意味着,环境税负担将超过经济承受力和社会承受力,即B>M>S+T,这与刑事政策上的"严打"如出一辙,那么,在超高税负的压力之下,就连合法排放行为也被禁绝,以至于"环境税为零"。在此情况下,环境税法当然不具备收入功能。

问题是,如此安排并不能最有效地保护环境。要实现生态环境的有效改善,绝不只是规制环境影响行为的问题,还要对长期以来遭受各种损害的生态环境进行治理修复,这是需要耗费大量财力的庞大系统工程。有的国家和地区在治理湖泊污染、土壤污染等问题上持续投入了巨大的人力物力,这对财政承受能力是一个极大的考验。[2]就我国而言,据统计,2015年全国环境污染治理投资总额8806.3亿元,仅占当年国内生产总值(GDP)的1.3%。2015年工业污染治理项下的污染治理项目当年完成投资额仅773.7亿元,而排污费收入178.5亿元,仅占环境污染治理投资总额的2.03%,这恰恰说明排污费改税后环境税的收入能力应大幅提高。而照前述方案,在超高税负压力下,大量资本和产业将从中国转移到其他国家和地区,势必严重影

---

〔1〕 有意思的是,否定环境税收入功能的学者多认为环境税法应规定收入用途,这就说明其论证逻辑自相矛盾。

〔2〕 参见[日]宫本宪一:《环境经济学》,朴玉译,生活·读书·新知三联书店2004年版,第206—207页。

第二章 环境税法的功能定位

响经济发展，不仅会导致环境税的税源萎缩，也会导致几乎所有主体税种的税源萎缩，从而导致国家税收剧减，弱化国家治理能力。在此情况下，能否维持目前对环境治理的投入都是问题，更不要说加大治理投入了。同时，考虑到经济社会发展与合法排污行为的不可分割性，这种方案的打击面势必过大，对于这个最大的发展中国家，特别是对于其广大中西部地区而言，无疑是因噎废食的做法。而且，还要注意，一个国家的宏观税负主要由资本和劳动力承担，资本流动性显著高于劳动力的流动性，当资本外流后，劳动力的税负将相对加重，如果要维持环境治理的投入，普通老百姓的税负将急剧攀升，从而拉大我国本已过大的分配差距。更严重的是，"洁净的环境可能还是奢侈品（luxury good）",[1] 由于各收入群体的消费结构不同，高税负带来的物价上涨使低收入群体承受更大的损失，继而将使分配差距进一步扩大。[2]

可见，环境税法如果照着"天下无污"的图景和"环境税为零"的目标来设计，它势必损害广大民众的利益和国家利益。如果要缩小打击面，就不得不限制征税范围，或者设例外（减免）条款，而这样一来，就无法实现"天下无污"，还会造成一部分排污主体税负过重、一部分排污主体免费排污，导致排污主体之间的课税不公，且一部分环境公共产权得不到对价补偿。回过头来看《环境保护税法》饱受诟病的一点恰恰是征税范围过窄、优惠设置不合理，碳排放、一部分农业污染排放等继续放任法外，就此来看，似乎这些问题又可以从"零税收论"那

---

[1] Don Fullerton, Andrew Leicester, Stephen Smith, "Environmental Taxes", in IFS ed., *Dimensions of Tax Design: The Mirrlees Review*, Oxford University Press, 2010, p. 434.

[2] See Cass R. Sunstein, *Risk and Reason: Safety, Law, and the Environment*, Cambridge University Press, 2002, p. 434.

里找到正当性依据了。

三、环境税法的两种预期：收入枯竭抑或动态稳定？

一项税收必须具有一定的持续性。否定收入功能者的重要论据即环境税收入势必枯竭。与前述"天下无污"的追求、"大刀"式高压惩罚性工具的预设相一致，有的学者认为，环境税规制功能的发挥会导致税源萎缩。还有一种类似的说法，即环境税属于宏观调控型税收，而"宏观调控型税收的税基还有可能因为其调控目的的实现而逐渐缩小，甚至最终消失，彼时该税种存在的必要性也随之消失，因此宏观调控型税收具有更强的临时性。"[1]对此，要从宏观和微观两个层面予以分析。

从宏观层面看，环境保护是一个复杂的系统工程，环境问题与经济问题、社会问题等交织在一起，旧的环境问题还未解决，新的环境问题层出不穷，这些都只能在经济社会发展过程中来逐步加以解决。因此，环境保护是一项长期且艰巨的任务，绝不是发起一阵猛烈冲锋后就可以马放南山的事情。

环境影响理论指出，人口（P）、富裕程度（A）和技术水平（T）共同对环境造成影响（I），其关系式可表达为：$I = P \times A \times T$。[2]就这几项指标而言，人口数量不可能陡然下降，富裕程度也会继续提高，除非技术水平出现超出我们想象的飞跃，比如另外找个星球来饲养牲畜、开采资源、生产地球所需产品、填埋各种垃圾，或者，除非我们退回到原始社会，"使民复结绳

---

[1] 王霞："宏观调控型税收视野下的环境税探析"，载《湖南科技大学学报（社会科学版）》2014年第2期。

[2] 参见[美]查尔斯·哈珀：《环境与社会——环境问题中的人文视野》，肖晨阳等译，天津人民出版社1998年版，第297页。

第二章 环境税法的功能定位

而用之",否则,环境影响行为很难说会在短期内陡然大量减少,[1]合法行为就更是如此了。我们再看环境经济学上的物质平衡理论。该理论的物质平衡公式为:$R=M-C$,其中,R 为排放物,M 为从环境中获取的物质,C 为资本积累。[2] "减少废气物的唯一可行的方法就是减少 M。这可以通过缩小生产来实现,但同时会导致生活水平下降。"[3]显然,任何国家的立法者都不可能以经济严重倒退和生活水平普遍下降为代价来保护环境,也就不可能这样设计环境税法,那些正期待经济发展解决其温饱问题、正期待送孩子走出大山的普通百姓更不会同意。

从环境治理、环境战略决策、环境规制立法的主体来看,也有一个观察问题、思考问题、解决问题的视角甚至立场的问题。环境税固然是应对环境问题而生的规制工具,但同时也是一个税收工具和经济工具,其影响的不只是环境影响行为主体,还影响到各类环境受益主体,以及各类税收主体和经济主体。而前述环境治理者、环境战略决策者、环境规制立法者到底是从环境影响行为主体,还是从环境受益主体,或是各类税收主体和经济主体的角度出发的,会对环境税立法产生显著不同的影响。比如,就立法者而言,如果只考虑中高收入阶层对更高环境公共产品的需求,而忽略低收入群体对更高物质回报的需求和较低环境公共产品的需求这一现实,就可能无法妥当地定位环境税立法的功能。当然,反过来说,如果只强调维系那些

---

[1] 当然,在多元制度的作用下,污染排放结构势必要发生重大变化,一些新的污染因子可能成为重要的影响因素,而某些传统的重污染因子可能会逐渐减少。而这些变化主要应靠其他环保法、经济法、行政法甚至刑法来实现。

[2] 参见[日]宫木宪一:《环境经济学》,朴玉译,生活·读书·新知三联书店 2004 年版,第 36 页。

[3] 参见[日]宫本宪一:《环境经济学》,朴玉译,生活·读书·新知三联书店 2004 年版,第 37 页。

容纳低收入群体的产业和迁就低收入群体的短期经济利益,而罔顾长远和全局的环境公共产品的供给,也是无法科学定位环境税立法的。因此,这就需要一个立法的多元视角和整全立场。

前述讨论可能有较多的价值判断的因素,但除此之外,其实还有一个非常核心的问题是,环境治理者、环境战略决策者、环境规制立法者都不能违背科学规律。从环境科学的角度来看,正确的认识是,将环境治理定位于"持久战",坚决摈弃"操之过急的思想"。[1]要知道,哪怕是最为乐观的一派学者也认为,实现经济社会发展与环境保护的平衡,"需要400年的间隙或者说大约到22世纪晚期"才可能"大部分完成"。[2]那么,即便按照乐观派的最低时限,实现这一平衡,[3]还得耗费一二百年时光。而"天下无污"的愿景,不客气地说,只要数十亿人还想继续发展,就很难实现。在此情况下,环境税法无疑有长期存续的必要性与可能性。因此,相关文献指出,那些所谓环境税收入"不稳定和必然下降"的说法是没有确切依据的。[4]

从微观层面看,环境税法对合法排放行为施加的是诱导性而非命令性规制,在税收成本刺激下,某些污染因子将减少乃至消失,但这并不意味着整个环境税法的收入功能无法维持下去。其一,如前所述,过度的环境污染无疑应通过行政处罚、刑事处罚等机制加以禁绝,但也应当承认,只要社会继续发展,

---

[1] 参见常纪文:"我国环境法的现实作用为何有限",载《中国环境报》2014年1月15日,第8版。

[2] H. Kahn, W. Brown, L. Martel, *The Next 200 Years*, William Morrow, 1976, p. 20.

[3] 请注意,这不是说环境污染就消除了,而仅仅是环境污染程度与经济发展水平两者处于一个可以接受的平衡点。

[4] P. Ekins eds., *Environmental Tax Reform: A Policy for Green Growth*, Oxford University Press, 2011, p. 348.

第二章 环境税法的功能定位

一定程度的环境污染——在法律上体现为合法排放行为——必将长期存在。在经济社会发展过程中，新的环境影响因素不断出现，加之人们的环保意识不断提高，环境标准也随之提高，环境监测和税收征管技术逐渐成熟，一些以前不被征税的事项（如碳排放）也可能被纳入征税范围，由此，环境税收入总体上可以保持长期的稳定性，甚至有研究表明，"可以维持上升状态"。[1]一些国家的经验就验证了这一点。[2]我国环境税法实施以后的情况也是一种印证。[3]其二，其他类似规制型税法提供了参照系。从各国实施规制型税法的普遍规律看，税法对某些合法行为的规制并不必然导致税收收入锐减——毕竟我们只能减少而无法完全杜绝这些行为，[4]而且总会有各种因素诱发社会成员从事此类行为。因此，"事实上，大量旨在改变人们行为的税收提供了长期性的稳定收入。比如，与不征税相比，香烟、酒和燃油税肯定会导致人们吸烟、喝酒和驾驶行为的相应减少，这恰是其目的之一，同时，长期以来，这些税也为许多国家提供了大量财政收入。因此，包括环境税在内的诸多行为

---

[1] P. Ekins eds., *Environmental Tax Reform: A Policy for Green Growth*, Oxford University Press, 2011, p. 348.

[2] 例如，1999年德国进行环境税改革，此后，环境税收总额有了明显提高。由于环境税的规制功能起了作用，人们使用能源和电力更加节约，2010年德国环境税收总额有所下降。但是，2011年德国又新引入核燃料税和空运税，使得环境税收又有增长。参见郑红："德国：环保税费不断增长"，载《人民日报》2015年4月18日，第9版。

[3] 2019年，我国环境保护税收入221亿元，同比增长46.1%（参见黄冀军："去年全年污染减排财政支出同比增长48.6%"，载《中国环境报》2020年2月11日，第1版）。值得注意的是，这还是"平移"税制、保持税负稳定后的结果，可见，环境税在筹集财政收入方面的确有一定的潜力。

[4] 我们可以对比一下：各国常用税法来干预香烟、酒、燃油的消费行为，但不会用税法（而是用刑法）来禁绝毒品交易。对应地，各国一般也不会用刑法来禁绝前类消费行为。

规制税与获得稳定收入之间并不必然存在矛盾。"[1]注意,这并非我们主观上希望这样,而是这些合法行为客观上有一定的存在必然性。

可见,环境税法不可能"速战速决",而要打"持久战",环境税收入也因此可以保持动态的相对稳定性。相应地,"零税收论"的论据恐怕难以成立。

四、认真对待环境税法的收入功能

当然,尽管"零税收论"的立法预设和论据有问题,我们仍应尊重其善良动机。"零税收论"体现了强化规制功能、尽快改善环境的迫切愿望,也契合了当下纳税人普遍厌恶或担忧税负增加的情绪,但立法是理性的事务,善良动机不代表良法善治。因此需要更加认真地对待收入功能。在很多国家,环境税收入不是简单地让国家增收,而是作为实现改善环境、分配公平等目标的重要手段。在中国,我们也需要环境税的收入功能在推动可持续发展等方面发挥积极作用。

(一)从国际趋势看收入功能

从国际范围来看,环境税法在实践中表现出引人关注的收入效应,也表现出以收入效应为基础的多重制度红利,相应地,各国越来越重视环境税法的收入功能。

当然,对环境税法收入功能的认识有一个过程。在环境税制发展之初,仅有少数人注意其收入功能。20世纪关于美国环境税立法计划的研究表明,如果当时开征有害废物税、氮氧化物排放税和二氧化硫排放税,就可"在保护环境的同时筹集丰

---

[1] P. Ekins eds., *Environmental Tax Reform: A Policy for Green Growth*, Oxford University Press, 2011, p.347.

第二章 环境税法的功能定位

裕的财政收入",大概每年可获得1300亿美元收入,美国因此有能力减少30%的个人所得税。[1]甚至也有西方学者呼吁,财政收入应当成为环境税立法的核心目标之一。[2]这种呼吁在当时还不是主流,甚至被环境规制诉求掩盖,以至于立法者对环境税法的收入功能认识不够,导致一些国家的环境税立法比较滞后,一些早期立法未充分体现收入功能。但随着研究深度和广度的扩展,越来越多学者发现如果将视野扩大至整个税法,收入功能不仅不可或缺,运用得当将会迸发出极大的制度红利,从而滋养各类关联制度良性发展。如日本学者金子宏认为,地方公共团体通过课税权实现自主筹集财源,因此收入功能已成为宪法赋予的地方公共团体自治权的一环,为此应当建立"使税收充足而又富于安定性和伸缩性且富于地域性的普遍性的税制"[3]。美国学者史蒂芬·霍尔姆斯和凯斯·R.桑斯坦更是将税收与公民权利的实现相联系,认为"集体的税收创建并支持着个体自由。权利的成本仅仅是对此最容易的证明"[4]。同时,立法者也敏捷地做出了反应。如1996年《英国财政法》引入了环境税,到2003年前后,立法机关开始认识到其财政收入的潜能,[5]又陆续引入了大气污染税、航空旅客税、机动车排放税、垃圾处理税、石方税等各类环境税,并逐步提高了税率。有人

---

〔1〕 L. R. Brown, C. Flavin, S. Postel, *Saving the Planet: How to Shape an Environmentally Sustainable Global Economy*, W. W. Norton & Company, 1991, pp. 143-146.

〔2〕 参见陈红彦:"碳税制度与国家战略利益",载《法学研究》2012年第2期。

〔3〕 参见[日]金子宏:《日本税法》,战宪斌、郑林根等译,法律出版社2004年版,第71—74页。

〔4〕 [美]史蒂芬·霍尔姆斯、凯斯·R.桑斯坦:《权利的成本:为什么自由依赖于税》,毕竞悦译,北京大学出版社2004年版,第168页。

〔5〕 See John Snape, Jeremy de Souza, *Environmental Taxation Law: Policy, Contexts and Practice*, Routledge, 2006, p. 483.

评价说:"我们似乎难以避免作出这样的结论:环境税以及与此相关的补助和许可交易市场将日益成为'财政奶牛'"[1]。

事实上,从很多国家开征环境税的历史经验看,环境税收入具有可持续性,且往往呈递增趋势。经济合作与发展组织曾统计加拿大等30个国家1995—2004年的环境税数据,韩国、土耳其两国环境税收入占税收总额的比例超过了10%,墨西哥、丹麦等国长期保持10%左右,德国、意大利、芬兰等11个国家的比例也比较高,且德国、丹麦、奥地利、芬兰、卢森堡、斯洛伐克和瑞士等国的比例还逐年递增。[2] 2014年提交给欧盟的环境财政改革研究表明,如果在研究所涉及的12个成员国实施新的环境税立法计划,环境税收入有望于2016年和2025年分别达到350亿欧元和1010亿欧元,能占到GDP的0.63%和1.57%。[3]

当然,各国重视环境税收入功能,其深层目的绝不是简单地增加税收。欧盟委员会环境专员波多尼克(Janez Potočnik)曾表示,环境税法具有多种效益,不仅对环境有益,而且有助于降低劳动者的税负、削减财政赤字等。[4] 这不仅是理论的推导,更是经验的总结。事实上,收入功能的诸多积极效应得到了越来越多的证实,特别是发展中国家的经验表明,环境税收入功能明显,并由此产生税制优化、分配公平等效果。例如,

---

〔1〕 John Snape, Jeremy de Souza, *Environmental Taxation Law*: Policy, Contexts and Practice, Routledge, 2006, p. 486.

〔2〕 See OECD, *Environmental Data Compendium* 2006/2007: Environmental Expenditure and Taxes, OECD, 2007, p. 15.

〔3〕 See Dominic Hogg et al., *Study on Environmental Fiscal Reform Potential in 12 EU Member States*, Eunomia Research & Consulting Ltd, 2014, p. iii.

〔4〕 See Commission Press Release IP/14/202, available at http://europa.eu/rapid/press-release_ IP-14-202_ en. htm, last visited on 2015-8-2.

第二章 环境税法的功能定位

南非在《所得税法》《消费税法》和《税收征管法》中引入环境税条款，印度不仅在传统税法中引入了环境税条款，还制定了专门的《水污染税法》(Water Prevention and Control of Pollution Cess Act)。相应地，关于南非的研究表明，开征环境税有助于相应减少传统税种收入，在规制污染的同时获得税制优化、经济结构调整、经济发展加快以及贫困削减等多重制度红利。[1]关于印度的研究显示，包括环境税立法在内的综合改革可以实现经济增长效率（efficiency）、环境质量改善（environmental protection）、收入分配公平（equity）的"三E效应"，这被视为是一种"三赢"政策（win-win-win policies）。[2]在经济发达国家，效果也很显著。如前所述，英国主动调整税制，通过环境税筹集到了新的财政收入，相应地就有能力积极顺应民众的诉求，从而逐步降低了社会保险税（NICs）等方面的税负。瑞典通过开征环境税增加了财政收入，相应地弥补了1991年税制改革所减少的所得税收入，由此导致6%的GDP重新分配，降低了低收入群体的总体税负，从而促进了分配公平。[3]

总之，正是得益于收入功能，环境税法才释放出多重制度红利。因此，近年来开征环境税的国家逐渐增多，且各国在环境税立法中也越来越重视收入功能方面的制度建构。[4]

---

[1] See J. Van Heerden et al., "Searching for Triple Dividends in South Africa: Fighting CO_2 Pollution and Poverty While Promoting Growth", *The Energy Journal*, Vol. 27, No. 2, 2006, pp. 113-142.

[2] See Jeffrey B. Nugent, C. V. S. K. Sarma, "The Three E's-Efficiency, Equity, and Environmental Protection-in Search of 'Win-Win-Win' Policies: A CGE Analysis of India", *Journal of Policy Modeling*, Vol. 24, No. 1, 2002, pp. 19-50.

[3] 参见杨金田、葛察忠主编：《环境税的新发展：中国与OECD比较》，中国环境科学出版社2000年版，第21页。

[4] See P. Ekins, eds., *Environmental Tax Reform: A Policy for Green Growth*, Oxford University Press, 2011, pp. 344-345.

(二) 从中国语境看收入功能

就中国而言,基本国情要求立法者要更加重视环境税收入功能问题。中国是最大的发展中国家,发展仍是首要任务,要实现环境保护与经济社会发展相协调,必定是一个长期且艰难的过程。中国的应对办法只能是转变发展方式,逐步实现可持续发展。可持续发展内含着对环境保护的要求,但又超越了环境保护。我们讨论环境税法的功能定位,应当放在这一语境下进行。

在可持续发展方式形成过程中,环境税法通过两条基本路径可以发挥作用。最基本、最直接的路径是,环境税法以合理的税负和一定的财政收入为杠杆持续地发挥其规制作用,逐步引导纳税人的行为,从而在社会可承受范围内尽可能减少排放,改善环境,保障发展方式平稳转型。这一路径显然要求环境税法具有收入功能。

另一条路径是,通过环境税法来实现税制优化,进而促进发展方式转变,这是相对间接的路径,但对解决中国问题具有更深远的意义。当前中国税制存在许多不符合可持续发展要求之处,亟待加以改革完善。不过,税制优化牵涉甚广,需要在合适的时机以妥当的方式进行。环境税立法提供了一个难得的契机。首先,可以减少税制扭曲效应,[1]促进"绿色税制"形成,实现清洁发展。当前税制产生了严重的扭曲效应,强化了经济发展对能源、资源的依赖。国家通过环境税获得新收入,从而有能力减少从所得税、增值税等传统税种上获得的收入,由此一增一减,可以形成对粗放型经济的"倒逼机制",使税负

---

[1] See Don Fullerton, Andrew Leicester, Stephen Smith, "Environmental Taxes", in James Mirrlees ed., *Dimensions of Tax Design: The Mirrlees Review*, Oxford University Press, 2010, p. 506.

向高污染、高能耗、低效益的产业转移,相应降低高科技产业、服务业等清洁产业的税负,由此向市场发出清晰的信号,从而促使社会资本从"两高一低"产业向能源节约型、环境友好型产业转移。其次,可以促进分配公平,实现包容性发展(inclusive development)。当前税制不利于有效调节收入分配,甚至在某种程度上加剧了分配不公,不利于发展的稳定和可持续。通过环境税与所得税、增值税等税种的收入替代机制,可以减轻中低收入群体的税负。同时,通过前述产业结构调整,促进服务业等劳动力密集型产业的发展,有助于扩大就业,增加中低收入群体的收入。[1]两者均有助于缩小分配差距。不仅如此,中低收入群体的税负降低还有助于拉动消费需求,推动外需驱动型增长向内需驱动型增长的转变。最后,可以弥补分税制不足,实现协调发展。当下地方财权事权严重不匹配,往往以牺牲环境为代价招商引资,环境税的开征和房产税改革等形成了完善分税制的契机,许多学者也正是从这个意义上建议将环境税、房产税等作为地方税。[2]通过环境税等充实地方财政,有助于增强地方协调经济发展与环境保护的能力。以上三个方面,都需要环境税法具有收入功能。

总之,环境税法收入功能的意义已经超出了环境保护,在经济社会发展中具有多重积极效应,理应得到更多的重视。这种重视,既是出于中国实际的需要,也有着坚实的理论基础。这种重视,既是学术上应有的态度,也应成为立法上的必要考量。

---

[1] See A. Majocchi, "Green Fiscal Reform and Employment: A Survey", Environmental and Resource Economics, Vol. 8, No. 4, 1996, pp. 375-397.

[2] 参见陈少英:"可持续的地方税体系之构建——以税权配置为视角",载《清华法学》2014年第5期。

五、突出环境税法的规制功能

当然，前面说了那么多环境税法收入功能的积极意义和现实可能，并不意味着环境税法只有或只应当有这方面的功能。前述环境税法的收入功能和规制功能都属于重要功能，强调收入功能是针对否定、弱化收入功能的观点而言的，不是要否定环境税法的规制功能。毕竟，环境税法之所以出现，就在于规制环境影响行为，将相关行为主体的外部成本内部化。从制度初心而言，没有必要，也不应当否定环境税法的规制功能。事实上，我们一向认为，环境税法的规制功能还应当进一步突出。必须指出的是，认真对待收入功能并不意味着弱化规制功能，类似地，突出规制功能也不能建立在否定合理收入功能的基础之上。

明确了上述前提条件，接下来有必要适度展开讨论环境税法的规制功能问题。对此，笔者不准备像前面的收入功能那样长篇大论，毕竟，两相比较，环境税法的规制功能更像是"强势者"，收入功能更像是"弱势者"。而且，近年来，许多学者已经就环境税法的规制功能开展了大量卓有成效的研究，相关文献非常之多，在网络化时代虽不至于到汗牛充栋的地步，但足可充盈几个硬盘。故此，接下来的讨论仅就尚待重申强调之处予以展开。

《环境保护税法》第 1 条开宗明义："为了保护和改善环境，减少污染物排放，推进生态文明建设，制定本法。"全国人民代表大会常务委员会在第十二届全国人民代表大会第五次会议上作的工作报告中也将环境税法定位于充分发挥税收在控制和减少污染物排放、保护和改善生态环境方面的积极作用。这是环境税法规制功能的核心内容和凝练表达。就此而言，前文所说

第二章 环境税法的功能定位

规制功能还需要继续突出，所指为何？当然是说规制功能尚未得到有效发挥，这一点是有实证研究的佐证的。

笔者注意到，胡伟等学者采用事件研究法对153家排污类样本公司、135家"纯"环保类样本公司和9家"混"环保类样本公司[1]在环境税法实施后的26个交易日的短期市场效应进行分析后发现，环境税的开征在短期内对三类公司均产生了负面影响，其中排污类公司受到的影响最小，即该类公司在短期内缴纳环境税还是加大环保投资的选择上并无明显偏好，换句话说，环境税的开征几乎没有对排污类公司的行为产生影响，反倒是"混"环保类公司受到的影响最大，这显然有悖于环境税开征的初衷。[2]无独有偶，虽然在研究对象上略有差异，但邹梦琪等学者的研究同样支持了类似的结论。邹梦琪等学者以湖北省79个符合条件的A股上市公司为样本，以环境税法颁布前后共计326个交易日作为估计窗口研究样本公司在环境税法颁布实施期间的市场表现，结果显示：所有样本公司在环境税法颁布期间股价整体呈V型走势，表明环境税法对资本市场产生显著负面影响。进一步的区分研究表明，对非国有公司、非重污染行业及小规模公司产生了更为强烈的负面影响，与之一一对应的国有公司、重污染行业及大规模公司却受影响较小。对此作者同样认为环境税法可能存在"监管悖论"现象，一味扩大规范对象的范围，却没有对理应重点监控的企业或者行业予以重点约束，反而对一些污染较少、资产规模较小的公司以及环境治理较好的公司造成了一定的冲击，政府在规制时并没

---

[1] 三类公司具体分类参见胡伟、龙珍妮、胡顺义："《环境保护税法》实施的短期市场效应分析"，载《财会月刊》2018年第20期。

[2] 参见胡伟、龙珍妮、胡顺义："《环境保护税法》实施的短期市场效应分析"，载《财会月刊》2018年第20期。

有处理好政府与市场间的多重关系。[1]

当然，前述实证研究尚属于立法的阶段性成效检验，更全面、更长时段、样本量更大的研究可能还会陆续发表出来。就目前情况而言，环境税法尚未有效发挥其在第1条所规定的规制作用。环境税法的调节或规制方式并不是直接方式，不是直接要求相关主体减少污染物排放，而是通过对污染物征税的方式，对污染物排放主体的成本和行为施加影响，促使排放主体调整现行行为模式，引导排放主体节能减排、改进技术、更新设备。前述实证研究表明，相关企业并没有向着立法预设的方向调整经营活动，而"混"环保类公司、非重污染行业及小规模公司成了承受规制力度的主要对象。究其原因，恐怕是环境税法本身虽有规制但规制不当。因此，探讨如何设计和发挥好学界都比较认同的环境税法规制功能成为当务之急。

如前所述，环境税法的规制功能仅凭第1条的"宣誓"并不会当然地产生规制效果。事实上，学界已经指出，环境税法的立法宗旨根本没有体现其"税法"的特色，这种立法是很不妥当的。[2]对此，必须通过明确定位，同时，充分重视对各部分税收构成要素加以重新审视，[3]对各个课税要素作出科学合理的规定和优化，方能引导纳税人行为走向立法预设的方向。在此，不妨从税收定性要素与定量要素两个维度稍作展开讨论。

就税收定性要素而言，立法者应当从税收客体、归属和税收主体等方面突出环境税法的规制功能。关于税收客体，目前

---

[1] 参见邹梦琪、唐国平："《环境保护税法》推行的市场反应研究"，载《中国注册会计师》2018年第12期。

[2] 参见张守文："我国环境税立法的'三维'审视"，载《当代法学》2017年第3期。

[3] 参见叶金育："税收构成要件理论的反思与再造"，载《法学研究》2018年第6期。

第二章 环境税法的功能定位

环境税法仅针对四类典型污染物的排放征税,不但大类过于单一,各类别内部的划分亦无法反映出环境污染的复杂性和复合性,尚待拓展补充。纳税义务的归属和税收主体的范围同税收客体有一定程度的关联性,通常会借助税收客体来划定税收主体尤其是纳税主体的范围,对此亦需明确归属。如《环境保护税法》第 2 条虽然规定了纳税主体,但只有借助第 3 条关于"应税污染物"的规定方可进一步明确纳税主体的范围。就征税主体而言,不同于其他税种法,环境税法有较为特殊的专业性要求,且受到其前身排污费制度的路径依赖影响,其实施过程中涉及大量需要生态环境主管部门与税务机关之间的信息交互和协调衔接工作,因此,征税主体之间如何建立有效的组织规则和行为规则,以形成规制合力,就是值得反复推敲的问题。比如,《环境保护税法》第 20 条第 2 款规定了环境税数据资料的比对复核机制,涉及税务机关的比对权和生态环境主管部门的复核权,涉及跨部门协调的工作,处理得好,可以起到 1+1>2 的效果,处理不好,往往导致 1+1<2 的后果,减损环境税法的规制效应。所以,突出环境税法的规制功能,也要多从跨部门协调机制的完善上下功夫。

就税收定量要素而言,立法者应当从计税依据、税率、纳税义务发生时间和税收特别措施等方面突出环境税法的规制功能。定量要素充分体现了环境税法的复杂性和技术性特色。正如日本学者金子宏所言:"在经济生活中,为保持税赋的公平、处理好避税这一目的,要求税法有精细的规定;最近出现的税制被用于筹集公共服务资金以外的经济政策目的上的倾向等也是引起税法复杂化的原因"。[1] 单纯分析前述几个要素的研究已

---

[1] [日] 金子宏:《日本税法》,战宪斌、郑林根等译,法律出版社 2004 年版,第 24 页。

然很多，今后，立法者有必要更侧重考量相关要素的统筹协同。毕竟，这些要素都不是孤立地起作用，而是共同作用于同一个调整对象，由此产生的法律效果显然也不等于几个要素的简单叠加。

六、确立"规制—收入"复合功能定位

既然前文已经指出了环境税法规制功能的重要性，那么，笔者在前文对收入功能的分析应当不会被误解了。不妨重申一下：笔者指出"零税收论"的问题，强调收入功能的意义，不是要走向另一个极端——收入功能一元论，而是旨在说明，环境税法应当具有"规制—收入"功能的二元结构。

当然，对"规制—收入"二元功能要作全面的、辩证的理解。两项功能既存在一致性，又有层次性。一方面，规制功能与收入功能互相依存，收入功能要以规制功能为前提，规制功能则以收入功能为载体，两者相得益彰，共同致力于实现环境税法的多重制度红利。另一方面，要区分两项功能的地位，不能简单地将两者等量齐观，收入功能不宜超越规制功能的价值位阶。从前述分析来看，更符合理论逻辑与实践需要的中国环境税立法，应当具有以规制功能为主、收入功能为辅的二元功能结构。为防止走极端，尤其需要指出的是，对收入功能要重视，但不能过分夸大，立法者对环境税收入的总量和税负的分配都应作极为审慎的思考，对降低传统税种税负与利用环境税收入两者如何协调也应作精心设计。

从操作层面上来讲，构建"规制—收入"复合功能型环境税法律制度，至少要有三个前提：其一，要切实转变发展观念。将政绩考核重心从 GDP 调整到"绿色政绩"和"民生政绩"等指标上来，并以可持续发展为导向完善经济社会发展规划、金

融调控、公共投资等经济法律制度，促进能源节约型、环境友好型产业优先发展。当然，也要避免"保护环境就要让经济停一停"等激进理念左右发展导向。其二，要确保宏观税负不增加，甚至应当降低宏观税负。在环境税立法实施和今后修订完善过程中，要逐步降低中低收入者的个人所得税税负，调减服务业等劳动密集型产业的所得税税负，适度降低中小微企业的税负，并利用其他财税制度改革的机会减轻服务业等产业的税负。其三，要贯彻税收法定原则。《中华人民共和国立法法》第8条和《中华人民共和国税收征收管理法》第3条明确了税收法定原则，但该原则并未得到有效贯彻。2016年《环境保护税法》是《中华人民共和国立法法》修订后首部新制定的税法，在一定程度上较好地贯彻了税收法定原则，但也存在一定的不足。在某种意义上，当时的立法是在政治文明建设与生态文明建设之间进行权衡后的抉择，或许有其无奈之处。今后，环境税法的修订完善更应成为切实贯彻税收法定原则的榜样，而这也直接关系到"规制—收入"二元功能的定位，因此有必要加以强调。环境税法设计的诸多细节几乎都直接关系到纳税人的权利和相关部门的权力，涉及私人财产权是否受侵犯、市场主体经济自主权和经营自由权是否受限制等问题，也涉及国家税权和环境治理权力的重大调整问题，这些问题能否得到妥善解决，影响到环境税法二元功能的正当性。对这些问题，遵循税收法定原则依然是根本的解决之道。特别要注意的是，环境税法的修订完善要超越"部门主义"，一改此前大多数税收立法从属于行政权的局面。此前，环境税立法起草工作主要由国务院相关部门负责，这些部门职能各不相同，有的注重环境规制，有的注重财政收入。对此，学界曾质疑当时的环境税立法机制能否确保合理地设计好相关规则，这种质疑不是没有道理。而就笔者所说的环境税法的功能定位和功能实现而言，当时的立法机制能否充分体现"规制—收入"功能的理想的二元结构定位，能否实现环境税法的多重制度红利，仍然是值得反思的。现在看来，这种立法机制还是有一些不利影响的。从多年来税收立法的经验教训看，进一步提高环境税立法工作的民主化程度，由全国人民代表大会来主导立法，扩大立法过程中的公众参与度，更好地发挥多学科专家学者在立法中的作用，是实现环境税法准确定位的重要条件。

就环境税法的具体内容而言，面对中国亟需走出一条可持续发展的新路的时代诉求，各项税法要素的制度设计要契合二元功能的定位，以此达成和增进各项功能的正当性、合法性与现实可能性。

第一，征税范围不宜过窄。范围过窄，既不利于加强环境规制，也不利于体现收入功能。这就要求，在当前技术条件下，要注意尽可能将我国相关产业中的各主要污染因子纳入环境税法的规制范围，特别是对那些尚未被排污费制度覆盖的，对环境影响较大的污染因子，要及时归入相应税目。同时，环境税的征税范围应根据民众不断提高的环境保护需求而逐步扩大，也应依据环境科学的新进展、新成果而进行调整。一些早就存在但未被发现或未受重视的重要污染因子、一些在新兴产业中新出现的重要污染因子，都需要在条件成熟时纳入征税范围。例如，当代环境科学发现，现代农牧业对环境的影响其实并不比某些工业产业小，比如，按均值计算，三头奶牛一年排放的温室气体量要超过四辆小汽车，[1]正是基于此，一些国家将环

---

[1] See Christopher Barclay, "How UK Farmers Could Reduce Greenhouse Gas Emissions", available at http://www.parliament.uk/Templates/BriefingPapers/Pages/BPPdfDownload.aspx? bp-id=SN04340, last visited on 2015-8-2.

境税征税范围扩大到农牧业的温室气体排放,新西兰最早开始行动,计划征收农牧业排放税,每头奶牛 0.72 元,每头肉牛 0.54 元,每只绵羊 0.09 元。[1] 紧随其后,爱尔兰和丹麦也宣布新的环境税立法计划,准备对养殖业征税。而我国环境税法基本上是将现有排污费制度"平移"过来,征税范围非常有限,碳排放、光学污染和热污染等都未涉及,在禽畜养殖业方面主要规制污水和恶臭,涵盖的对象局限于牛、猪、鸡、鸭等家禽,且存栏规模门槛较高。笔者建议,可考虑将碳排放纳入征税对象,通过降低存栏规模门槛扩大养殖业征税范围,并根据产业结构的发展,逐步调整和扩展征税范围,如进一步将养殖业温室气体排放、光学污染和热污染等纳入进来。但是,仍然需要强调的是,征税范围的扩展应与传统税制的调整同步,确保有增有减,不加重宏观税负。

第二,税率结构要合理。为了有效匹配环境税法功能,应避免"大刀式"、惩罚性的畸高税率和放纵性的畸低税率,同时,税率结构设计至少要把握好两个方面:其一,税率高低差异应符合比例原则。不同的污染因子之间,对环境影响越大的,如果没有足够充分的理由,税率一般应更高,各税率之间的比例要与其环境影响差异相对应。而同一污染因子适用累进税率的,级次、级距设计要妥当,最高边际税率与最低边际税率之间的幅度要合理,既不能幅度过大导致严重损害经济效率或显著降低纳税遵从度,也不能幅度过小导致削弱规制效应。其二,前述税率结构最终体现到法律规定上,可以有一个过程。《环境保护税法》在这方面承袭了排污费过低的征收标准,笔者建议,

---

[1] See A. N. Hatchett, "Bovines and Global Warming: How the Cows are Heating Things Up and What Can be Done to Cool Them Down", *William & Mary Environmental Law and Policy Review*, Vol. 29, No. 3, 2005, p. 780.

应较大幅度提高税率标准。当然，要同时考虑两个方面：一方面是国家整体的宏观税负降低、税制结构优化难以在短期内实现。另一方面是产业结构调整、企业适应更高的环境税税率也要花时间，因此，环境税税率结构最终调整到位，要经过几个阶段的过渡才行，不宜一步到位。对于各方意见难以统一的，可以通过以后的立法修改来逐步调整税率；对于各方意见比较统一的，可以在立法中直接采用"税率逐年过渡制"，避免频繁修改法律，以稳定社会预期。例如，《环境保护税法》规定大气污染方面每污染当量最低税额为1.2元，这被批评为标准过低，如果假定二氧化硫的理想税率是每污染当量最低税额为3元，[1]则可规定开征第一年至第四年分别适用的税率标准为1.2元、1.5元、2元、2.5元，到第五年才最终适用3元的理想税率标准。

第三，税收优惠措施应当科学设置。优惠过多必然同时损害环境税法的规制功能和收入功能，优惠太少又不能很好地体现政策导向和实质课税原则。因此，环境税收优惠的导向应当是节能减排，优惠范围也应当有别于传统税种，主要限于节能项目、治污项目、技术创新项目等。《环境保护税法》第12、13条所定税收优惠规则较为模糊、宽松，对与节能减排导向无关但与纳税能力、征收效率等相关的因素考虑过多，同时，授予行政机关的自由裁量权过大，势必影响环境税法的规制功能，无法为环境治理提供应有的财政支持。对此，一个可以考虑的建议是，立法应明确税收优惠的环保原则，限制税收减免的量

---

〔1〕 这一数值参照了关于二氧化硫治理成本的研究，但只具有假设意义。参见宋光武、闫静、董娜："燃煤锅炉二氧化硫排污收费标准研究"，载中国环境科学学会编：《中国环境科学学会学术年会论文集·2012》（第1卷），中国农业大学出版社2012年版，第246页。

第二章　环境税法的功能定位

能原则,[1]细化税收优惠的条件和程序，明确相应的优惠幅度。同时，可暂时给予优惠待遇的，应避免固化为永久性优惠。此外，税收优惠方式要进一步多元化，能不采用直接减免方式的，最好采用延期纳税等其他方式。

第四，应规定环境税收入使用规则。如前所述，《环境保护税法》的相关规则尚付阙如，笔者建议专设一章详加规定，明确环境税收入的单一归属或央地分享比例，规定其用途和使用程序。对于是否专款专用的问题，从法政治学角度来看，环境税收入专款用于环境保护将提高民众对该税的认同度，但从其他角度来看，目前学界的争议还很大，[2]故需推进交流辩驳以取得共识，尽快补充相关规则，以充分发挥收入功能之功效。无论如何，相关规则设计都应考虑如何有效发挥环境税的规制作用，使环境税收入的环保效益最大化。

以上一些建议，笔者曾在不同场合以不同形式提出来过。我们可以看到，正式出台的《环境保护税法》有一些修改与前述建议的方向具有趋同性，但也仍然能看到有许多值得改进的地方。例如，《环境保护税法》第3条对应税污染物范围作出了调整，将《环境保护税法（征求意见稿）》中的建筑施工噪声和工业噪声以及其他污染物改为"噪声"，为开征其他类别的噪声污染物税留出空间，外延更加明确，不过，应税污染物局限于四类，总体范围过窄。《环境保护税法》第4条中规定的"向依法设立的污水集中处理、生活垃圾集中处理场所排放应税污

---

[1]　对于纳税能力较弱的纳税人，如果确有必要给予经济照顾，完全可通过减免所得税等其他方式来实现。

[2]　环境税专款专用与否的问题一直在理论上有争议。参见［德］约阿希姆·拉德卡:《自然与权力——世界环境史》，王国豫、付天海译，河北大学出版社2004年版，第342页;陈慈阳:《环境法学基础理论（一）：环境法总论》，元照出版有限公司2003年版，第494页。

染物的""在符合国家和地方环境保护标准的设施、场所贮存或者处置固体废物的",不属于直接排污行为,不缴纳环境保护税,改变了《环境保护税法(征求意见稿)》中对这类行为定性不明确的做法。《环境保护税法》第6条将省、自治区、直辖市人民政府规定的大气污染物和水污染物的具体适用税额限定在本法规定幅度内,同时将决定权交由同级权力机关,报全国人民代表大会常务委员会和国务院备案。相对于《环境保护税法(征求意见稿)》中"可以""适当上浮"等规定,《环境保护税法》第9条第3款也较《环境保护税法(征求意见稿)》增加了同样的监督制约规定。这些修改使得这几个条款更为合理,且更契合税收法定的精神。《环境保护税法》将《环境保护税法(征求意见稿)》遭受批评最多的加倍征税/惩罚性税收条款(第10条)删除,通篇未就环境税收入的去向和用途作出明确规定,却在第24条要求各级人民政府"鼓励"纳税人加大环保建设投入,并给予资金和政策支持,使该条规定缺乏恰当的制度配套,也体现出立法者对环境税法收入功能的疏忽。还值得注意的是,《环境保护税法》"征收管理"章节集中规定了生态环境主管部门同税务部门之间的协同分工和纳税人报税管理事项,其中,增加的第20条第2款规定,税务机关发现纳税人申报数据资料"异常"时提请生态环境主管部门复核,税务机关根据该复核意见可对纳税人应纳税额作出调整。该款内容语焉不详、标准不清,对纳税人的利益可能产生重大影响。国务院发布的《中华人民共和国环境保护税法实施条例》第22条对何谓"异常"作了进一步明确:"①纳税人当期申报的应税污染物排放量与上一年同期相比明显偏低,且无正当理由;②纳税人单位产品污染物排放量与同类型纳税人相比明显偏低,且无正当理由。"可见,立法者可能是借鉴其他已有税收立法的反避税规则,试图建立环境税法的反避税规则,但是,前车之鉴是,其他税法中的类似条款引发了大量争议,不确定性法律概念的引入和条款的体系定位等都给税收行政执法和司法增加了不小的难度,环境税法是否能够避开这些困境,尚不得而知。以上诸多方面如何进一步修改完善,以更好地实现环境税法的"规制—收入"二元功能,是尚待各方研讨的重要课题。

七、小结

在中国环境税法实施和不断改进完善的关键时期,我们就环境税法的功能定位问题展开讨论,具有极为重要的意义。特别是对于收入功能问题的辨析,有助于推进税法基础理论的研究。恰如前文讨论中所提及的,税法学尚有一项未获解决的公案:税法是否必须具备收入功能?长久以来逐步形成的主流看法是,"财政收入为租税之本质要件",[1]凡税皆须有收入功能,否则有滥用租税形式之嫌。历史经验也表明:"一种税要存续下去,必须能够具备筹集收入的能力这个合理依据,而不能仅仅是一项社会政策。"[2]然而,争论一直未曾停歇,且在各国环境税等规制型税收日增的背景下有再掀热议之势。因此,本书也可看作是以环境税法为样本对税法学界上述争议的响应,当然,笔者也未必发现了真理,而只是期待以环境税法的个案分析抛砖引玉,推进相关研究。

具体到环境税法而言,对于似乎言之凿凿的"零税收论",笔者揭示了其在理论上的漏洞和实践中可能产生的问题——其

---

[1] 参见葛克昌:《税法基本问题》(财政宪法篇),北京大学出版社2004年版,第79页。

[2] D. Frederick, "Historical Lessons from the Life and Death of the Federal Estate Tax", *The American Journal of Legal History*, Vol. 49, No. 2, 2007, p. 213.

错误的"大刀式"立法预设和激进的理念将严重误导我们,这不仅不利于环境保护,还会阻碍经济发展、恶化中低收入者的处境。而在了解国际环境税立法发展趋势的基础上,我们可以发现,收入功能日益受到重视,这不是因为可以"多收三五斗",而是要使收入功能与规制功能相得益彰,并通过收入功能来优化产业结构、减少传统税种税负、削减贫困等。在中国转变发展方式的语境下,我们更需要环境税法具备以规制功能为主、收入功能为辅的二元功能结构。

正是基于在转变发展方式的时代背景之下进行考察,环境税法的二元功能具有更突出的合理性,这不仅立基于以往所强调的环境保护,还涉及经济结构调整、税制优化乃至分配公平等诸多层面。也只有充分重视二元功能之价值,才会清晰辨识环境税法对中国的重要性与必要性,这对于完善立法设计大有裨益。当然,要充分体现二元功能,就必须贯彻税收法定,加强环境税征税范围、税率结构和税收优惠等诸多制度要素的优化设计。

总之,重视并充分体现"规制—收入"二元功能,是当今中国环境税法的应有之义。在法律制定、修改和实施中有效实现这一点,将有力促进发展方式的转变、推动中国经济社会的可持续发展。

第三章
价值权衡与环境税法的功能凸显

2013年全国人民代表大会常务委员会编制的立法规划中有制定增值税等若干单行税法的立法项目,但这个项目内容是比较含糊的。党的十八大、十八届三中全会、四中全会之后,税收立法进程明显加速。2015年6月1日,调整后的《十二届全国人大常委会立法规划(共102件)》将前述立法项目具体明确为制定环境保护税法、增值税法、资源税法、房地产税法、关税法、船舶吨税法、耕地占用税法,而且属于第一类项目(条件比较成熟、任期内拟提请审议的法律草案)。[1]2015年6月10日,国务院法制办下发了《关于〈中华人民共和国环境保护税法(征求意见稿)〉公开征求意见的通知》,将财政部、税务总局、环境保护部起草的《环境保护税法(征求意见稿)》及说明全文公布,向社会各界征求意见。

尽管关于制定该法的讨论已历经多年,但分歧一直不断,而在诸多争议尚未得到有效解决之前,《环境保护税法(征求意见稿)》公布了,毋庸置疑,其规则设计招致各方批评,到2015年7月9日征求意见期限届满前,大量意见蜂拥而至。报刊媒体也

---

〔1〕参见阚珂:"我国税法立法规划走过三十五年",载《法治日报》2015年8月14日,第3版;冯昭:"七税立法筑牢财税法制基石",载《中国财经报》2015年8月20日,第1版。

登载了学者的一些尖锐的批评意见。很多批评者以为，短时间内不会出台法律了。但是，2016年12月25日，第十二届全国人民代表大会常务委员会第二十五次会议正式通过了《环境保护税法》。

对此，我们有必要回过头来看看，《环境保护税法》与《环境保护税法（征求意见稿）》有何异同？做了哪些改进？又或者仍然保留了哪些不合理的内容？对此，后文将基于这些相同点与不同点进行比较分析，试图探求立法者是出于何种价值考量作出这些调整与保留。

我们知道，法律可以被看作是共同体价值的表达。[1]在规范体系中，从规则溯源而上，可找到作为规则源头和灵魂的法律价值，要完善相关规则，必须基于价值分析开展顶层设计。为此，从理想状态来看，立法者应当从价值层面着手，从根源上调和相关冲突，使环境税法诸规则成为融贯一致的整体，有效实现环境保护的立法诉求，将理想中的"规制—收入"复合功能型环境税制度落地生根、开花结果。要实现这种理想状态殊为不易，因为价值与价值之间往往存在不协调甚至尖锐对立之处，对此，当然必须采取一些关键的技术，其中，后文将论证，渐进式"预告制"等法技术可在缓解前述价值冲突方面发挥显著的积极作用。

一、环境税法的价值范畴与"诸神之争"

众所周知，中国步入深水区的改革[2]对发展方式转型提出

---

[1] See R. Cotterrell, *The Politics of Jurisprudence: A Critical Introduction to Legal Philosophy*, Butterworths, 1989, pp. 172-181, quoted from Wayne Morrison, *Jurisprudence: From the Greeks to Post-Modernism*, Cavendish Publishing Ltd., 1997, p. 437.

[2] 《中共中央关于全面深化改革若干重大问题的决定》（2013年11月12日中国共产党第十八届中央委员会第三次全体会议通过）指出："当前，我国发展进入新阶段，改革进入攻坚期和深水区。"参见全国人大常委会办公厅、中共中央文献研究室编：《人民代表大会制度重要文献选编（四）》，中国民主法制出版社2015年版，第1665页。

第三章 价值权衡与环境税法的功能凸显

了更高的要求,进而要求一系列制度在新的目标和方向导引下进行改革调整,排污费改税并制定环境税法就是其中重大的改革举措。如前所述,环境税是基于庇古的经济理论而产生的一种经济规制工具,故环境税也被称为"庇古税",它也被看作是一种基于公共环境财产权而构建的价格调节机制。[1]当然,需要说明的是,这里存在一个现代社会对人们赖以生存的环境的认识问题。在现代社会,良好的生态环境日益成为更珍贵甚至更稀缺的资源,这种资源具有鲜明的公共产品特性,且人们也越来越把生态环境当作共有共享的公共产品。然而,人们对这类公共产品的自由索取和无限消费使此类资源中的某些部分陆续难以为继甚至凋零耗竭,"公地悲剧"(Tragedy of the Commons)不断上演。[2]为此,通过设定产权的方案被广为接受,所谓产权方案,简单来说,就是要么将生态环境资源作为私人财产权,要么将其作为公共财产权。[3]尽管这种方案也引发了迄今未曾停歇的争论,[4]不过,许多环保主义者和法律专业人士的共识是,在法律制度上,人们对公共环境资源的共有共享可以被拟

---

[1] See Daniel H. Cole, *Pollution and Property: Comparing Ownership Institutions for Environmental Protection*, Cambridge University Press, 2002, p. 14.

[2] See Garrett Hardin, "The Tragedy of the Commons", *Science*, Vol. 162, No. 3859, 1968, pp. 1243-1248.

[3] See Garrett Hardin, "The Tragedy of the Commons", *Science*, Vol. 162, No. 3859, 1968, p. 1245.

[4] See David M. Driesen, "Is Emissions Trading an Economic Incentive Program?: Replacing the Command and Control/Economic Incentive Dichotomy", *Washington & Lee Law Review*, Vol. 55, No. 2, 1998, pp. 289-350; Robert W. Hahn, Gordon L. Hester, "Where Did All the Markets Go? An Analysis of EPA's Emissions Trading Program", *Yale Journal on Regulation*, Vol. 6, No. 1, 1989, pp. 109-153; Bruce Ackerman, Richard B. Stewart, "Reforming Environmental Law: The Democratic Case for Market Incentives", *Columbia Journal of Environmental Law*, Vol. 13, 1988, pp. 171-199.

制为公共环境财产权。[1]排污者使用了公共环境资源,就要为此向公共环境财产权所有者(即人们所组成的共同体)支付对价,国家则以该财产权受托人的身份负责收取对价。即便是那些认为"公地悲剧"的成因是分散化决策的学者,[2]其解决之道也多依赖于国家的集中化决策。由此,无论是产权方案还是非产权方案,国家介入或干预该领域是难以避免之事。用环境税来规制环境影响行为,正是国家作为公共环境财产权受托者的分内之事。[3]

当然,即便生态环境被视为公共财产,即便以国家所有(实质上是全体人民所有)的方式排除了私人所有的可能性,进而避免"公地悲剧",也并不意味着环境税是国家用来干预或介入环境领域的必然选择,更不用说是唯一选择了。

我们可以假定,当国家面对公共环境财产权时,手上一定有一长串的制度备选项。比如,国家可以通过转让、拍卖、置换、划拨、出租、担保等方式将生态环境资源交给私人占有使用,相应地,国家可以获得对应的租金、使用费等对价,从而用来保护、发展生态环境资源。又如,国家还可以完全禁止私人以任何方式占有、使用公共环境财产权。此外,对于私人影响公共环境财产权、损害生态环境、阻碍生态环境的自净过程和永续发展,导致生态环境资源贬值的,国家可以动用其暴力

---

[1] 有的学者很早就提出了公共环境财产权等类似概念,用来为环境保护的合法性辩护。参见[美]约瑟夫·L. 萨克斯:《保卫环境:公民诉讼战略》,王小钢译,中国政法大学出版社2011年版,第134—148页。

[2] See Richard B. Stewart, "Pyramids of Sacrifice? Problems of Federalism in Mandating State Implementation of National Environmental Policy", *The Yale Law Journal*, Vol. 86, No. 6, 1977, pp. 1210-1211.

[3] 环境税作为环境规制工具,确实也体现着规制作为"实现国家意图"之手段的性质。关于规制之性质可参见[美]丹尼尔·F. 史普博:《管制与市场》,余晖等译,上海三联书店、上海人民出版社1999年版,第37—39页。

第三章 价值权衡与环境税法的功能凸显

机器,要求私人承担不利的法律后果,如相应的刑事责任、行政责任或民事责任。当然,国家也可以不采用法律责任的方式,而仅要求行为人承担相应的社会成本。

诸如此类的制度备选项,是对所有生态环境资源和任何时空条件都适用,还是会因不同的资源因时因地而异?无论是从理论上来说,还是从实践上来看,没有任何一种单一的工具是能包治百病或放之四海而皆准的。

比如,产权交易的方式可能面临巨大的交易成本的问题。"像大气污染这样的外部性,牵涉到千家万户(既有污染者也有被污染者),很难想象他们坐在一起谈判的成本会很低。此外,即使确立了大气的产权,但空气所有者怎样才能在成千上万的潜在污染者中找出造成污染的人,确定每个污染者应负责多大比例的损害,这些问题仍不清楚。"[1]又如,有的生态环境资源极其濒危或珍稀,就不可能采用市场交易的方式来加以利用,而只会通过禁止性制度将私人隔离在安全防线之外。而且,事实上,各国恰恰是在解决环境问题的过程中,不断试错,先后用不同的方案来应对不同的问题。比如,古代社会采用过刑罚、行政处罚、民事赔偿等方式来解决污染排放问题。[2]而在工业革命之后,田园牧歌式的生活一去不复返,人类发明了污染(inventing pollution)[3]——大规模工业生产和城市化所带来的新型污染物质和污染方式彻底改变了人类赖以生存的环境,在有限的将来,

---

[1] [美]哈维·S. 罗森、特德·盖亚:《财政学》(第8版),郭庆旺、赵志耘译,中国人民大学出版社2009年版,第79页。

[2] 如《韩非子·内储说上七术》中提到,"殷法刑弃灰",这是有名的重刑主义的代表性规则,也遭受了不少批评。参见蔡元培:《中国伦理学史》,吉林出版集团股份有限公司2017年版,第48—52页。

[3] See Peter Thorsheim, *Inventing Pollution: Coal, Smoke, and Culture in Britain Since* 1800, Ohio University Press, 2017.

人类无法过上完全杜绝污染的生活，而不得不学会与污染相伴始终，且只能尽可能地将污染控制在某种程度之下。在此背景下，人类对自己发明的污染将会有不一样的评价，其中一部分继续被视为不正当、不合理的，也有一部分被视为可以接受的常态化社会行为。也是在工业革命之后，人们对税收有了更多和更新的认识，很多国家后来逐渐发展成"税收国家"，[1]且在20世纪之后，各国越来越多地采用税收作为国家干预经济社会的重要工具，并对这一工具的开发利用作了各种前所未有的探索。

在此背景下，自20世纪中叶开始，一些国家陆续开始尝试采用环境税来规制环境影响行为。从这个意义上来说，环境税是环境制度和税收制度双重创新的产物。自20世纪中叶出现环境税的雏形以来，越来越多的国家通过各种方式尝试利用这一新的制度工具，不少国家直接开征新的独立型环境税，也有的国家将既有相关税费合并改造为融入型环境税，有的则在传统税收制度中加入环境税要素。

各方公认，一方面，环境税充分利用了准市场机制的调节作用，[2]排污者基于经济成本的考虑，会在一定程度上自行控

---

[1] "税收国家"（tax state）是指财政收入完全或主要来源于税收的国家，与此相伴的是，"国家通过税收介入私人经济，并日益扩大对私人经济的支配权"。See Joseph Alois Schumpeter, "The Crisis of the Tax State", in Joseph Alois Schumpeter, *The Economics and Sociology of Capitalism*, edited by Richard Swedberg, Princeton University Press, 1991, p. 108.

[2] 之所以说是准市场机制，是因为环境税法虽然利用价格机制来将经济行为的外部性内部化，但又毕竟不同于排污权交易那样更市场化的机制。也正因如此，在一些学者看来，排污权交易是基于产权安排的市场机制，环境税则是基于国家干预的非市场机制。这方面的分歧由来已久，比如早期科斯与庇古的理论争议就与此有关。See R. H. Coase, "The Problem of Social Cost", *The Journal of Law & Economics*, Vol. 3, 1960, p. 42.

第三章 价值权衡与环境税法的功能凸显

制排污行为,因此,和环境管制制度相比,环境税的规制成本更低、效率更高。另一方面,"规制俘获"(regulatory capture)理论一再提醒相关风险。例如,施蒂格勒认为:"管制通常是产业自己争取来的,管制的设计和实施主要是为受管制产业的利益服务的。"[1]丹尼斯·卡尔顿和杰弗里·佩罗夫总结道:"一个具有讽刺意味的——或者是现实主义的——对管制的解释是俘获理论:一个行业中的厂商想要受到管制是因为那时它们能够'俘获'(劝说、贿赂或威胁)管制者,从而使管制者按照该行业厂商的要求去做。根据这一理论,管制保护了厂商免于竞争。尽管这些经济学家通常相信,管制的适当目的是纠正市场的低效率,他们相信,即使适当的法律得以通过,受到影响的行业也会通过俘获管制者而改变制定法律的目的。"[2]许多国家的环境治理实践表明,环境规制俘获问题格外普遍,严重损害了规制效果。基于此,人们可以看到,与同为价格调节机制的收费制度相比,环境税的刚性更强、力度更大,可降低征收

---

[1] 参见[美]G.J.施蒂格勒:《产业组织和政府管制》,潘振民译,上海人民出版社、上海三联书店1996年版,第210页。

[2] 参见[美]丹尼斯·卡尔顿、杰弗里·佩罗夫:《现代产业组织》,黄亚钧、谢联胜、林利军主译,上海三联书店、上海人民出版社1998年版,第1275页。此后,规制俘获理论又获得了更多的拓展。See M. E. Levine, J. L. Forrence, "Regulatory Capture, Public Interest and the Public Agenda: Towards a Synthesis", *Journal of Law, Economics, and Organization*, Vol. 6, 1990, p. 167; M. Hantke-Domas, "The Public Interest Theory of Regulation: Non-Existence or Misinterpretation?", *European Journal of Law and Economics*, Vol. 15, No. 2, 2003, pp. 165-194; B. Morgan, K. Yeung, *An Introduction to Law and Regulation*, Cambridge University Press, 2007, pp. 43-44; Robert Baldwin, Martin Cave, Martin Lodge, *Understanding Regulation: Theory, Strategy, and Practice*, Oxford University Press, 2012, pp. 40-48; Anthony Ogus, *Regulation Legal Form and Economic Theory*, Hart Publishing, 2004, pp. 56-58; Daniel Carpenter, David A. Moss, *Preventing Regulatory Capture: Special Interest Influence and How to Limit It*, Cambridge University Press, 2013, pp. 3-10.

机关面临的"规制俘获"风险。

事实上,许多国家的经验证明,环境税是有效规制环境影响活动的制度工具。[1]而要使其效果从应然变为实然,首要的就是制定一部从整体架构到具体规则都趋近完备的环境税法。当然,各国实践也表明,环境税涉及众多因素的权衡,故环境税立法是非常复杂的系统工程。如果单纯对各种细节因素就事论事,各方难以对"要一个什么样的环境税法"以及"如何制定这样的法律"等问题达成共识,在纳税人、征税范围、税率、征管等具体规则设计上众说纷纭。

中国的情况也是如此,自20世纪90年代以来,[2]围绕环境税法而生的争议此伏彼起,不曾停息,[3]如同人们对菜单上

---

[1] See Cass R. Sunstein, *Risk and Reason: Safety, Law, and the Environment*, Cambridge University Press, 2002, p. 270.

[2] 我国相关研究起步较晚,早期法学研究如鲁篱:"环境税——规制公害的新举措",载《法学》1994年第3期。

[3] 相关论文参见高萍、计金标、张磊:"我国环境税税制模式及其立法要素设计",载《税务研究》2010年第1期;燕洪国:"环境税理论与实践:国内外研究文献综述",载《财政经济评论》2013年第2期;李慧玲:"环境税立法若干问题研究——兼评《中华人民共和国环境保护税法(征求意见稿)》",载《时代法学》2015年第6期。相关报道参见王春华:"开征环境税排污'费改税'再起争议",载《中国改革报》2006年5月29日,第2版;张有义:"环境税改革成定局细节有争议",载《法治日报》2008年11月30日,第5版;席斯:"一吨煤要征43元 环境税方案引发争议",载《经济观察报》2010年9月6日,第3版;王尔德、左青林、王旭燕:"环境税拟定四税种 税率引发争议",载《21世纪经济报道》2010年12月10日,第21版;于华鹏:"环境税立法拟定新方案 碳税仍存争议",载《经济观察报》2014年3月10日,第2版;陈阳:"环境税新方案争议:碳税太重",载《中国经济导报》2014年3月15日,第C01版;姜妮:"环境税改革争议不休",载《环境经济》2014年第3期;滕娟:"专家纵论环境税 如何达成征税共识成焦点",载《财会信报》2014年12月1日,第A06版;严丽梅:"公开征求意见已入倒计时,环境保护税立法仍存三大争议",载《羊城晚报》2015年6月30日,第A17版;王硕:"争取环境税尽快落地",载《人民政协报》2016年2月25日,第5版;段昊书:"开征碳税不'简单'",载《中国气象报》2016年3月29日,第3版。

第三章 价值权衡与环境税法的功能凸显

数百个菜品会有不同看法一样。但换个角度,我们知道,对有些内在的东西,如有益健康、低胆固醇、容易消化等指标,如果先能有一个较为明晰的定位,那么不同口味偏好的人之间就更容易达成共识。[1]同理,对于环境税立法,我们首先应在价值层面凝聚共识、协调矛盾,[2]这在某种意义上也是立法的顶层设计思路。

我们知道,法律价值居于规范建构的源头,它转化为法律原则,[3]又以法律原则为基础逐级构建法律规则,[4]最终生成内在协调、层次分明、体系完备的法律制度。"法律价值问题的

---

[1] 这一类比受到凯尔森论述的启发,他在讨论法律价值问题时也用食品好不好吃来打比方。See Hans Kelsen, *General Theory of Law and State*, Harvard University Press, 1949, p.48.

[2] 尽管税收作为"公地悲剧"的解决方案之一,属于哈丁所谓的"技术性解决方案",而"技术性解决方案"的优势在于,"不怎么要求人类价值观念或道德观念的介入",然而,环境税的发展历程却表明,环境税立法不仅不是价值无涉的,往往还是充斥价值争议的。因此,对环境税制度构建的价值权衡是甚有必要的,当然,要权衡相关价值,技术性解决方案或许是优势明显而值得考虑的。See Garrett Hardin, The Tragedy of the Commons, *Science*, Vol.162, No.3859, 1968, p.1243.

[3] 因此,也可以说法律原则是具体化了的法律价值。在经济法上,经济法的价值取向体现为经济法宗旨,经济法宗旨又体现为经济法原则,参见张守文主编:《经济法学》(第6版),北京大学出版社2014年版,第29页;在税法上,原则是"价值取向、目标模式和具体制度的中介",原则是"价值目标的体现",参见刘剑文主编:《财税法学》,高等教育出版社2004年版,第577页。也因此,某些词语是价值与原则范畴共用的,如公平(公平价值/公平原则)、效率(效率价值/效率原则)等。

[4] 当然,就法律原则与法律规则的关系而言,一直以来存在争议,特别是自德沃金与哈特论战以来,这方面的诸多分歧逐渐显现。限于主题,我们不在此处梳理法律哲学层面所铺陈的法律原则与法律规则关系的论争,仅以经济法学、财税法学领域通常秉持的观点来开展后面的讨论。对于法律原则与法律规则关系的论争,可参见 H. L. A. Hart, *The Concept of Law*, Oxford University Press, 1961, pp.134-149; Ronald Dworkin, "Judicial Discretion", *The Journal of Philosophy*, Vol.60, No.21, 1963, pp.624-638; Joseph Raz, "Legal Principles and the Limits of Law", *The Yale Law Journal*, Vol.81, No.5, 1972, pp.823-854; Raymond Wacks, *Understanding Jurisprudence: An Introduction to Legal Theory*, Oxford University Press, 2012, p.135.

实质是关于法律因何而存在、为何而存在的根本性问题……因此，可以说，法律价值是法律理论体系的灵魂与核心，是法律实践的评判标准与精神依托。"[1]"被近代各种法律体系假设或接受的价值尺度，也是这样……（我们）可以利用它们，把它们看作为了我们的实际目的已经足够地接近于真实。"[2]法律价值从而对立法和司法起着评价标准和方向指引的作用。就立法而言，从法律价值出发可以更有效地实现"理性的制度化""制度的融贯性"和规则的协调性。[3]

当前围绕环境税立法的各种争议，恰恰是忽略了从价值出发展开研讨的重要性，以致欠缺统一的参照系或度量衡，于是，观点五花八门，分歧无法得到弥合，甚至同一个学者也可能采用完全对立的两种标准来提出立法建议，得出自相矛盾的结论而不自知。

如前所述，恰恰在此背景下，国务院法制办公布了财政部、税务总局和环境保护部起草的《环境保护税法（征求意见稿）》。而学界对《环境保护税法（征求意见稿）》基本持批评意见。不过，值得注意的是，与此前各方围绕细节要素展开争论的情况相似，学界也主要对《环境保护税法（征求意见稿）》具体条文提出批评，而忽略了从价值层面分析《环境保护税法（征求意见稿）》的错失——尽管诸多条文的弊病均与价值定位问题密切相关。立法者或许也很委屈，各方共识难见，立法者不免左右为难，顾虑重重。虽有个别学者意识到了该问题，认识到"关

---

[1] 姚建宗主编：《法理学》，科学出版社2010年版，第204页。

[2] [美] 罗·庞德：《通过法律的社会控制 法律的任务》，沈宗灵、董世忠译，商务印书馆1984年版，第58页。

[3] 参见 [德] 罗伯特·阿列克西：《法：作为理性的制度化》，雷磊编译，中国法制出版社2012年版，第111—128页；[美] 德沃金：《法律帝国》，李冠宜译，时英出版社2002年版，第225页。

第三章 价值权衡与环境税法的功能凸显

于环境税立法的推进对策……要尽量减少环境税立法在中国面临的相关顾虑",[1]但价值分析仍付阙如,亟需学界加强供给。

这种价值分析,旨在突破共识难见的困境而凝练共识(consensus),[2]在求同存异中获取最大公约数(the greatest common divisor)。[3]共识的形成将使法律制度的形成和实施成本最小化,并使其效果最大化。

正是基于此,笔者拟从价值分析视角来展开讨论,以补上述缺憾。参考既有理论和方法,[4]笔者拟采用一种双阶二元价

---

[1] 张斌、关昕:"中国环境税立法:现实难题、国际借鉴和相关对策",载《中国法学(英文版)》2015年第4期。

[2] 其实,法律可以被视为价值共识凝练的产物,或者说,价值共识是法律的基础(basis of law)。See Roger Cotterrell, *The Sociology of Law: An Introduction*, Oxford University Press, 1992, pp. 96-106.

[3] See Weidong Ji, *Building the Rule of Law in China: Ideas, Praxis and Institutional Design*, Routledge, 2020.

[4] 学界运用价值分析方法已产生一批颇有影响的成果,如夏锦文、莫良元:"社会转型中案例指导制度的性质定位与价值维度",载《法学》2009年第11期;任际:"财政法的正义价值判断与选择",载《法学》2011年第4期;王强、戴立新、贾楠:"刑法禁止令的价值分析",载《法学》2011年第11期;殷啸虎:"现代宪政价值体系的重构",载《法学》2011年第12期;陈辐宽:"论检察诉讼监督及其价值目标",载《法学》2012年第2期;王月明:"就职宣誓制度的程序性价值",载《法学》2014年第12期;罗培新:"公司担保法律规则的价值冲突与司法考量",载《中外法学》2012年第6期;刘水林:"反垄断诉讼的价值定位与制度建构",载《法学研究》2010年第4期;张建伟:"自白任意性规则的法律价值",载《法学研究》2012年第6期;李剑、王茜:"论反垄断法在市场经济中的价值意蕴",载《当代法学》2012年第5期;李莉:"我国民事立法中价值目标的冲突与选择",载《法学论坛》2010年第3期;蔡永彤:"功利与公正之间:立功制度的价值取向及其改造",载《政治与法律》2008年第8期;秦鹏:"论环境法发展观的价值维度——面向消费主义的批判与超越",载《现代法学》2008年第4期;张晋红:"诉的合并制度的立法缺陷与立法完善之价值分析",载《法学评论》2007年第4期;汪建成:"以效率为价值导向的刑事速裁程序论纲",载《政法论坛》2016年第1期;张淑芳:"行政行为中相关考虑的价值及基本范畴",载《政法论坛》2015年第2期;谭志福:"高校参与法律援助的价值分析",载《政法论坛》2014年第3期;叶卫平:

值分析框架：①环境税法价值的二元结构分析。法的价值可分为非功利主义价值/功利主义价值、非工具性价值/工具性价值、伦理价值/工具价值，[1]在此基础上，经济法价值可分为内在的客观价值和外在的主观价值。[2]一般认为，公平与效率是两大基石性的法律价值，[3]它们正好在前述二元价值中分属不同维度。据此，我们将公平与效率作为环境税法的内在非工具性价值和外在工具性价值，并据以评析环境税法的法律文本以及《环境保护税法（征求意见稿）》等早期文本，并讨论与此相关的学界争议。此为第一阶分析。②价值之间的相互关系分析。由于法律价值不可能是单一的，必然存在"诸神之争"，[4]故须从价值关系视角评析环境税法的法律文本与相关争议，同时审视《环境保护税法》是否针对学界此前对《环境保护税法（征求意见稿）》所提出的建议给予了相应的回应，这些回应是否合理，

（接上页）"反垄断法的价值构造"，载《中国法学》2012年第3期；卢乐云："检察机关初查制度之价值评析及其实现——以法律监督权为视角"，载《中国法学》2010年第1期；张淑芳："论行政立法的价值选择"，载《中国法学》2003年第4期。

[1] 参见李步云：《论法理》，社会科学文献出版社2013年版，第55页；易显河："多样性的内在价值和工具价值及相关冲突的解决：一些哲学和法律的思考"，载《法学评论》2010年第6期；陈瑞华："程序价值理论的四个模式"，载《中外法学》1996年第2期。

[2] 参见张守文：《经济法理论的重构》，人民出版社2004年版，第292—293页。

[3] 鉴于相关共识较多，甚至几近通说，笔者不对公平价值和效率价值再作阐述。相关内容可参见 Klaus Mathis, *Efficiency Instead of Justice: Searching for the Philosophical Foundations of the Economic Analysis of Law*, Springer, 2009, pp. 185-201. 当然，也有与此不同的说法，如吴汉东教授认为知识产权法的价值包括正义、效率和创新（吴汉东："知识产权法价值的中国语境解读"，载《中国法学》2013年第4期）。不过，正义与公平具有亲缘性，而创新其实在某种意义上也可被视为广义的效率。

[4] 有学者指出，"法律的性质，主要是处理价值冲突（conflicting values）"。参见熊秉元：《正义的效益：一场法学与经济学的思辨之旅》，东方出版社2016年版，第64页。

第三章　价值权衡与环境税法的功能凸显

又或者哪些地方没有回应，将来应如何回应。此为第二阶分析。

总之，所有这些考察，都希望从源头上协调诸价值之关系，有利于缓解因利益偏好等产生的规则设计纷争，使环境税法诸规则构成协调自洽、融贯一致的整体。

二、内在非工具性价值考评

内在的非工具性价值是环境税法作为税法的一种所应内含的普适价值，它相对于环境保护实效等功利性目标而言具有一定的独立性，人们仅凭该价值准则即可对环境税法作出正当性评价。公平价值就是最根本的内在非工具性价值，[1]环境税法规则设计当然也应体现该价值。公平价值是否在《环境保护税法》中得到充分体现，其实又直接影响到《环境保护税法》能否有效规制污染排放、能否具备基本的财政汲取能力和弥补环境治理成本的能力，换言之，公平价值直接关系到《环境保护税法》"规制—收入"复合功能的实现。我们稍微把目光拉远一点，对从《环境保护税法（征求意见稿）》到《环境保护税法》的一些基本规则设计作一些分析。

其实，一直以来，一些学者也曾试图从公平价值的层面来研究环境税法，但未能深入讨论。例如，有的研究在谈到"环境资源税费制度与公平问题"的问题时，分别论及"污染者之

---

[1] 很早就有经济学家和法学家们讨论税收公平价值问题。参见［英］约翰·穆勒：《功利主义》，徐大建译，上海人民出版社 2008 年版，第 59—60 页；Dietmar von der Pfordten, "Justice, Equality and Taxation", in Helmut P. Gaisbauer, Gottfried Schweiger, Clemens Sedmak eds., *Philosophical Explorations of Justice and Taxation: National and Global Issues*, Springer, 2015, pp. 47-66; A. M. Gaina, "Legal Equality and Unity in the Tax Law Between Tradition and Modernization", *Public Law: Section III: Financial and Fiscal Law*, 2015, pp. 503-510; Anthony C. Infanti, "The Moonscape of Tax Equality: Windsor and Beyond", *Northwestern University Law Review Couoquy*, Vol. 108, 2013, pp. 110-129.

间、污染者与公众之间的公平问题""不同区域环境资源税费制度的公平问题""征收标准的公平问题""污染者负担与社会负担的公平问题",不过,这些作者基本上停留在提出问题并把问题稍作解释的阶段,讨论尚未深入。[1]

因此,我们在这里特别强调公平价值,且从公平价值的角度来研究环境税法甚有必要,同时也具有重要的理论和实践意义。具体而言,要秉持公平价值理念,环境税法就应做到普遍课征、平等课征和量能课税。[2]我们据此来考察《环境保护税法(征求意见稿)》和《环境保护税法》。

就普遍课征而言,理论上,环境税法应将生产生活中排放的对环境影响较大的主要污染物都纳入征税范围之内,这既是保障环境税法的规制功能的基础,也是满足环境税法必要的收入功能的前提。众所周知,排污费制度的一个缺陷就是征收范围过窄,一些重要的污染因素和排放行为都处于法外运行状态,排污费收入十分有限,远远不能满足环境治理的资金需求,从而最终导致其环境规制效果大受限制。财政部等起草《环境保护税法(征求意见稿)》时,仍旧把征税对象局限于大气污染物、水污染物、固体废物和噪声四类,基本上是"平移"了排污费的征收范围。除这四类征税对象之外,碳排放、热污染和光污染等问题也日益严重,相应地通过环境税来规制这些污染也很有必要。其中,热污染和光污染等问题可能尚待条件成熟时立法,而规制碳排放则刻不容缓。近年来关于碳税开征的呼声很高,开征碳税既是我国经济社会发展和环境治理的内在需要,也是我国履行大国之国际义务的客观要求。各界期待,环

---

[1] 参见王彬辉:《基本环境法律价值——以环境法经济刺激制度为视角》,中国法制出版社2008年版,第195—199页。

[2] 参见张守文:《税法原理》(第5版),北京大学出版社2009年版,第34页。

第三章 价值权衡与环境税法的功能凸显

境税立法是将碳排放纳入调整对象之中的良好契机,无需另行立法。不过,在这一次《环境保护税法(征求意见稿)》中,许多翘盼多时的学者们并未发现碳税税目,在大气污染物税目下也未规定二氧化碳的当量值,国务院法制办公布的说明也未对此作出解释。从各方的反映来看,碳税问题如果不能借此机会入法,或者没有一个基本的规划或路线图,恐将留下一大遗憾。

当然,后来我们能够发现的是,《中华人民共和国环境保护税法(草案)》通过时,时任财政部部长的楼继伟对立法思路和立法方案的角度作出了某些解释,其中,有些解释似乎可以看作是对前述问题的某种回应。特别值得注意的是,他指出,我国目前构建的环境保护税体系是依照"税负平移"的原则构建的,是从原有排污费制度过渡到现在的环境保护税体系。[1] "税负平移"原则的要求,就是在推行环境保护税实施的过程中,尤其是在最初实行环境保护税的阶段,不给企业增加额外的经济负担,国家征收环境保护税更多的是出于对环境保护的要求,其主要目标并非拓宽税收征收渠道,更不是为了从总体上增加企业的税收负担。这正是我国在立法时国家层面针对环境保护税的价值考量。也正因此,我国现行通过的《环境保护税法》中的征税对象仍然是大气污染物、水污染物、固体废物和噪声四类污染物,并未将碳排放、热污染与光污染纳入征税对象中,也未在大气污染物税目设计中将二氧化碳纳入其中。[2]

---

〔1〕 参见楼继伟:"关于《中华人民共和国环境保护税法(草案)》的说明——2016年8月29日在第十二届全国人民代表大会常务委员会第二十二次会议上",载《中华人民共和国全国人民代表大会常务委员会公报》2017年第1期。

〔2〕《环境保护税法》第3条规定:"本法所称应税污染物,是指本法所附《环境保护税税目税额表》、《应税污染物和当量值表》规定的大气污染物、水污染物、固体废物和噪声。"

从立法者的维度来看，我国环境保护税立法未对二氧化碳排放进行课税，恐怕更多的是出于我国国情与经济发展的角度出发进行的考量。

事实上，笔者也注意到，在环境税法制定之前，就有一些学者曾提出，由于我国环境税开征初期很可能欠缺相关立法和执法经验，课征对象的范围应该有所限缩，不应当过宽，最为稳妥的做法就是从影响小、作用明显的领域着手。[1]现在回过头来看，这恐怕也是《环境保护税法》仅针对四类污染物进行征税的原因之一。

当然，讨论问题离不开具体的时空条件，从短期看问题和从长远看问题，所得出的结论会截然相反。所有的观点离开具体的时空条件，就难以评价其合理性，难以判断其对错。从短期来看，征收碳税或许会像有的学者所担心的那样产生阻碍我国经济发展的某些不良后果，而在现阶段，中国经济发展还在很大程度上依赖于传统生产制造业，这些产业恰恰又特别依赖传统化石能源，生产技术、生产工艺和生产管理等都相对滞后是碳排放的重要来源。同时，碳税开征不光要从国内环境问题着眼，[2]还要顾及相关的国际政治问题，[3]要考虑国家战略，[4]自应该妥善规划。

---

[1] 参见计金标、高萍：" 试论我国开征环境税的框架性问题"，载《税务研究》2008年第11期；杨志勇、何代欣："公共政策视角下的环境税"，载《税务研究》2011年第7期。

[2] 参见［美］埃里克·波斯纳、戴维·韦斯巴赫：《气候变化的正义》，李智、张键译，社会科学文献出版社2011年版，第223—235页。

[3] See Anthony Giddens, *The Politics of Climate Change*, Polity Press, 2009, pp. 162-181; Bert Bolin, *A History of the Science and Politics of Climate Change: The Role of the Intergovernmental Panel on Climate Change*, Cambridge University Press, 2007, pp. 147-162; Peter Lee, *Truth Wars: The Politics of Climate Change, Military Intervention and Financial Crisis*, Palgrave Macmillan, 2015, pp. 35-54.

[4] 参见陈红彦："碳税制度与国家战略利益"，载《法学研究》2012年第2期。

第三章 价值权衡与环境税法的功能凸显

如果从这个方面考虑，我们就可以理解——并不意味着接受——一些学者的观点：在对二氧化碳征税的问题上或许可以网开一面。当然，其实从法律技术上来说，现在立法也不是说现在就必须立即全年开征，可以规定在若干年后再征收，也可以规定逐步过渡到正常征收标准，这样的立法技术还能起到预警和行为指引的积极作用。但这个话题我们暂且搁下。

如果从短期内的情况来看，前述一些学者的观点有一定的合理性，那么，从长远来看，就未必如此了。有些观点不谈长远，只谈不征收碳税的必要性和合理性，这种观点本身就欠缺合理性。

任何一个客观冷静看待我国环境保护问题和经济社会发展趋势的人，都会同意从长远来考虑碳税问题是一门"必修课"。尽管我们认为从法技术上讲现在明确碳税问题将更主动，也可以利用"预告制"等技术创造缓冲余地，但现在法律已出台，木已成舟。可是，立法已成，并不意味着将来就没有修改完善的可能，更不意味着人们就不能对制定出来的法律进行评论。综合各方面的既有研究，从长远来看，碳税的开征仍十分必要，也是迟早的事。碳税本身也被很多学者视为兼具环境保护和财政收入两方面优势的税收。[1]因此，当相关条件具备时，自然应当立法。要么单独制定碳税法，要么在现有环境税法下新加入碳税税目，前者似乎不可能，后者事实上有很大的空间。实际上，将排污费改成环境税，要戴这么一大顶帽子——环境保护税的原因之一就是立法者希望为将来的环境保护税扩围做准

---

[1] See Daniel E. Kwak, "Civilizing Society: The Need for a Carbon Tax in Light of Recent Changes to U. S. Energy Taxation Policy", *Oregon Law Review*, Vol. 88, No. 2, 2009, p. 547.

备。[1]尽管立法者并未明确将来可能拓展的范围有多大、是否包括碳税,但至少没有断然否定这种可能性,我们的确也可以从中发现未来开征碳税的契机。在这里,有必要澄清的一点是,开不开征碳税,从长远来看,在气候变化的大背景下,当然和一个国家有没有切实履行二氧化碳减排义务存在直接关联,[2]但是,话说回来,我们不能将现阶段有没有开征碳税和国家有没有履行二氧化碳减排义务等同起来。[3]

此外,从普遍课征原则的角度来看,还有一些其他方面的问题。例如,根据《环境保护税法(征求意见稿)》第7条第1、2款的规定:每一排放口的应税大气污染物,按照污染当量数从大到小排序,对前三项污染物征收环境保护税。每一排放

---

[1] 全国人民代表大会法律委员会主任委员李飞曾解释:关于本法名称。一些常委会组成人员和地方、部门、企业提出,本法名为"环境保护税法",但仅适用于排放大气污染物等四类污染物的行为,没有涵盖其他与环境保护相关的税收内容,帽子大、内容小,建议研究修改。国务院法制办提出,草案是按照"税负平移"的原则进行环境保护费改税,在适用范围上与现行排污费的征收范围保持一致,今后可根据需要修改法律扩大适用范围。法律委员会经研究认为,使用"环境保护税法"的名称有利于今后为更好地保护生态环境,为相应的税制改革留出空间。据此,建议对本法的名称不作修改。参见李飞:"全国人民代表大会法律委员会关于《中华人民共和国环境保护税法(草案)》审议结果的报告——2016年12月19日在第十二届全国人民代表大会常务委员会第二十五次会议上",载《中华人民共和国全国人民代表大会常务委员会公报》2017年第1期。

[2] See Ruud de Mooij, Michael Keen, Ian W. H. Parry, *Fiscal Policy to Mitigate Climate Change: A Guide for Policymakers*, International Monetary Fund, 2012, pp. 27-48.

[3] 我国现阶段不征收碳税,不意味着我国不承担二氧化碳减排的义务,面对全球变暖,各国都有义务减少本国二氧化碳总体排量以应对日益严重的温室效应。但在碳排放减少问题上,存在各国之间的政治博弈,包括发达国家与发展中国家、大国与小国之间等的博弈。不能以我国不征收碳税武断认定我国不积极承担二氧化碳减排义务,相反,我国通过各种方式进行二氧化碳减排。我国现阶段不征收碳税是暂时性的,是基于我国实际国情的考量,当条件适当时,碳税开征将提上日程。参见叶姗:"环境保护税法设计中的利益衡量",载《厦门大学学报(哲学社会科学版)》2016年第3期。

第三章　价值权衡与环境税法的功能凸显

口的应税水污染物，区分重金属和其他污染物，按照污染当量数从大到小排序。其中，重金属污染物按照前五项征收环境保护税，其他污染物按照前三项征收环境保护税。这就产生了征税范围覆盖面不全的问题，[1]难以实现环境税法的普遍课征，无法对环境影响行为进行全面有效规制。正式通过的《环境保护税法》中仍保留此项规定，仍存在征税范围有重大欠缺的问题。

就平等课征而言，所有污染排放主体理应受到平等的税法待遇。所有污染排放主体都是公共环境财产权的使用者，理论上均为环境税纳税人，均应依据相同规则承担相当于公共环境财产权使用对价的相应税负。我们溯源而上，先来看《环境保护税法（征求意见稿）》，然后再看《环境保护税法》有何改进。

《环境保护税法（征求意见稿）》将环境税的纳税人明确为工业、农业、服务业等产业的"企业事业单位和其他生产经营者"，统一了计税依据，取消了排污费制度中几项不合理的优惠条款。和此前的排污费相关规则比较，《环境保护税法（征求意见稿）》无疑有助于增进平等。但仍需注意，《环境保护税法（征求意见稿）》的若干瑕疵还是比较明显的，而这些瑕疵，有的在后来的《环境保护税法》中得到了修改，有的则仍然没有变化。下文试举几例，分别加以说明。

其一，《环境保护税法（征求意见稿）》并未将个人作为纳税人，而从比较法视角观之，个人排放污染物不宜完全置之法外，相应地，我国也可考虑将城市垃圾处理费、污水处理费等相关规费制度改革乃至"费改税"问题列入议题之中，规制

---

[1] 参见何锦前："价值视域下的环境税立法"，载《法学》2016年第8期。

个体排放行为。《环境保护税法》对这方面的问题也未给出相应的回应，至于其他规费制度的配套改革，尚未见到有明显的改革迹象或政策动向。

其二，《环境保护税法（征求意见稿）》延续排污费的标准，禽畜养殖业的环境税仅对存栏规模大于50头牛、500头猪、5000羽鸡（鸭）等的禽畜养殖场征收，在平等性上难以通过严格检验。或许"农业＝天然＝环保"已成为习以为常的印象，很多人习惯于将农业定位为天然环保的产业，亦或许，由于很多人习惯于如此定位农业，立法者有所顾忌而作出了特别处理。不过，现代社会中的农业已经难以全部契合"环保"，更逐步淡化了"天然"的色彩，甚至农业方面已产生越来越多、越来越严重的污染。随着人们对禽畜产品的需求量大幅增加和禽畜养殖业的快速粗放式发展，禽畜养殖业的污染问题不可小觑。[1]产生污染的并不局限于那些大规模的禽畜养殖场，小规模的禽畜养殖场也产生污染，甚至产生更大的污染——由于其相关设施、技术跟不上或没法形成绿色生产的规模效应，一旦意识到这些问题，可能就会有不一样的政策倾向了。特别是，有些污染问题的严重性早已被一些国家的教训验证，因而也被相关国家重视。[2]而在我国，环境科学方面的研究也已经告诉人们，禽畜养殖废弃物排放量居高不下，禽畜污染负荷巨大。此外，禽畜养殖产生的污染物成分复杂，以我国目前现有的技术，治理较为困难。规模化养殖场的建设大约有90%没有

---

[1] 禽畜养殖业污染负荷巨大，"畜禽的粪便尿液、养殖产生的臭气和畜禽养殖的水污染是畜禽养殖业的三大主要污染源。"参见常文韬、袁敏、闫佩编著：《农业废弃物资源化利用技术示范与减排效应分析》，天津大学出版社2018年版，第33页。

[2] 例如，在温室气体排放上，四辆小汽车也比不上三头奶牛的排放量，See Christopher Barclay, "How UK Farmers Could Reduce Greenhouse Gas Emissions", *Briefing Papers SN/SC/4340*, 23 March 2012.

第三章　价值权衡与环境税法的功能凸显

经过环境影响评价，80%左右的规模化养殖场缺少污染治理投资……虽然我国禽畜养殖业呈现集约化趋势，但是散户饲养仍占很大比例。[1]虑及此点，人们应当会对我国禽畜养殖业在内的农业方面的污染治理问题提出更高要求，进而对相关排污行为提出更高的平等课税的要求。

尽管如此，《中华人民共和国环境保护税法（草案）》依然保留了《环境保护税法（征求意见稿）》的相关规定。《环境保护税法》第12条也同样只是将规模化养殖排除在免税范围之外。这就说明，在整个立法过程中，很多人只是注意到了规模化养殖的环境污染问题，[2]而对非规模化养殖的环境污染并不乐观的现状缺乏充分的了解。从另一个角度来说，很多人并未意识到直接套用规模化养殖这个产业标准和使用更客观科学的环境影响标准之间所存在的显著差异甚至本质差异。

当然，此处虽然较多地强调非规模化养殖带来的污染问题，但是，这只是针对当前对此问题的淡漠而多说几句，并不

---

[1]　常文韬、袁敏、闫佩编著：《农业废弃物资源化利用技术示范与减排效应分析》，天津大学出版社2018年版，第34页。

[2]　其实，对规模化养殖，也有意见认为应该不征税。当然，这是否有利益集团的博弈在其中，尚待考察。而在立法过程中，也有相关的意见。例如，"一些常委会组成人员提出，规模化养殖符合国家鼓励的发展方向，应对其排污行为免征环境保护税。财政部和环境保护部提出，按照草案的规定，只是对'排放应税污染物'的规模化养殖企业征收环境保护税；对于符合国家有关禽畜养殖污染防治要求，进行综合利用的规模化养殖企业，由于其实际上没有直接向环境排放污染物，不缴纳环境保护税。法工委曾就上述问题与中国畜牧业协会、中国奶业协会及十家国内有代表性的规模化养殖企业的代表进行了沟通和解释说明，他们在了解了法条本义后均表示，这样的规定符合目前规模化养殖污染防治的实际需要，不会增加符合环保要求的规模化养殖企业的负担，同意草案的规定。据此，法律委员会建议对草案关于规模化养殖的规定不作修改。"参见"全国人民代表大会法律委员会关于《中华人民共和国环境保护税法（草案二次审议稿）》修改意见的报告——2016年12月24日在第十二届全国人民代表大会常务委员会第二十五次会议上"，载《中华人民共和国全国人民代表大会常务委员会公报》2017年第1期。

意味着不重视、不关心农业,更不意味着对我国基本国情的忽略。我国仍是一个农业大国,仍有一半的人口依靠农业维持生计,国家有必要扶持农业的发展,改善我国农业人口的民生问题,但是,农业重要并不意味着农业就不需要生态文明了。事实上,现代社会消费者越来越重视有机农产品、绿色天然无污染的商品,恰恰证明了现代农业更要强调生态环保,现代农业更需要绿水青山。因此,国家各方面完全有必要在环境税法制度设计上正视包括禽畜养殖业在内的农业的环境污染问题,并且,也要考虑到,在相关制度的综合调整下,农业、民生与环境税不是非此即彼的三选一难题,更不是不可调和的矛盾。[1]

以上分析并非刻意求新,而是反映了目前学界和实务界实事求是的看法。也正因如此,在全国人民代表大会常务委员会审议第二次审议稿时,对《中华人民共和国环境保护税法(草案)》第12条第1款对包括农业生产、机动车、船舶和航空器等排放应税污染物免征环境保护税的规定,有的常务委员会组成人员提出,对农业生产和机动车船等流动污染源排污是否一律免税,应当再作研究。还有意见提出,第12条所列免税情形主要是因为目前不具备征收条件而给予的"暂缓征收"的特殊政策,建议对此予以明确。法律委员会经研究,建议在该条规定的"免征"前增加"暂予"二字。[2]由此,我们看到,《环境保护税法》仍然保留了前述免税规定,但对第12条第1款的

---

〔1〕 比如可以给小养殖户和家庭自给自足的养殖免税,对其他非规模化养殖户给予一定的财政补贴或所得税优惠,同时平等课征环境税。如此,在不弱化民生保障的同时,能倒逼养殖业向绿色养殖、技术化养殖方向发展。

〔2〕 参见"全国人民代表大会法律委员会关于《中华人民共和国环境保护税法(草案二次审议稿)》修改意见的报告——2016年12月24日在第十二届全国人民代表大会常务委员会第二十五次会议上",载《中华人民共和国全国人民代表大会常务委员会公报》2017年第1期。

第三章 价值权衡与环境税法的功能凸显

表述作了修改,即将"免征环境保护税"改成了"暂予免征环境保护税"。必须承认,这种修改有一定的进步,但是,这仍说明在环境税法的制度设计上对前述问题的理解还有必要更深刻、更全面,如果未来法律修订时不对此作出新的反应,环境税法恐怕难以达至预期效果。

其三,前面所提到的《环境保护税法(征求意见稿)》只对污染物前三项或五项征税的规定,也可能产生课税不公的后果,因为各类企业的污染物排放结构存在差异,有可能某一企业总体排污程度更高,但并未课以更重的税,甚至由于其排污结构特殊而致税负更轻。对照来看,《环境保护税法》第9条第1、2款仍然维持着这样的规定:"每一排放口或者没有排放口的应税大气污染物,按照污染当量数从大到小排序,对前三项污染物征收环境保护税。每一排放口的应税水污染物,按照本法所附《应税污染物和当量值表》,区分第一类水污染物和其他类水污染物,按照污染当量数从大到小排序,对第一类水污染物按照前五项征收环境保护税,对其他类水污染物按照前三项征收环境保护税。"为何没有大改进,是基于经济发展水平的顾虑,还是基于技术条件的考量,我们不得而知,相关立法背景资料也未对此有所说明。

此外,环境税法从酝酿到后来正式出台,似乎都没有人考虑过多种排污情形下的法条竞合问题。即,如果某主体排放了两大类以上的污染物,如在排放固体废物后,该固体废物产生了大气污染物,[1]是否应当在就固体废物排放征收环境税之后,

---

[1] 该问题引起的行政处罚争议已在理论实务界进行过研讨,相关案例也成了指导性案例。例如,最高人民法院审判委员会讨论通过,2019年12月26日发布的第139号指导案例——上海鑫晶山建材开发有限公司诉上海市金山区环境保护局环境行政处罚案[(2017)沪0116行初3号]。

再就大气污染物排放征收环境税，如何征收，也需要加以分析明确。

可见，就平等课征来看，《环境保护税法》中仍未对前述《环境保护税法（征求意见稿）》中相关的缺陷进行全面的重大修改，纳税人主体中范围过于狭窄，针对非规模化养殖的农业生产免征环境保护税，诸如此类的欠缺恐怕不能说是浅层次的和无关紧要的。如果认同前述分析，人们将意识到，制度设计上的上述缺陷会直接影响环境税法的制度完善性和制度有效性，会使环境税法网疏漏、规制乏力、预期财政收入流失，进而影响环境税法的复合功能建构和最终实效。

当然，有人可能会想，《环境保护税法》仍保留《环境保护税法（征求意见稿）》中有关纳税人的相关规定，或许是为了保持同《中华人民共和国环境保护法》（以下简称《环境保护法》）的衔接一致。但要注意，一则《环境保护法》和《环境保护税法》分属不同的范畴，具有不同的作用，它们所调整的法律关系不同，相应的主体未必保持一致或完全一致；二则《环境保护法》本身问题重重，《环境保护税法》作为新法，恰恰要查漏补缺、扬长避短，矫治前者的弊病，发挥自身的优势。反过来说，其实，《环境保护税法》恰恰可以成为今后修订《环境保护法》的引领和前驱，《环境保护法》完全可以从更完善的《环境保护税法》中汲取有益的经验和制度设计的积极元素。所以，《环境保护税法》未能在《环境保护税法（征求意见稿）》的基础上大步前进，未能对前述问题作出重大改进，在一定程度上有损税收公平原则，令人颇为遗憾。

第三章 价值权衡与环境税法的功能凸显

就量能课税而言，[1]税法至少要在最基本的生存权保障意义上考虑纳税人的经济能力，[2]环境税法是以税法的形式呈现出来的环境规制工具，但仍然属于税法的范畴，故就量能课税而言，环境税法应当也不例外。当然，回溯以往的学术研究，人们会发现，学界对环境税法应否量能课税还存在一定的分歧。一些学者认为，环境税法应只关心税收与公共环境产权是否等价，专心于对环境影响行为的规制即可，不应考虑或照顾纳税人的经济能力。有的学者主张，量能课税是税法的结构性原则，并不普遍适用于全部税法领域，而只适用于所得税、增值税等以收入为目的的税种，环境税若假定不以收入为目的，而旨在保护生态环境，那么，环境税法所应遵循的原则就不是量能课税原则，而只能是污染者付费原则或者使用者付费原则。[3]但是，也有另外一些学者主张，量能课税属于税收正义或税捐正义的范畴，正义理念要求国家对人民的课税应当考虑被课税者的经济负担能力，税收规则要符合量能课税原则。而德国学者进一步指出，正义原则或量能课税原则都导源于一般的平等原则。[4]正因如此，量能课税被视为所有税法共有的价值标尺，

---

[1] 量能课税与平等课征具有密切联系。See Brian Galle, "Tax Fairness", *Washington and Lee Law Review*, Vol. 65, No. 4, 2008, pp. 1323-1380; John Coverdale, "The Flat Tax Is Not a Fair Tax", *Seton Hall Legislative Journal*, Vol. 20, No. 2, 1996, pp. 285-292; Joseph M. Dodge, "The Fair Tax: The Personal Realization Income Tax", *Florida Tax Review*, Vol. 19, No. 9, 2016, pp. 522-587.

[2] See Allan J. Samansky, "Tax Policy and the Obligation to Support Children", *Ohio State Law Journal*, Vol. 57, No. 2, 1996, pp. 329-380; Joseph M. Dodge, "The Fair Tax: The Personal Realization Income Tax", *Florida Tax Review*, Vol. 19, No. 9, 2016, pp. 522-587.

[3] 参见熊伟：" 环境财政、法制创新与生态文明建设"，载《法学论坛》2014年第4期。

[4] Lang, in: Tipke/Lang, Steuerrecht, 17. Aufl., § 4 Rz. 70. 转引自黄茂荣：《法学方法与现代税法》，北京大学出版社2011年版，第66页。

环境税法亦不例外。[1]

对上述争议，需要辩证地看。一方面，包括环境税在内的任何税收，都是国家财政权与私人财产权之间的分割配置，或者，按照宪法学理论，税收是国民财产权所负的社会义务之一，[2]税收是国家基于宪法所作出的对财产权的限缩或限制，那么，将纳税人的经济能力纳入税收立法考量因素之中，是保护财产权、防止公权力过度攫取所必需的。否则，国家财政权与私人财产权之间的分割边界和配置比例就会日益不利于后者，财产权的限缩或限制将可能蜕变为极小的形态甚至丧失殆尽，这显然不符合正义的理念，也并非法治之义，从理论上站不住脚，从实践上也不契合良法善治之需。另一方面，所有税收法律制度的建构都要遵循量能课税原则，并不意味着该原则完全不考虑各税收法律制度之间的差别，毕竟，在当今各国采用复合税制的背景下，税种法名目繁多且性状各异，此乃客观情况。就环境税而言，其的确不像所得税那样在课税对象与纳税人经济能力之间存在显著且密切的关联性，经济能力强的主体可能排放的污染少，经济能力弱的主体也可能排放的污染多，从有效规制环境影响行为的角度来说，环境税法的相关规则设计应更多考虑与公共环境产权直接相关的"对价性"。当然，环境税法的目的是否就完全不用考虑财政收入的问题，只需要一门心思盯着环境规制？恐怕不宜下绝对的结论，如前所述，完全否定环境税法的收入功能既不符合基本的税收逻辑和税法理念，也不切

---

[1] Monika Jachmann, Leistungsfähigkeitsprinzip und Umverteilung, StuW 1998, S. 298ff. 转引自黄俊杰：《税捐正义》，北京大学出版社2004年版，第4页。

[2] 参见张翔："财产权的社会义务"，载《中国社会科学》2012年第9期；张翔："个人所得税作为财产权限制——基于基本权利教义学的初步考察"，载《浙江社会科学》2013年第9期。

合经济社会发展和环境保护的现实需要。[1]环境税法制度设计上更合理的功能定位是"规制—收入"复合功能,因此,环境税法仍然是要考虑收入功能的,换言之,环境税应当汲取一定的财政收入以有效发挥该税的多元积极效应或多重制度红利。而该税的收入功能就与纳税人的经济能力有直接联系,从这个角度而言,似乎也不能否定量能课税原则在环境税法上的适用性。

因此,笔者认为,环境税法还是要适度考虑纳税人的经济能力。当然,环境税法有其特殊性,故量能课税原则在环境税法上的适用或许稍有不同,或者说,环境税法在考虑纳税人经济能力时必须注意要适度。这既是理论上的要求,也是现实条件的约束,还是以往排污费制度相关教训的启示。

回过头来看,《排污费征收使用管理条例》(已失效)制定时,对经济发展和企业经济能力的顾虑过多,以致严重影响了规则设计。例如,该条例第 15 条第 1 款规定,排污者因不可抗力遭受重大经济损失时可获得减免排污费待遇。又如,该条例第 16 条第 1 款规定,排污者因特殊困难可获得延期缴费待遇。这些规定混淆了环境规制制度和其他侧重考虑经济能力的税费制度的差别,蚕食了排污费制度本应具有的严格性,严重减损了该制度的环保力度,自然遭受了批评,诚可谓殷鉴不远。有鉴于此,环境税法应朝着正确的方向改进,换言之,环境税法应大大压缩此类优惠政策的范围。

就此而言,《环境保护税法(征求意见稿)》似乎顺应了人们的诉求,没有再规定此类优惠政策,但出人意料的是,《环境保护税法(征求意见稿)》第 13 条规定:"国务院根据社会

---

[1] 参见何锦前:"论环境税法的功能定位——基于对'零税收论'的反思",载《现代法学》2016 年第 4 期。

公共利益的特殊需要或者应对重大突发事件，可以制定环境保护税专项优惠政策"，这难免又会有"关前门、开后门"之嫌。对此，学界已经提出过相关建议，比如，应减少此类优惠、将减免待遇部分改为延期纳税等，并在法律中明确规定，取消对国务院的授权规定。[1]所幸的是，2016年通过的《环境保护税法》删掉了《环境保护税法（征求意见稿）》中的前述第13条，但遗憾的是，《环境保护税法》第12条第1款第5项中又规定了"国务院批准免税的其他情形"，第2款还规定："前款第五项免税规定，由国务院报全国人民代表大会常务委员会备案。"虽然《环境保护税法》第12条致力于限制行政机关的免税规则制定权，但"备案"的约束力强不强、刚性够不够，仍然有待观察，更严重的是，留给国务院制定免税规则的空间仍然过大。和以往相比，这种立法改进是否真的能矫正以往那种用负税能力逻辑冲击环境保护逻辑的弊端，我们很难下结论。

总结起来，从《环境保护税法（征求意见稿）》一路走来，磕磕绊绊，到《环境保护税法》的确已有若干改进。但是，仍然要看到，《环境保护税法》相关法条的设计仍然在不同程度上与公平价值取向不相契合，有的条文笔者已给出修改建议，有的尚需结合后面的分析在价值协调部分进一步提出具体建议。

三、外在工具性价值考评

税收的历史非常悠久，而现代税收不同于传统税收的地方不仅包括税收必须以法律的形式课征（即税收法定），而且包括

---

[1] 参见何锦前："价值视域下的环境税立法"，载《法学》2016年第8期。

第三章 价值权衡与环境税法的功能凸显

税收的功能日益多元，税收越来越多地被当作国家实现经济社会调控和规制的工具。在此背景下，作为规制目的性较强的制度，税法还须符合人们实现某种目标的要求，[1]这就体现为其外在的工具性价值。环境税法正是为了规制环境影响行为而出现的新的制度，因此，环境税法也不例外。甚至，环境税法比传统税法上的所得税法、增值税法、营业税法等要体现出更强的目的性，其外在工具性价值更为凸显。

环境税法的外在工具性价值主要体现为效率价值，一般包括环保效益、行政效率和经济效率三个方面，[2]行政效率和经济效率是所有税法共有的工具性价值，[3]环保效益则是环境税法特有的工具性价值。而环保效益、行政效率和经济效率这三者是否在《环境保护税法》中得到充分体现，其实也直接影响到《环境保护税法》能否有效规制污染排放的能力，也在一定程度上影响到《环境保护税法》的财政汲取能力，换言之，环保效益、行政效率和经济效率这三者直接关系到《环境保护税法》"规制—收入"复合功能的实现。因此，环保效益、行政效率和

---

[1] 关于税法目的性问题的相关讨论已有不少。See Walter J. Blum, "Motive, Intent, and Purpose in Federal Income Taxation", *The University of Chicago Law Review*, Vol. 34, No. 3, 1967, pp. 485–544; Justin Dabner, "In Search of a Purpose to Our Tax Laws: Can We Trust the Judiciary", *Journal of Australian Taxation*, Vol. 6, No. 1, 2003, pp. 32–77; N Lee, "A Purposive Approach to the Interpretation of Tax Statutes?", *Statute Law Review*, Vol. 20, No. 2, 1999, pp. 124–143; David W. Williams, "Taxing Statutes Are Taxing Statutes: The Interpretation of Revenue Legislation", *The Modern Law Review*, Vol. 41, No. 4, 1978, pp. 404–422; Tobias Lonnquist, "The Trend Towards Purposive Statutory Interpretation : Human Rights at Stake", *Revenue Law Journal*, Vol. 13, No. 1, 2003, pp. 18–27.

[2] 当然，如前所述，它们又可以具体化为法律原则，并进而具体化为各项规则。

[3] 传统上，行政效率和经济效率就是重要的税法价值。See Reuven S. Avi-Yonah, "The Three Goals of Taxation", *Tax Law Review*, Vol. 60, No. 1, 2006, p. 1.

经济效率是人们观察环境税法的三个重要维度或视角,据此,我们对《环境保护税法(征求意见稿)》和《环境保护税法》依次进行价值评估。

就环保效益而言,它是效率价值中居于首位的价值。从环境税法的初衷来看,它本就是应环境保护而出现的,因此,环境税法无疑应将环保效益作为最核心的价值导向。[1]从系统论的角度看,一定的功能需要一定的结构来实现,一定的价值追求需要一定的制度要素来实现。在环境税法中,税率是实现环保效益的关键制度要素,合理的环境税税率不能低于公共环境财产权的单位价格,低于该价格则导致环境资源的低效配置甚至滥用,从而缺乏效率。不过,由于不存在一个公共环境财产权的真实市场,税率就要间接地通过环境治理成本或减排成本来确定。

一般而言,环境税的最优税率应等于或高于污染排放的边际减排成本。[2]在很多国家,资源禀赋等方面的要素存在较为普遍的分布不均衡问题,相应地,边际减排成本因地区、产业、技术升级、季节变化等多方面的因素而不同,不可一概而论。[3]在一些大国,这样的空间差异性是非常显著的,也是制度设计时必须加以着重考量的。[4]

---

[1] 不同的税种可能对效率价值的侧重有所差异,有的税种可能更侧重于经济效率,有的税种可能更侧重于行政效率,而环境税则更侧重于环保效益,当然,根据具体时空条件的不同,同一个税种的侧重点也有可能发生调整变化。

[2] See Zhongxiang Zhang, Andrea Baranzini, "What Do We Know About Carbon Taxes? An Inquiry into Their Impacts on Competitiveness and Distribution of Income", *Energy Policy*, Vol. 32, No. 4, 2004, pp. 507-518.

[3] 当然,边际减排成本的确定本身就存在一些难以克服的局限,如信息完备性、条件确定性等,此处我们暂且不考虑这方面的问题。关于这方面的一些讨论可参见 [瑞] 马克·切斯尼等:《环境金融与投资》(第2版),莫建雷、范英译,东北财经大学出版社2016年版,第57—68页。

[4] 也因此,学界逐渐兴起了对法律与空间(地理)关系的研究,甚至产生了法律地理学或法律空间学。

第三章 价值权衡与环境税法的功能凸显

我国幅员辽阔,相应地,地区自然条件差异、产业差异、经济社会发展水平等方面的差异都更为明显,就此而言,环境税税率应实行以全国基准税率为核心的差别税率而非"一刀切"式的统一税率。统一税率的立法成本可能比差别税率要低,但其效益则显然更差,两相比较,差别税率的综合成本效益优势更明显。

一直以来,学界都强调这种空间差异和发展不均衡对法治建设的影响。[1]近年来,我国社会主要矛盾已经转化为人民日益增长的美好生活需要和不平衡不充分的发展之间的矛盾,这对法治建设如何协调平衡各种差异提出了更高要求。环境税立法过程中,人们自然也关注到了这一基本国情对环境税立法的前提性约束,问题只在于立法过程对此有没有作出恰当的反映,立法结果有没有较为妥帖的体现。

回顾环境税法的立法过程,地区差异问题始终置于立法考量范围之内。2015年,人们能看到,当时的《环境保护税法(征求意见稿)》第4条第2款规定:"省、自治区、直辖市人民政府可以统筹考虑本地区环境承载能力、污染排放现状和经济社会生态发展目标要求,在《环境保护税税目税额表》规定的税额标准上适当上浮应税污染物的适用税额,并报国务院备案。"这显然体现出对地区差异的关注和回应,从而为差别税率的制定预留了制度空间,是值得肯定之处。

不过,必须指出,《环境保护税法(征求意见稿)》基本上沿用了现行排污费的征收标准。换言之,前文所说地区差异问题始终置于立法考量范围之内,固然不错,但似乎并没有体现出从更高要求和更长远目标上对地区差异问题的重新思考。众

---

〔1〕 参见苏力:《法治及其本土资源》,北京大学出版社2015年版,第129—135页。

所周知，一直以来饱受诟病的是，排污收费标准远远低于污染治理成本，中国环境科学研究院曾测算，即便将收费标准提高10倍左右，"与每年的污染损失相比，新收费标准下的收费额只能补偿环境污染损失的25%"。[1]过低的费率水平在宏观上导致无法弥补环境损失、改善环境质量;[2]在微观上，不但达不到刺激排污者减少污染排放的目的，还导致不少企业宁愿交钱买"排污权"的现象。以上海为例，一吨处理后的废水排污费是0.09元，若企业超标排放废水时每吨需缴纳0.18元排污费，但与购置一套废水处理系统所需的费用相比，企业所缴纳的超标排污费要少得多。[3]这被批评为"守法成本高，违法成本低"。[4]要知道，无论是大量理论分析，还是许多国家已经暴露出来的诸多教训，均表明一点："如果税率过低，污染者就会选择不削减排放量，环保目标就无法实现。"[5]之所以数年来各界

---

[1] 参见杨金田、葛察忠主编：《环境税的新发展：中国与OECD比较》，中国环境科学出版社2000年版，第64—65页。2003年《排污费征收使用管理条例》(已失效)、《排污费征收标准管理办法》(已失效)和2014年《国家发展和改革委员会、财政部、环境保护部关于调整排污费征收标准等有关问题的通知》(已失效)等先后对排污费征收标准进行上调，尽管如此，考虑到治污成本的提高和通货膨胀等因素，排污费率仍然过低是不争的事实。

[2] 比如，曾有实证研究发现，当环境税赋占GDP比重为7.3%时，才能基本实现居民在消费产品和环境资源之间的协调，即实现环境污染的基本控制……当环境税赋占比为18.65%时，才能真正改善环境质量。参见武康平、童健："环境税收政策抉择机制优化研究——从激发企业内生性环境治理动机视角出发"，载《经济学报》2015年第3期。而根据环保部《全国环境统计公报》的数据，2013年排污费解缴入库户金额204.81亿元，仅占GDP比重的0.035%。可见，环境税法继续维持低标准，未来环境规制效果堪忧。

[3] 汪劲主编：《环保法治三十年：我们成功了吗——中国环保法治蓝皮书(1979—2010)》，北京大学出版社2011年版，第159页。

[4] 参见李传轩：《中国环境税法律制度之构建研究》，法律出版社2011年版，第153页。

[5] Daniel H. Cole, *Pollution and Property: Comparing Ownership Institutions for Environmental Protection*, Cambridge University Press, 2002, p. 70.

第三章 价值权衡与环境税法的功能凸显

力推排污费改税,其重要目的之一即在于提高征收标准、强化规制力度。因此,《环境保护税法(征求意见稿)》在此问题上几乎原地踏步,难解众人之惑。进而,在其第4条所规定的"法律保底、地方上浮"的差别税率机制中,"保底"之"底"过低,"上浮"有赖于地方人民政府的判断,恐怕会出现地方人民政府"探底竞争"(race to the bottom)的后果。

关于"探底竞争",已经有不少相关研究给了我们不同程度的启示。沿着经济研究的脉络回溯上去,我们可以发现,地区之间的经济竞争会产生积极抑或消极的后果,是充满争议的话题。由于地区居民偏好的差异和"用脚投票"机制的存在,地区之间总是会产生旨在实现利益最大化的各种竞争。[1]有的研究认为,地区经济竞争会妨碍地区居民选择最有利于自己的规制政策,也正因如此,在美国法学界,有不少研究主张联邦应当拥有环境监管职权,以应对"探底竞争"和州际外部性问题。[2]但有的学者并不认同这一点,反而认为竞争有助于各地的选择更契合其需求。[3]

还有很多的研究更集中地关注到了财政竞争和税收竞争

---

[1] See Richard A. Musgrave, "The Voluntary Exchange Theory of Public Economy", *The Quarterly Journal of Economics*, Vol. 53, No. 2, 1939, pp. 213 – 217; Paul A. Samuelson, "The Pure Theory of Public Expenditure", *The Review of Economics and Statistics*, Vol. 36, No. 4, 1954, pp. 388–389; Charles M. Tiebout, "A Pure Theory of Local Expenditures", *Journal of Political Economy*, Vol. 64, No. 5, 1956, pp. 416–424.

[2] See Richard B. Stewart, "Pyramids of Sacrifice? Problems of Federalism in Mandating State Implementation of National Environmental Policy", *The Yale Law Journal*, Vol. 86, No. 6, 1977, pp. 1196–1272.

[3] See George Stigler, "The Tenable Range of Functions of Local Government", in Joint Economic Committee, U. S. Congress, *Federal Expenditure Policy for Economic Growth and Stability*, U. S. Government Printing Office, 1957, pp. 213–219.

（tax competition）。[1]有的研究认为，地区之间的财政竞争会对地方税权产生约束作用，[2]这种竞争效应往往被视为具有积极的福利效应，也就是会增加地区居民的福利。但也有研究指出，地区之间为了争夺商业投资等资源而开展税收竞争，往往会导致地方税税率低于理想水平，从而使地方财政无法满足正常需求。[3]早期的辖区竞争理论（interjurisdictional competition theory）也发现，地区之间往往在环境质量标准设置上开展恶性竞争，每个地方都想吸引更多的投资，创造更多的就业，互相之间就会比拼谁能更加降低企业的成本，环境质量标准就会一而再再而三地下调，在这种情况下，国家有必要设定一个统一的最低标准，为地区恶性竞争划定一条底线。[4]

---

[1] See George R. Zodrow, Peter Mieszkowski, "The Incidence of the Property Tax: The Benefit View Versus the New View", in George R. Zodrow ed., *Local Provision of Public Services: The Tiebout Model After Twenty-Five Years*, Academic Press, 1983, pp. 109-129; George R. Zodrow, Peter Mieszkowski, "Pigou, Tiebout, Property Taxation, and the Underprovision of Local Public Goods", *Journal of Urban Economics*, Vol. 19, No. 3, 1986, pp. 356-370; John D. Wilson, "Optimal Property Taxation in the Presence of Interregional Capital Mobility", *Journal of Urban Economics*, Vol. 18, No. 1, 1985, pp. 73-89; John D. Wilson, "A Theory of Interregional Tax Competition", *Journal of Urban Economics*, Vol. 19, No. 3, 1986, pp. 296-315; Jack Mintz, Henry Tulkens, "Commodity Tax Competition Between Member States of a Federation: Equilibrium and Efficiency", *Journal of Public Economics*, Vol. 29, No. 3, 1986, pp. 133-172.

[2] See Geoffrey Brennan, James M. Buchanan, *The Power to Tax: Analytical Foundations of a Fiscal Constitution*, Cambridge University Press, 1980, p. 184.

[3] See George F. Break, *Intergovernmental Fiscal Relations in the United States*, The Brookings Institution, 1967, pp. 23-24; Wallace E. Oates, *Fiscal Federalism*, Harcourt Brace Jovanovich, 1972, pp. 142-143.

[4] See John H. Cumberland, "Interregional Pollution Spillovers and Consistency of Environmental Policy", in Horst Siebert ed., *Regional Environmental Policy: The Economic Issues*, New York University Press, 1979, pp. 255-283; John H. Cumberland, "Efficiency and Equity in Interregional Environmental Management", *Review of Regional Studies*, Vol. 10, No. 2, 1981, pp. 1-9.

第三章　价值权衡与环境税法的功能凸显

鉴于很多研究不是系统的规范研究，有些学者建立了相应的模型进行分析。该模型假定有大量的地方管辖区，这些辖区都足够大，很多人的生活和工作都位于同一地区，一个地区产生的污染不会扩散到另一个地区。在这些地区，地方政府可以对资本征税，也可以制定有关环境规制制度。研究表明，在该模型中，地区竞争是有助于提升经济效率的。如果地区之间的劳动力等因素具有同质性特征，地方政府可以选择不对资本征税，同时对环境质量实施标准控制，由此，边际支付意愿（WTP）等于边际减排成本。不过，如果地区之间的劳动力等因素具有异质性特征，地方政府会对资本征税，从而在财政政策和环保政策上都会出现扭曲现象。概括起来，在地区决策方面，这里存在三种潜在的扭曲因素：首先，如果该地不能建立有效率的税收制度，那么，财政政策和环境政策都会产生扭曲，两者共同作用下，很可能会导致更严重的污染；其次，如果公共政策背离了选民的意愿（deviate from the will of the electorate），经济效率是不可能提升的，比如，财政收入最大化可能导致对资本过度征税，还可能导致环境规制的放松；最后，异质性共同体（heterogeneous community）的利益冲突也可能产生扭曲效应，从而可能产生两种不同的政策偏向，其中一种会导致环境规制的放松。[1]

但是，前述研究的假设可能存在与实际情况不太符合的问题。比如，很多污染类型都是跨域的，很难想象把污染限定在一个地区范围内来作为制度构建的一般事实基础；劳动力和资本一样可以流动，尽管前者流动性可能弱一些；相关决策也不能仅仅考虑当代人的利益，还得考虑后代人的利益。如果考虑

---

[1] See Wallace E. Oates, Robert M. Schwab, "Economic Competition Among Jurisdictions: Efficiency Enhancing or Distortion Inducing?", *Journal of Public Economics*, Vol. 35, No. 3, 1988, pp. 333-354.

到这些因素，结论很可能会更倾向于地区竞争的扭曲效应，尤其是地区竞争所可能产生的环境规制弱化效应，这是颇为令人担忧的一点。[1]

随着研究的深入，"探底竞争"理论受到了来自各方面的挑战。有的研究指出，"探底竞争"和环境的跨域外部性（externalities）的关系并非像传统理论所说的那样具有一致性。比如，只要环境的跨域外部性被消除，那么，某个地区的环境质量标准定得低一些也没关系，影响不大。在这种情况下，别的地区不受这个地区污染的外部性影响，也当然就不会去开展这方面的环境规制竞争。如果两个地区存在上风和下风的方位关系，上风地区设定的环境质量标准比较高，从而促使企业将厂址迁移到靠近下风地区的两地交界处，那么，下风地区无论将环境质量标准设定得高还是低，都不影响上风地区的决策，这种情况下，"探底竞争"也可能不会发生。照此来看，从联邦层面来进行环境规制虽有必要，但原因可能就在别处，而或许不是"探底竞争"和环境的跨域外部性了。[2]此外，"探底竞争"也不是不可解决的"魔咒"，也不是非得采用联邦统一环境质量标

---

[1] See David E. Wildasin, "Interjurisdictional Capital Mobility: Fiscal Externality and a Corrective Subsidy", *Journal of Urban Economics*, Vol. 25, No. 2, 1989, pp. 193-212; J. D. Wilson, "Capital Mobility and Environmental Standards: Is There a Theoretical Basis for a Race to the Bottom?", in J. Bhagwati, R. Hudec eds., *Fair Trade and Harmonization: Prerequisites for Free Trade?*, MIT Press, 1996, pp. 393-427; Wallace E. Oates, P. R. Portney, "The Political Economy of Environmental Policy", in Karl-Göran Mäler, Jeffrey R. Vincent eds., *Handbook of Environmental Economics*, v. 1, *Environmental Degradation and Institutional Responses*, Elsevier Science B. V., 2003, pp. 325-350.

[2] See Richard L. Revesz, "Federalism and Interstate Environmental Externalities", *University of Pennsylvania Law Review*, Vol. 144, No. 6, 1996, pp. 2341-2416; Richard L. Revesz, "Rehabilitating Interstate-Competition: Rethinking the 'Race-to-the-Bottom' Rationale for Federal Environmental Regulation", *New York University Law Review*, Vol. 67, No. 6, 1992, pp. 1210-1254.

第三章 价值权衡与环境税法的功能凸显

准这种自上而下的方案才可以解决。比如，学者们设想了一种可以考虑的市场化机制是以环境退化为单位（in units of environmental degradation）的许可证交易，它类似于但又不同于传统的排污权交易，排污权交易是以排放为单位的市场化方案。在以环境退化为单位的许可证交易制度下，上风地区和下风地区都将购买许可证，许可排放量取决于污染源位置、烟囱高度、盛行风（prevailing winds）强度等变量，各地的许可证可以交易，由此来降低下风地区的污染水平。[1]

此外，也有一些研究指出，企业的考虑因素比较多，并非只考虑什么地方的税收负担低、环境管制标准宽松，也可能要考虑什么地方的环境洁净、生态更优美，对于某些特定行业的企业而言更是如此。由此，这些因素会制约"探底竞争"的冲动。从政府的角度来看，如果有很多种可能的方案供其选择，那么它并不一定要选择以牺牲环境为代价的方案，此时"探底竞争"就不会发生。而只有当降低税负、放松环境规制是最后一个砝码时，"探底竞争"方才有可能发生。从诸如此类的多方面因素看，地方之间的"探底竞争"是否发生以及是否因此而驱使各地竞相放松环境规制，往往并不能给出一个绝对的答案。[2]

---

[1] See Richard L. Revesz, "Federalism and Interstate Environmental Externalities", *University of Pennsylvania Law Review*, Vol. 144, No. 6, 1996, pp. 2345-2346.

[2] See Dinan Terry, Maureen Cropper, Paul Portney, "Environmental Federalism: Welfare Losses from Uniform National Drinking Water Standards", in A. Panagariya, P. Portney, R. M. Schwab eds., *Environmental and Public Economics: Essays in Honor of Wallace E. Oates*, Edward Elgar, 1999; Scott Anthony D., "Assigning Powers over the Canadian Environment", in Gianluigi Galeotti, Pierre Salmon, Ronald Wintrobe eds., *Competition and Structure: Essays in Honor of Albert Breton*, Cambridge University Press, 2000; John A. List, Shelby Gerking, "Regulatory Federalism and Environmental Protection in the United States", *Journal of Regional Science*, Vol. 40, No. 3, 2000, pp. 453-471; Deepak Lal, "Social Standards and Social Dumping", in Herbert Giersch ed., *Merits and Limits of Markets*, Springer, 1998, pp. 255-274.

有的实证研究甚至指出，美国各州的环境保护实践中不仅没有"探底竞争"，而且，由于联邦制下各州高度自治所产生的分权化的环境决策（decentralized environmental policymaking），往往会进一步引发"探顶竞争"（race to the top）的现象。而在氮氧化物或二氧化硫排放的环境规制方面，人们并未发现分权化环境决策对其产生了具有统计意义的显著影响。换言之，在这方面很难说有什么"探底竞争"和"探顶竞争"的效应。[1]

不过，美国环境保护的实践似乎呈现出一种印证"探底竞争"效应的特征来。正如早期的研究所指出的："由于国家太大、地理特征多元化，也由于环境控制与地方土地利用决策密切相关，还由于联邦政府官员的执法和政策实施资源有限，联邦政府依赖于州和地方政府来实施环境政策。但是，以往恰恰是州和地方政府在控制环境恶化方面一贯表现不好，才导致不得不制定联邦法律，同时，它们在此后实施联邦环境政策的过程中也普遍存在诸多行为不当的情形，因此，联邦政府对州和地方政府的依赖性已经严重危及其环境政策实施计划的成功。"[2]在此背景下，日益严重的环境状况促使国会制定了《1977年清洁空气法修正案》（*1977 Clean Air Amendments*），该修正案决定在1977年以前达成全国统一适用的国家空气质量标准。然而，很多地区（包括那些最严重的空气污染的城市中心）都未能在修正案规定的期限以前达到相应的环境标准。在247个空气质量控制地区，有146个地区的颗粒物（particulates）排放未达标，131个地区的光化学氧化剂（photochemical oxidant）排放未

---

[1] See Daniel L. Millimet, "Assessing the Empirical Impact of Environmental Federalism", *Journal of Regional Science*, Vol. 43, No. 4, 2003, pp. 711-733.

[2] Richard B. Stewart, "Pyramids of Sacrifice?: Problems of Federalism in Mandating State Implementation of National Environmental Policy", *The Yale Law Journal*, Vol. 86, No. 6, 1977, p. 1196.

第三章 价值权衡与环境税法的功能凸显

达标，68个地区的一氧化碳（carbon monoxide）排放未达标，41个地区的二氧化硫（sulphur dioxide）排放未达标。与此对应的规制办法是联邦对州的约束性措施。根据《清洁空气法》，各州有责任采取"州执行计划"（state implementation plans），以控制污染源，达到联邦环境标准。如果国家环保局认定"州执行计划"无法达到联邦环境标准，则其应当否决这一计划；如果相应的州拒绝修改该计划以确保达到联邦环境标准，则国家环保局应当为这一地区颁布一项足以达到联邦环境标准的"州执行计划"。州政府官员若未能执行有关计划，如"交通管制计划"（transportation control plans），则构成对"州执行计划"的违反，联邦有权要求该州执行国家环保局的命令，并对该州处以民事罚款或刑事罚金。[1]此外，《清洁空气法》还规定，在该法所规定的相关事项范围内，联邦环境保护部门可以向州空气污染控制机构拨款，以州执行空气污染防治计划或执行国家一级和二级环境空气质量标准的费用为基数，联邦拨款数额最高可达前述费用的五分之三。[2]《清洁空气法》还规定了一项很有意思的制度——联邦代为执行期（period of federally assumed enforcement）。[3]即，"当联邦环保局长发现由于州未能有效地实施《清洁空气法》实施计划而导致该州普遍存在违反《清洁空气法》的现象时，他必须通知该州政府。如果在发出通知30天以后该州仍然普遍存在违法现象，他必须公告这一情况并取代州政府执行该州的《清洁空气法》实施计划，直到该州政府使他满意地相信州政府将有效地实施该计划时为止。这种制度是一

---

[1] See Richard B. Stewart, "Pyramids of Sacrifice?: Problems of Federalism in Mandating State Implementation of National Environmental Policy", *The Yale Law Journal*, Vol. 86, No. 6, 1977, pp. 1197-1205.

[2] 42 U.S. Code § 7405 (a) (3).

[3] 42 U.S. Code § 7413 (a) (2).

种典型的防止州政府出于保护地方经济等原因而宽容污染者的制度,是一种防止最坏情况发生的制度安排。尽管美国联邦环保局从来没有动用过这个手段,但法律有必要作出这样的安排。"[1]

就中国的情况来看,似乎跟美国的联邦体制风马牛不相及。不过,在竞争联邦主义(competitive federalism)和财政联邦主义(fiscal federalism)等理论发展过程中,[2]出现了一些新的理论流派,这些新理论的涌现在时间脉络上[3]又与中国改革开放过程中的分权化改革出现了某种契合。在经济学和政治学界比较流行的观点是,中国在分税制改革之后逐渐形成了一种所谓的"市场维护型联邦主义"(market preserving federalism),[4]这是一

---

[1] 王曦:"当前我国环境法制建设亟需解决的三大问题",载《法学评论》2008年第4期。

[2] See F. A. Hayek, "The Economic Conditions of Interstate Federalism", in F. A. Hayek, *Individualism and Economic Order*, The University of Chicago Press, 1948, pp. 255–258; Charles M. Tiebout, "A Pure Theory of Local Expenditures", *Journal of Political Economy*, Vol. 64, No. 5, 1956, pp. 416–424; B. R. Weingast, "The Economic Role of Political Institutions: Market-Preserving Federalism and Economic Development", *Journal of Law, Economics & Organization*, Vol. 11, No. 1, 1995, p. 5; J. M. Buchanan, M. R. Flowers, Marilyn R., *The Public Finances: An Introductory Textbook*, Homewood, Ill.: Irwin, 1987; James M. Buchanan, "Constitutional Constraints on Governmental Taxing Power", in James M. Buchanan ed., *Debt and Taxes*, Liberty Fund, 2000, p. 264; James M. Buchanan, "Federalism and Individual Sovereignty", in James M. Buchanan ed., *Federalism, Liberty, and the Law*, Liberty Fund, 2001, pp. 79–89; James M. Buchanan, "Federalism as an Ideal Political Order and an Objective for Constitutional Reform", in James M. Buchanan ed., *Federalism, Liberty, and the Law*, Liberty Fund, 2001, pp. 67–78.

[3] 比如竞争联邦主义出现了"蒂布特—哈耶克—温格斯特—布坎南进路"(Tiebout–Hayek–Weingast–Buchanan approaches to competitive federalism)。See Viktor J. Vanberg, "Competitive Federalism, Government's Dual Role and the Power to Tax", *Journal of Institutional Economics*, Vol. 12, No. 4, 2016, pp. 825–845.

[4] See Yingyi Qian, Barry R. Weingast, "Federalism as a Commitment to Preserving Market Incentives", *Journal of Economic Perspectives*, Vol. 11, No. 4, 1997, pp. 83–92; Yingyi Qian, Barry R. Weingast, "China's Transition to Markets: Market-Preserving Federalism, Chinese Style", *The Journal of Policy Reform*, Vol. 1, No. 2, 1996, pp. 149–185.

第三章 价值权衡与环境税法的功能凸显

种新的财政联邦主义,或新的竞争联邦主义。与此相关,很多研究关注到了中国的地方分权所带来的地区竞争问题。与此相关的争论与分歧从一开始就惹人注目。

一些研究把中国的分权化改革以及由此引发的地方竞争视为中国模式的重要组成部分,但这种模式是否真的起到了保护市场的理想效果仍然有待验证,[1]甚至有的学者直言不讳地称:"市场维护型联邦主义"对中国的发展模式没有解释力。[2]有的研究认为,地方分权是中国改革开放的成功经验之一,[3]与此相反,有的研究指出,中央集权恰恰起到了很重要的积极作用。[4]

有的研究认为,中国的分权化改革引发了地方人民政府和地方官员之间的绩效锦标赛,促进了整体经济发展。[5]但也有研究指出,绩效锦标赛之类的理论或许过分夸大了地方人民政府与企业之间的相同点,而忽视了两者之间的巨大差异。例如,对地方人民政府官员进行激励还有一些其他与相对绩效评估无关的难题。一方面,与企业的经理相比,地方人民政府官

---

[1] See Jonathan Rodden, Susan Rose-Ackerman, "Does Federalism Preserve Markets?", *Virginia Law Review*, Vol. 83, No. 7, 1997, pp. 1521-1572.

[2] See Kellee S. Tsai, "Off Balance: The Unintended Consequences of Fiscal Federalism in China", *Journal of Chinese Political Science*, Vol. 9, No. 2, 2004, pp. 1-26. 这方面的中文文献可参见杨其静、聂辉华:"保护市场的联邦主义及其批判",载《经济研究》2008年第3期。

[3] See Yingyi Qian, Chenggang Xu, "Why China's Economic Reforms Differ: The M-Form Hierarchy and Entry/Expansion of the Non-State Sector", *Economics of Transition*, Vol. 1, No. 2, 1993, pp. 135-170.

[4] See Hongbin Cai, Daniel Treisman, "Did Government Decentralization Cause China's Economic Miracle?", *World Politic*, Vol. 58, No. 4, 2006, pp. 505-535.

[5] 参见周黎安:"晋升博弈中政府官员的激励与合作——兼论我国地方保护主义和重复建设问题长期存在的原因",载《经济研究》2004年第6期;周黎安:"中国地方官员的晋升锦标赛模式研究",载《经济研究》2007年第7期。

员的绩效更加取决于一个团队的努力，而不是自己的努力，一个政府目标（如扩大就业）的实现取决于多个政府部门作为一个"团队"的共同努力，因此，在地方人民政府的"团队生产"中，不同的地方官员之间就可能存在严重的搭便车现象。另一方面，在企业经理的激励计划中，可以比较容易地找到激励经理追求企业长期目标的手段，比如说给予经理股份或者股票期权，但是，对于地方人民政府的官员却很难进行类似的长期激励，从而使得地方人民政府的长期目标被忽视，而这又集中体现为地方人民政府对于环境、收入差距、教育和医疗服务质量这些问题的忽视。"[1]类似的研究指出，中国普遍存在的以地方人民政府提供低价土地、补贴性基础设施乃至放松劳工、环境保护标准吸引制造业的地区锦标赛或"探底竞争"发展模式，"不具备经济、社会发展乃至环境保护上的可持续性"。[2]

还有研究批评，中国向地方分权其实不像有的赞成财政联邦主义的人所说的有那么多好处，在公共服务、基础设施建设、环境保护、反贫困等问题上，反而造成了消极影响和负面后果。[3]就环境保护问题而言，人们似乎确能发现不少现象来印证此类观点，从而令人更谨慎地看待在环境保护领域的中央向地方分权的效应。

特别是，和行政不同，更不同于行政系统推行的政策，立

---

[1] 王永钦等："中国的大国发展道路——论分权式改革的得失"，载《经济研究》2007年第1期。

[2] 参见陶然等："地区竞争格局演变下的中国转轨：财政激励和发展模式反思"，载《经济研究》2009年第7期。

[3] See Loraine A. West, Christine P. W. Wong, "Fiscal Decentralization and Growing Regional Disparities in Rural China: Some Evidence in the Provision of Social Services", *Oxford Review of Economic Policy*, Vol. 11, No. 4, 1995, pp. 70-84.

法相对来说是一项比较保守的事业。在法治国家中，立法错误比行政决策错误可能造成更严重或更长期的负面后果。就环境税立法而言，尽管"探底竞争"理论本身仍然存在一些尚待澄清之处，但从立法的谨慎性和科学性来看，《环境保护税法（征求意见稿）》第4条所规定的"法律保底、地方上浮"的差别税率机制设计存在非常大的"探底竞争"风险，很可能损害环境税法的规制效果，有违立法的环保价值导向。

对照来看，2016年正式通过的《环境保护税法》第6条第2款规定："应税大气污染物和水污染物的具体适用税额的确定和调整，由省、自治区、直辖市人民政府统筹考虑本地区环境承载能力、污染物排放现状和经济社会生态发展目标要求，在本法所附《环境保护税税目税额表》规定的税额幅度内提出，报同级人民代表大会常务委员会决定，并报全国人民代表大会常务委员会和国务院备案。"这项规定限制了地方人民政府上浮税率的上限，限缩了地方人民政府调整税率的权力，一定程度上确保了立法的环保价值导向。同时，《环境保护税法》中的税目税额表中也一定程度上细化了税额幅度，使得地方人民政府可作调整的税率幅度大大降低。不过，最低应税税额仍维持《环境保护税法（征求意见稿）》中的数额，似乎未能有效解决污染成本过低的隐患。换言之，最低应税税额作为下限标准过低，地方人民政府如果选择"探底竞争"，就可以直接选择该最低应税税额作为当地的适用标准，这种情况下，最低应税税额标准就起不到遏制地方人民政府"探底竞争"的冲动。同时，通过限制地方人民政府上调税率的权力来确保立法目标实现，似乎又存在一定的悖论。因为，地方人民政府如果在生态环境保护上有"探顶竞争"的动力，应当是好事，值得鼓励，没有必要进行过多的限制和干预。有人可能会担心，地方人民政府如果一味地调高税率，只注重生态环境保护，企业在这个地方待不下去，导致该地区经济没落，民不聊生，岂不谬哉。这种担心或许是多余的，甚至有点杞人忧天。地方人民政府也是理性经济人，它承担着多中心任务，会综合考虑多重因素，其行为也存在多重约束，至少，在经济发展仍属于中心工作的情况下，没有地方人民政府会只关注生态环境保护。除了极个别地方人民政府或许会出现"黑天鹅"事件，总的来说不必过于担心，再者，制度设计上还有地方各级人民代表大会常务委员会决定、全国人民代表大会常务委员会和国务院备案，这三道防线是足够有效的。不管怎样，在生态环境保护方面，我们还是应当对地方人民政府行为可能性的预判有信心。其实，笔者曾建议，"较高基准、下调有度、上浮自主"的差别税率机制可能更好，即在大幅提高基准税率的前提下，允许地方双向调节，上浮税率可由地方自主选择，但下调税率必须限定在法定幅度内。

就行政效率而言，其要求环境税法能最大限度降低征管成本、提高征管效率，这或许是环境税法最为直接的挑战。当然，首先须肯定，与原来排污费制度所实行的价格主管部门、财政部门、环境保护行政主管部门和经济贸易主管部门等多部门协商机制相比，《环境保护税法（征求意见稿）》试图在法律条文中直接明确征收标准等相关规则，可望控制部门间的非合作博弈、降低行政成本、减少不确定性，从而提高税收行政效率。

不过，仍有多处规则设计可能影响行政效率。关于环境税的征管模式，理论界一直未有定论，税务主导环保协同、环保主导税务协同、税务环保联合征收、委托第三方代征等模式各有其利弊。但是，无论哪一种模式，都会比现行排污费征管模

第三章 价值权衡与环境税法的功能凸显

式要复杂得多，[1]部门间的专业分工可能割裂税收征管，因而可能会影响行政效率。[2]

《环境保护税法（征求意见稿）》最终选择了"企业申报、税务征收、环保协同、信息共享"的征管模式，这大概是当时条件下立法者所能采用的最为可行的模式，不过，面临的挑战依然不小。《环境保护税法（征求意见稿）》意识到了该问题，其第5章共有7条涉及税务机关和环境保护主管部门、海洋主管部门等相关政府部门之间的职责分工与协调问题。但是，这并未完全消除对行政效率方面的疑惑。例如，该文件第23、25条规定环境保护主管部门和税务机关应建立信息共享机制，县级以上地方人民政府应建立税务机关、环境保护主管部门和其他相关单位的分工协作工作机制。但正如我们曾指出的，如果考虑到数年来所推行的税收征管信息化中各部门难以协调的现状，甚至只需留意国税、地税系统内部以及两系统之间的信息共享的诸多不畅，[3]就会对环境税的征管效率多保留一分警醒。

我们原本期待上述问题能在正式出台的《环境保护税法》中得到解决，然而，众所周知，《环境保护税法》并未对上述规定进行调整。《环境保护税法》第15条规定："生态环境主管部门和税务机关应当建立涉税信息共享平台和工作配合机制。生态环境主管部门应当将排污单位的排污许可、污染物排放数据、

---

〔1〕 虽然在一些地方已经采取了环境保护主管部门核定、税务部门代收排污费的模式，但终究与环境税法所欲采用的模式有很大差别。

〔2〕 参见何锦前："环境税与环保制度的矛盾与化解——以行政部门为视角"，载《石河子大学学报（哲学社会科学版）》2012年第4期。

〔3〕 当然，随着国地税合并、生态环境主管部门组建等机构改革的推进，相关问题有可能会逐步得到解决，但即便合并后的机构内部依然不同程度地存在各种协调困境。

环境违法和受行政处罚情况等环境保护相关信息,定期交送税务机关。税务机关应当将纳税人的纳税申报、税款入库、减免税额、欠缴税款以及风险疑点等环境保护税涉税信息,定期交送生态环境主管部门。"可见,《环境保护税法》仍然保留了《环境保护税法(征求意见稿)》中不完善的信息共享制度,不同的只是机构改革之后所带来的文字表述上的差异,这种机构归并会对部门间协调困境稍有改善。但改善程度可能非常有限。从另一个角度来看,立法者尚未注意到该条款中所涉及的部门间协调困境该如何有效解决的问题。

　　我们再来看《环境保护税法(征求意见稿)》第20条。该条规定明确了对重点监控(排污)纳税人和非重点监控(排污)纳税人进行分类管理,这实际上是对原来排污费制度原封不动地照搬,其完全复制了环境保护主管部门对排污企业的分类监管模式,其与税务系统已有的重点税源管理模式是两种交叉但异质的模式。在两种模式下,许多大型企业既是税源大户,又是排污重点监控对象,引发两种公共目标(汲取收入和保护环境)内在的结构性冲突,两种模式能否有效衔接以及如何衔接,尚成疑问。同时,笔者早就注意到,基于经济发展与财政收入考虑,环境保护主管部门所实行的排污企业分类监管实际上不同程度地遭遇了地方人民政府的"软化",如果短期内无法改变地方人民政府的偏好和激励机制,那么,这第20条规定不过是将环境保护主管部门的部分压力转移到税务部门身上,并在税务系统中产生新的制度困境。税务部门不仅同样要面临地方人民政府"软化"分类监管的困境,而且其内部也不得不面临对税源大户的财政依赖性与对排污企业的监管严肃性之间的矛盾,"投鼠忌器"之类的两难困境能否有效解决尚不得而知。从理论上来说,这实际上会面临一个"规制俘获"的

第三章 价值权衡与环境税法的功能凸显

困境。[1]因此,此种管理模式直接嫁接进税收制度中来,可能同样会影响征管效率。值得庆幸的是,最终,我们看到,《环境保护税法》删掉了这个条文,这无疑是正确的。

我们应当承认,就经济效率而言,在相当长时期内仍应是环境税法的价值导向之一,只是不应过分强调。排污费制度就是因为过于偏重于经济效率,[2]导致无法有效规制污染排放行为,这在当年普遍奉行"效率优先"价值的背景下,或许有其合理性。但是,应当注意的是,当前的价值导向已发生重大调整。比如,党的十八大提出,倡导富强、民主、文明、和谐,自由、平等、公正、法治,爱国、敬业、诚信、友善,积极培育和践行社会主义核心价值观,这在某种程度上是对"效率优先"导向的矫正,特别是其中对平等、公正的强调,更值得各方重视。无疑,环境税法也应体现这一价值导向上的变化。可

---

[1] 关于"规制俘获"理论可参见〔美〕G. J. 施蒂格勒:《产业组织和政府管制》,潘振民译,上海人民出版社、上海三联书店 1996 年版,第 210 页;〔美〕丹尼斯·卡尔顿、杰弗里·佩罗夫:《现代产业组织》,黄亚钧、谢联胜、林利军主译,上海三联书店、上海人民出版社 1998 年版,第 1275 页; M. E. Levine, J. L. Forrence, "Regulatory Capture, Public Interest and the Public Agenda: Towards Synthesis", *Journal of Law, Economics, and Organization*, Vol. 6, 1990, p. 167; M. Hantke-Domas, "The Public Interest Theory of Regulation: Non-Existence or Misinterpretation?", *European Journal of Law and Economics*, Vol. 15, No. 2, 2003, pp. 165-194; B. Morgan, K. Yeung, *An Introduction to Law and Regulation*, Cambridge University Press, 2007, pp. 43-44; Robert Baldwin, Martin Cave, Martin Lodge, *Understanding Regulation: Theory, Strategy, and Practice*, Oxford University Press, 2012, pp. 40-48; Anthony Ogus, *Regulation Legal Form and Economic Theory*, Hart Publishing, 2004, pp. 56-58; Daniel Carpenter, David A. Moss, *Preventing Regulatory Capture: Special Interest Influence and How to Limit It*, Cambridge University Press, 2013, pp. 3-10.

[2] 由于担心影响经济,1982 年国务院发布的《征收排污费暂行办法》(已失效)的附表中规定的收费标准大大低于污染物的治理成本。2003 年《排污费征收标准管理办法》(已失效)同样也有这样的考虑。参见李昕、李恒远主编:《〈排污费征收使用管理条例〉释义》,中国档案出版社 2003 年版,第 68 页。

惜，我们看到，仅对效率价值的处理而言，《环境保护税法（征求意见稿）》萧规曹随，似乎并无大的改观。最终出台的《环境保护税法》作出了一定改进，比如删除了《环境保护税法（征求意见稿）》第20条，但总体来看并未有实质性的大变化。应当说，从《环境保护税法（征求意见稿）》到《环境保护税法》，前述诸多法条设计方面的问题，其原因之一也在于过多考虑经济效率，如整体税率偏低、禽畜养殖业免税范围过宽、过多照顾企业的经济能力等，这些条款均应进一步限制对经济效率的考量，当然，具体的限制程度应结合其他考量因素加以统筹协调。

四、从价值协调看环境税立法

"没有权衡就没有理性，也就没有理性的制度化。"[1]综合前文分析来看，从《环境保护税法（征求意见稿）》到《环境保护税法》，价值导向存在诸多偏差，如过于侧重经济效率等。这些价值导向上的偏差，已经严重影响到《环境保护税法》"规制—收入"复合功能的实现，成为《环境保护税法》立法目的得到有效实现的关键障碍。因此，笔者认为，在将来《环境保护税法》的修订完善过程中，有必要重新定位其价值导向，特别是突出环保效益和公平导向，据此完善相关规则设计。不过，规则设计往往是牵一发而动全身的，故立法者还应审慎权衡不同价值之间的关系，对此积极加以统筹协调。

（一）价值协调之必要

从价值出发凝聚立法共识、弥合分歧，不是因为价值范畴内没有冲突，而是因为直面价值层面的冲突并争取由此入手协

---

[1] [德] 罗伯特·阿列克西：《法：作为理性的制度化》，雷磊编译，中国法制出版社2012年版，"中文版序"第2页。

第三章 价值权衡与环境税法的功能凸显

调冲突，有助于从根本上解决那些在具体规则层面纠缠不清的纷争。规则设计之所以有时陷入左右为难的困境，往往是因为其背后的相关价值是多维的，如果不注意价值之间的"诸神之争"，在立法过程中很可能就会"按下葫芦浮起瓢"。换言之，立法中的一些困境根源于顶层的价值冲突，要实现科学立法、实现良法善治，就必须从顶层问题开始进行梳理和解决，这也是一种顶层设计思维。概括来说，价值之间的"诸神之争"既包括内在非工具性价值与外在工具性价值的冲突，也包括两大价值维度内部的冲突，所以，应注意从这些方面入手来完善环境税法的具体规则设计。

在内在非工具性价值内部，普遍课征与量能课税存在一定冲突。前已述及，量能课税的后果是一部分经济能力较弱的主体（如从事一般性家庭农业生产的农民、从事小规模禽畜养殖的个体工商户或小微企业）免予课税，但这并不表明这些主体不排放污染物，因此，对其免税就意味着突破了普遍课征的要求，有损公平，故须合理划定免税范围，以协调普遍课征与量能课税的紧张关系。

在外在工具性价值内部，经济效率与环保效益之间也存在冲突。绿水青山和金山银山之间的关系如何处理，是考验立法者的关键事项。中国的发展阶段决定了经济发展仍处于中心任务范畴，不过早已过了只要金山银山不要绿水青山的阶段，而是突出了绿水青山就是金山银山的重要价值理念，这反映了生态文明观的演进，也体现了对经济发展与生态环保之间的辩证关系。就此而言，环境税法的制度设计如果过于强调经济效率，不敢严格按应然标准设计税率等方面的规则，环保效益则要打折扣。而忽视经济效率，在现阶段也不现实，因此，这两者势必也要作相互的协调。

我们知道，在最优税制理论中，公平与效率是一对老冤家，[1]因此，在内在非工具性价值与外在工具性价值之间发生冲突的可能性就更大了。如前所述，基准税率过低当然有维护短期内经济效率的考量，但是不利于实现排污主体之间、排污主体与非排污主体之间的公平，从而在公平与效率间形成抵牾。此外，《环境保护税法（征求意见稿）》第7条规定只对每一排放口的前三项或五项污染物征税，也有损于税收公平。不过，肯定有偏重效率考量的人反驳说，这一点完全可以用效率价值来加以证成，即，如果对排放口的所有污染物（可多达数十种）悉数予以检测、计量和征税，则无疑增加征管成本，降低行政效率，甚至使得征税本身成为"亏本买卖"。这的确有一定道理。因此，立法者必然要协调公平与效率考量，根据污染物性状依序选择其中的若干种类予以课税。可问题是应税污染物种类数如何确定？《环境保护税法（征求意见稿）》保留了现行排污费的标准，同时采取了一种间接方法来解决该问题，第7条第3款规定，省、自治区、直辖市人民政府可根据本地区污染物减排的特殊需要，增加同一排放口征收环境保护税的应税污染物种类数。考虑到地区差异问题，这一规定实有必要，不

---

[1] See F. P. Ramsey, "A Contribution to the Theory of Taxation", *The Economic Journal*, Vol. 37, No. 145, 1927, pp. 47–61; Joel Slemrod, "Optimal Taxation and Optimal Tax Systems", *Journal of Economic Perspectives*, Vol. 4, No. 1, 1990, pp. 157–178; Anthony B. Atkinson, Joseph E. Stiglitz, *Lectures on Public Economics*, Mc-Graw-Hill, 1980; Avinash Dixit, Agnar Sandmo, "Some Simplified Formulae for Optimal Income Taxation", *The Scandinavian Journal of Economics*, Vol. 79, No. 4, 1977, pp. 417–423; Christopher Heady, "Optimal Taxation as a Guide to Tax Policy: A Survey", *Fiscal Studies*, Vol. 14, No. 1, 1993, pp. 15–41; Peter A. Diamond, James A. Mirrlees, "Optimal Taxation and Public Production I: Production Efficiency", *The Amerian Economic Review*, Vol. 61, No. 1, 1971, pp. 8–27; Peter A. Diamond, James A. Mirrlees, "Optimal Taxation and Public Production II: Tax Rules", *The Amerian Economic Review*, Vol. 61, No. 3, 1971, pp. 261–278.

第三章 价值权衡与环境税法的功能凸显

过,这并未完全解决问题。同理,《环境保护税法(征求意见稿)》中"应税污染物和当量值表"中规定的禽畜养殖业环境税仅对存栏规模大于 50 头牛、500 头猪、5000 羽鸡(鸭)等的禽畜养殖场征收,也不能不说有行政效率和经济效率上的合理性,问题在于是否可在适度减损效率的同时显著增进税收公平,即是否可适度降低存栏规模标准而使排污主体之间的税负分配更趋公平。以上几种情况中,公平与效率考量呈现出逆反性的张力,如何协调的确考验立法水平。这些问题在一些已经发表的研究和一些公开会议上,都已有学者指出。[1]但是很遗憾,上述问题并未在《环境保护税法》中得到解决,第 9、12 条仍保留了这样的规定。[2]

(二)价值协调的考量因素

在考虑如何协调价值冲突的问题上,要考虑的因素可能有很多,其中,有必要强调的是,至少有两方面影响因素必须纳入考量之中,此即结构性因素和时序性因素。立法者应综合考量这些因素,据此作出系统的价值权衡。

结构性因素主要是指我国的地区经济结构和产业结构。地区发展不平衡是我国经济社会发展的显著特征,制度设计任何时候都不能忘了这一点。决策层关于我国社会主要矛盾的表述也集中体现了这种不平衡的特点。不少研究也表明,从世纪之交开始,"我国的工业产业表现出逐渐向中部和西部地区扩散的发展趋势。"[3]而污染情况也随着产业扩散和产业转移发生变化。例如,关于不同地区 1991—2006 年人均二氧化硫排放水平

---

[1] 如何锦前:"价值视域下的环境税立法",载《法学》2016 年第 8 期。
[2] 《环境保护税法》第 9 条对应《环境保护税法(征求意见稿)》第 7 条的规定,第 12 条对应《环境保护税法(征求意见稿)》中第 11 条的规定。
[3] 中国 21 世纪议程管理中心可持续发展战略研究组:《发展的格局:中国资源、环境与经济社会的时空演变》,社会科学文献出版社 2011 年版,第 177 页。

的比较研究表明,"如果观察16年平均的排放水平,东部沿海地区要略高于内陆地区,但2006年东部地区152吨/万人的平均排放,要远低于中西部地区216吨/万人的水平。"[1]如果采用全国统一的高税率或基准税率过高,则可能超过中西部落后地区的承受范围,该地区的经济发展权将受影响,经济发展效率可能被压低。显然,对于这些地区的民众而言,"宁要环境、不要发展",不仅难言效率优势,或许更是有些残忍。从我国产业结构来看,当前主要污染物排放集中在黑色金属冶炼及压延加工业、化学原料及化学制品制造业、非金属矿物质品业、电力热力生产和供应业、石油加工及炼焦业、有色金属冶炼及压延加工业、煤炭采选业、纺织业、石油和天然气开采业、造纸及纸制品业、交通运输设备制造业、金属制品业等十多个产业。[2]而这些产业,在我国国民经济中仍然至关重要。同时,由以这些产业为主导的产业结构向更"绿色"的产业结构调整,尚需假以时日,短期内难竟全功。因此,如果仅仅考虑公共环境产权的对价来确定税率,可能超出产业实际承受能力,不利于产业结构调整和经济转型,甚至可能有违"诚实信用原则"。[3]从前文分析看,《环境保护税法(征求意见稿)》到《环境保护税法》在这两方面均不同程度地存在考虑不周之处。

时序性因素即历史、现在和未来三方面因素。所谓历史的因素是指现行排污费制度的价值导向与征收标准是评价环境税

---

[1] 蔡昉、都阳、王美艳:"经济发展方式转变与节能减排内在动力",载《经济研究》2008年第6期。

[2] 参见陈诗一:《节能减排、结构调整与工业发展方式转变研究》,北京大学出版社2011年版,第23页。

[3] 诚实信用原则有必要引入税收立法范畴,以抑制税收立法中不合理的变动更改。关于诚实信用原则,可参见[日]金子宏:《日本税法原理》,刘多田、杨建津、郑林根译,中国财政经济出版社1989年版,第86页。

第三章 价值权衡与环境税法的功能凸显

立法的现实制度约束之一——哪怕只是"路径依赖"（path dependence）[1]意义上的。比如，要在此前排污费费率基础上设计更高标准的环境税税率，究竟是采用一步到位还是分步到位的方式，就不得不以原来的规则作为参照物进行衡量。改革步伐的大小往往影响改革成败，不可贸然决定。

所谓现在的因素，主要是当前作为发展中国家之基本国情。对于发展中国家而言，经济增长的压力难以在短期内得到缓解，要大幅度降低经济增长速度来实现环境保护是不太现实的，而经济发展长期滞缓，也并不利于自然环境的有效保护。相关研究表明，过于严格的环境税将有损纳税主体的市场竞争能力，[2]产生竞争衰减效应。[3]转变经济发展方式，不是要扼杀经济发展的动力，相反，是要在确保环境保护得到有效加强的同时，保持经济继续稳定增长，维护和提高市场主体的竞争力。从另一个角度来说，生态环境问题是发展过程中的问题，仍然要依靠发展来解决。

就此而言，至少在中国经济转型阶段，环境税法就不得不动态地协调经济效率、环保效益与公平课税之间的关系。同时，还需特别指出的是当前环境税征管不得不依赖的技术条件。桑斯坦就曾特别强调过："政府可能仅仅是因为缺乏必要的信息……

---

[1] See W. Brian Arthur, "Competing Technologies, Increasing Returns, and Lock-in by Historical Events", *The Economic Journal*, Vol. 99, 1989, pp. 116 - 131; Douglass North, *Institutions, Institutional Change and Economic Performance*, Cambridge University Press, 1990, pp. 83-106.

[2] J. M. Dean, "Trade and the Environment: A Survey of the Literature", in Patrick Low ed., *International Trade and the Environment*, World Bank Discussion Papers, No. 159, World Bank, 1992.

[3] OECD, *Implementation Strategies for Environmental Taxes*, OECD, 1996, pp. 42-45.

有可能税被规定在一个错误的水平。"[1]当前的排污收费就明显受制于污染检测技术所带来的信息困境，在很多地区，"由于目前环境统计、排污收费的依据为每年 1—2 次的例行监测，很难掌握企业排污的真实情况，排污收费的依据不充分，同时，1—2 次的监控频率无法对企业超标排放、污染事故、治理设施停用进行有效的监督，安装在线监控系统迫在眉睫。"[2]但是，由于资金匮乏、管理不力等，目前的在线监测装置还主要集中于大型企业，且已安装的企业设备运行效率也偏低。可见，要准确掌握各个产业、各个地区的排污情况，由此分析相关的减排成本并将环境税税率确定在令排污者有足够动力减排的水平上，将是非常困难的，这也增加了各地确定差别税率的难度。同时，这也使得增加每一排放口应税污染物种类数、提高禽畜养殖业起征存栏规模标准的方案要经受得起技术成本的考验。

　　所谓未来的因素，就是要通过环境税这个新税种来尽快扭转不合理、不科学、不可持续的发展方式。如果说当前受制于技术条件、经济发展需要而仍需在一定程度上体现行政效率和经济效率价值，而不得不对公平价值稍加抑制，那么，随着时间的推移，环境税税率应该更多地考虑环境公共产权的对价，更充分地考虑弥补社会的减排成本，从而增加普遍课税、平等课税考量的权重而降低行政效率、经济效率考量的权重，同时更加突出环保效益考量。虑及此点，《环境保护税法》的相关规则就应当以一种动态递进的形式加以呈现，以体现出对可持续

---

　　[1] Cass R. Sunstein, *Risk and Reason: Safety, Law, and the Environment*, Cambridge University Press, 2002, p.281.
　　[2] 杨兰："环境保护和监测技术结合的产物——污染源在线监控"，载《北方环境》2010 年第 6 期。类似的观点还可参见王艳梅："在线监测数据如何运用于排污费征收？"，载《环境保护》2011 年第 17 期。

第三章　价值权衡与环境税法的功能凸显

发展目标的持续推进。

(三) 价值协调的实现

基于上述考量，立法者应尽快从价值协调入手完善规则设计。笔者无意，事实上也无力为《环境保护税法》的全部规则提供完善方案，更遑论代替立法者拟定全部规则。[1]不过，鉴于前述分析，笔者仍尝试提出以下权作引玉之砖的建议。需要说明的是，前文已分别从非工具性价值和工具性价值的角度对《环境保护税法》提出了若干建议，这里不再重复，而仅从协调价值冲突的角度提出若干初步建议。

总体上，《环境保护税法》在今后修订中要注意的是，应更进一步地将核心规则在法条中予以明确、细化，这就包括基准税率、应税污染物种类数、禽畜养殖业的起征存栏规模标准、税收优惠的基本要件、各级人民政府和相关部门的职责等。这些核心规则越明确，生态环境主管部门和税务机关等相关部门之间的协调成本越低，核心规则与非核心规则以及下位法规则（如授权国务院和地方制定的规则）之间更容易协调一致。就价值导向而言，这些核心规则应更侧重于普遍课征、平等课征，更有利于实现环保效益。特别是，基准税率应在目前基础上普遍上调、每一排放口的应税污染物种类数应适度增加、禽畜养殖业的起征存栏规模标准应适度下调，以更有力地规制排污行为。

在明确上述规则的基础上，制定基于产业差异和地域差异的差别化规则。就税率而言，由于不存在一个公共环境财产权的真实市场，税率就要间接地通过环境治理成本或减排成本来

---

〔1〕 苏力曾指出，"我懂得，并且一贯坚持，学术论文不是提具体建议的地方。"参见苏力："司法解释、公共政策和最高法院——从最高法院有关'奸淫幼女'的司法解释切入"，载《法学》2003 年第 8 期。

确定。一般而言，环境税的最优税率应等于或高于污染排放的边际减排成本。[1]边际减排成本因地区、产业、技术升级、季节变化等多方面的因素而不同，不可一概而论。由于相关产业的差异尚需更精细的多学科研究，我们暂无具体建议，但仍要提醒，须给予产业结构调整以合理时间，不能操之过急。

至于地区差别税率问题，《环境保护税法（征求意见稿）》第4条第2款曾规定，省、自治区、直辖市人民政府可以统筹考虑本地区环境承载能力、污染排放现状和经济社会生态发展目标要求，在《环境保护税税目税额表》规定的税额标准上适当上浮应税污染物的适用税额，并报国务院备案。这就为差别税率机制预留了制度空间，是值得肯定之处。不过，第4条所规定的"法律保底、地方上浮"的差别税率机制中，"保底"之"底"过低，"上浮"有赖于地方人民政府的判断，恐怕会出现地方人民政府"探底竞争"的后果，并非最优方案。

如前所述，笔者曾建议，"较高基准、下调有度、上浮自主"的差别税率机制可能更好，即，在大幅提高基准税率的前提下，允许地方双向调节，上浮税率可由地方自主选择，但下调税率必须限定在法定幅度内。这既可以预防地方的恶性竞争，又可以为调动、发挥地方积极性创造足够的空间，促进生态环境和税收领域的良性竞争。

笔者注意到，后来正式出台的《环境保护税法》第6条采取的是划定税率范围，确定了税率下调的下限以及上调的上限，地方上浮税率的自主选择性大幅降低，税率基准仍维持《环境保护税法（征求意见稿）》中的规定。因此，《环境保护税法》

---

[1] See Zhongxiang Zhang, Andrea Baranzini, "What Do We Know About Carbon Taxes? An Inquiry into Their Impacts on Competitiveness and Distribution of Income", *Energy Policy*, Vol. 32, No. 4, 2004, pp. 507-518.

第三章 价值权衡与环境税法的功能凸显

虽有改进，但并没有采用最优方案。类似地，地方在调整应税污染物种类数方面也应遵循类似原则。

当然，在这方面，《环境保护税法》的一个改进值得称赞。原来《环境保护税法（征求意见稿）》授权地方人民政府调整的做法[1]有违税收法定原则，许多学者建议应全部改为授权地方各级人民代表大会进行相关调整。《环境保护税法》虽未完全采纳学者们的建议，但是，第6条第2款规定："应税大气污染物和水污染物的具体适用税额的确定和调整，由省、自治区、直辖市人民政府统筹考虑本地区环境承载能力、污染物排放现状和经济社会生态发展目标要求，在本法所附《环境保护税税目税额表》规定的税额幅度内提出，报同级人民代表大会常务委员会决定，并报全国人民代表大会常务委员会和国务院备案。"这种报同级人民代表大会常务委员会决定并报最高立法机关和最高行政机关备案的制度设计，在当前条件下也不失为一个较好的选择。

而在立法技术上，笔者曾经建议，应引入历时性或渐进式规则设计以调和相关考量。从时间维度来考虑，环境税税率应从大幅高于现行排污费费率但低于理想税率的水平开始，并以一定经济社会发展水平下人们所能接受的节奏逐步提高。税率的逐步提高至少有两种不同的模式：第一种是先以低于理想值的税率开征，然后再根据实际情况公布新的税率标准；第二种是事先确定并公布未来一定年限内的税率标准。第二种模式一般被称为"预告制"。为了确保法律的安定性，维护纳税人的合

---

[1]《环境保护税法（征求意见稿）》第4条第2款规定："省、自治区、直辖市人民政府可以统筹考虑本地区环境承载能力、污染排放现状和经济社会生态发展目标要求，在《环境保护税税目税额表》规定的税额标准上适当上浮应税污染物的适用税额，并报国务院备案。"

理预期,避免经济发展因税率调整而出现波动,采取"预告制"的方式确定环境税税率是很有必要的。具体做法又可以分为两种:一是,明确未来若干年分别适用的不同税率,如可以设定五年内的适用税率分别为每一单位排污量课征1元、2元、3元、4元、5元;二是,明确一个可以满足环境影响补偿标准的较高税率,并在一定年限内实施减免征收的政策,如第一年减按50%征收,第二年减按60%征收,依此类推。类似地,在对二氧化碳征税的问题上,可以设计为税法颁布后第n年开始征收碳税,还可结合"预告制"税率一起设计,如规定第n年起至第n+5年每年分别适用的税率,到第n+6年才最终实行较高的基准税率。至于每一排放口应税污染物种类数的增加、养殖场存栏规模数的降低等均可参照前述规则设计方法。比如,可根据理想值设定肉鸡养殖方面的课税起征标准为2000羽,[1]并规定四年后适用该标准,前三年的适用标准分别为5000羽、4000羽、3000羽,使养殖业有一个逐步适应的过程。在此过程中,公平价值和环保效益价值可能会在初期有所减损,但越往后,这些价值会越彰显,而经济效率价值则会稍有弱化。由此,可动态地统筹协调诸价值之关系。然而,《环境保护税法》并未采纳这一建议,甚为可惜。

五、小结

从价值维度来考察环境税立法,能揭示诸多问题,具有重要意义。对处于转型关键期的我国而言,要实现环境规制和税收治理领域的良法善治,要获得一部规则完善、效果良好的环

---

[1] 在农业统计上,《环境保护税法(征求意见稿)》所规定的鸡5000羽属于规模化养殖标准,比该标准低一级的是专业户养殖标准(2000羽)。此处假设专业户养殖标准以上的均纳入环境税征收范围。

第三章 价值权衡与环境税法的功能凸显

境税法,要获得一部"规制—收入"复合功能型的环境税法,必须基于内在非工具性价值和外在工具性价值进行审慎权衡和细致推敲,并对相关考量予以统筹协调。唯其如此,我们方能对"要一个什么样的环境税法"以及"如何制定这样的法律"有一个明确、系统的判断,进而有助于构建规则本身合理、规则之间相互协调的环境税法。

前述讨论已经指出,公平价值和效率价值的取向对《环境保护税法》"规制—收入"复合功能的形塑至关重要。具体来说,两大类价值导向——普遍课征、平等课征、量能课税等价值导向,环保效益、行政效率、经济效率等价值导向——是否在《环境保护税法》中得到充分体现,往往直接影响到《环境保护税法》能否有效规制污染排放的能力、能否具备基本的财政汲取能力和弥补环境治理成本的能力。换言之,公平价值和效率价值直接关系到《环境保护税法》"规制—收入"复合功能的实现。以普遍课征、平等课征、量能课税、环保效益、行政效率和经济效率为观察视角,对《环境保护税法(征求意见稿)》和《环境保护税法》依次进行价值评估,从立法设计上来看,很多条文的设计存在不同程度的缺陷,有的甚至是相当严重的缺陷。当然,我们也发现,诸价值之间存在"诸神之争",其中既包括内在非工具性价值与外在工具性价值的冲突,也包括两大价值维度内部的冲突。因此,要弥补法律规则上的不足,还得注意协调各价值之间的冲突。甚至,在解决具体法律规则问题之前,应先对立法的多元价值协调问题进行顶层设计,然后将顶层设计逻辑贯穿于具体法律规则设计的始终。

上述问题,笔者在《环境保护税法》出台前后通过多种方式指出来过,也提出过相关建议,且对此一直抱有期待。随着《环境保护税法》的出台、实施和细微修订,上述期待将显得日益迫切。短期内来看，笔者所指出的问题可能难以得到全面彻底解决。或许，在经济新常态条件下，随着各方面条件的具备，《环境保护税法》会作出上述讨论所预期的那些修改完善。到那时，一部"规制—收入"复合功能型的环境税法或许终将来到。

当然，笔者的研究不仅指向法律制度的完善，还期待对相关理论有所裨益。在理论上，对环境法、经济法、社会法等领域的诸多规制立法而言，如何解决普遍存在的规则冲突以及围绕规则而生的意见纷争，价值分析框架或许值得利用，而从价值层面开展相关协调工作也很有必要。同时，本部分的研究也提醒我们，创新立法技术（如"预告制"）可在包括法律价值协调等方面的制度设计中发挥积极作用。

第四章

复合功能型环境税的方案选择

中国的环境税制度是从排污费制度"平移"而来的。在环境税立法之前,曾有诸多争议,其中之一是排污费改环境税的方案选择问题。争议各方各执一词,决策者在争议各方所提出的各种方案中必须慎重抉择,概括起来,至少需要在独立型环境税方案和关联型环境税方案之间做出选择。2016年12月25日通过的《环境保护税法》表明,立法者最终选择了独立型环境税方案。实际上,笔者在环境税立法之前就曾主张,在全面考量税收作用环节、税种职能分工以及税法原则等诸多因素之后,独立型环境税方案的优势更加明显,通过与环境保护有关的传统税种增设税目的方案则存在许多难以解决的弊端。

因此,笔者曾明确建议,排污费改税,应该以独立型环境税的方案来实现。当然,独立型环境税方案不排斥传统税种在环保功能上的强化,整体税制的"绿化"更应当成为长远的改革目标。[1]但是,即便在环境税立法之后,前述相关争议尚未彻底停息,理论上的讨论仍很有必要。事实上,2016年的环境税立法是在各方面因素倒逼的情况下所做出的一种选择,具有一定的应急性,也就影响了环境税立法本身的科学性和合理性,

---

[1] 参见何锦前:"排污费改税:新设税种还是增设税目",载《海南师范大学学报(社会科学版)》2012年第7期。

也正因如此，我们能看到，《环境保护税法》其实是受到了很多批评的。

在当前这样一个"后立法"时期来重提当年的立法方案选择问题，是为了进一步推进对相关理论问题的研究，也是为了将来在法律修订时能有一个更加明确的方向。当然，笔者要申明，笔者的讨论会体现出两种倾向：一方面，对于那些仍然强调现在的立法方案选择错误的观点，我们将重申独立型环境税方案的合理性，并为当前《环境保护税法》所选择的这一方案而辩护，进而强调当前这一方案在凸显环境税法复合功能和多重红利等方面的积极效应；另一方面，对于当下的法律文本，笔者也将直陈其弊，特别是，当时应急式地采用独立型环境税方案但又未能彻底实现这一方案的理论构想，导致当前环境税法律制度在征税范围、税率、税收减免等方面存在诸多问题。

一、环境税立法方案回顾

我们知道，改革开放初期，环境税问题就已经进入实务部门和学者们的视野之中，后来，法学界也加入了环境税问题的讨论。[1]即使在刚开始环境税讨论的时候，关于环境税立法方案的选择也是一个存在明显分歧的问题。

时任原上海卫生环保局局长的靳怀刚在1983年提出了他的环保税设想。在他看来，环保税与排污费是截然不同的，在征收排污费的同时加收环保税是对高污染企业的一种惩罚措施，"加征环保税及加倍收取排污费用，企业自筹资金时，国家不予贷款。这样做，可以较好地解决经济效益与环境效益、社会效

---

〔1〕 参见鲁篱："环境税——规制公害的新举措"，载《法学》1994年第3期。

第四章 复合功能型环境税的方案选择

益相脱节的问题。"[1]尽管这种环境税——其用语为环保税，其实就是环境税——的性质不同于我们当下所说的环境税，但很明显，他在说这种环境税时，言下之意是要单独开征一种不同于传统税种的税。三年后，学者杨斌提出的环境税设想似乎又有很大不同。杨斌认为，应当建立一个独立的"保护资源和保护环境税收体系"，其中涉及了"保护环境税"，而所谓的"保护环境税"并非前述靳怀刚所谈的"环保税"，而是"对目前已实行的资源税、土地使用税的完善和扩大"。[2]这种表述的内涵和外延都不甚明了，但大体上，其更有可能是对既有税种的改革，比如与环境税有关的资源税、土地使用税的税目的扩容，而可能不是一种新的独立的环境税。由此可见，即便改革开放初期，环境税的研究刚起步，大家对环境税尚处于一个认识模糊的时期，关于理想的环境税制度构建方案就已经存在明显的取向分歧了。

时间转到新世纪，作为发展方式转变的关键举措之一，排污费改环境税更是日益受到各方的重视。国务院2007年5月同意的《节能减排综合性工作方案》（已失效）中明确提出"研究开征环境税"。在各方看来，彻底改革排污费制度，大力推进环境税立法，成为迫在眉睫的任务。后来，2016年12月25日，《环境保护税法》通过，这意味着独立型环境税方案在争议中脱颖而出，成为环境税立法的首选。尽管如此，环境税方案之争并未就此终结。要看到，排污费改税涉及的问题非常复杂，绝不仅仅是行政事业性收费向税收制度转变的问题，还涉及生态

---

[1] 参见靳怀刚："解放思想 立志改革 开创环保工作新局面"，载《环境管理》1983年第4期。

[2] 参见杨斌："理财模式的转换——生态财政论"，载《财经理论与实践》1986年第4期。

环境主管部门与财税部门的关系协调问题,[1]也直接关系到国税和地税系统之间的税权配置,更关系到中央与地方税收利益的分配。在争议声中最基本也是争议较大的问题是：排污费改为何种"环境税"？

当然,这个问题不是中国独有,似乎是与环境税本身相伴而生的一个难题。自 20 世纪后半叶理论界提出"环境税"的构想以来,许多国家陆续开征了所谓的"环境税",仔细比较一下,众多学者讨论的环境税、许多国家开征的环境税其实都存在不同程度的差别。总的来看,各个国家所使用的以及人们在各种场合所讨论的"环境税"的定义本身存在狭义、中义和广义等不同层次的区分。

狭义的环境税是指与商品税、所得税和财产税等传统税种不同的某一种独立的环境税,其名称可以是"环境税",也可以是"污染税""清洁税"等。中义的环境税是在独立型环境税基础上,再加上与环境保护密切相关的一些税种,后者往往包括消费税、增值税、营业税、资源税等传统税种,为了与独立型环境税相区别,这些传统税种有时也被称为关联型环境税。广义的环境税则是指所有有利于环境保护的税收,在这个定义范畴下,几乎所有税种都可以是环境税。而在有的学者那里,广义的环境税甚至还包括以规费形式开征的准环境税,这一范围就更宽了。从这三个层次的环境税定义中,我们可以分离出四个基本要素来,即 A（独立型环境税）、B（关联型环境税）、C（准环境税）、D（其他传统税种）,这样,我们就可以将狭义环境税表示为 A,中义环境税表示为 A+B,广义环境税表示为 A+B+C+D。在此基础上,我们再来回顾排污费改税的不同方案。

---

[1] 参见何锦前:"环境税与环保制度的矛盾与化解——以行政部门为视角",载《石河子大学学报（哲学社会科学版）》2012 年第 4 期。

第四章 复合功能型环境税的方案选择

在《环境保护税法》通过以前，针对我国排污费改环境税的问题，学界与实务界众说纷纭，莫衷一是，提出的税制设计方案版本众多。经过对每个方案中"环境税"概念使用范围的区分和厘清，我们不难总结出相关的讨论集中关注了 A（独立型环境税）和 B（关联型环境税），相对地，对 C（准环境税）和 D（其他传统税种）的讨论要少得多。也可以说，当前讨论集中于中义环境税（A+B）层面，不过，进一步细看，就排污费改革为环境税的问题，出现了两种截然不同的方案，即有的主张走 A（独立型环境税）方案，有的建议走 B（关联型环境税）方案。

换言之，主张 A 方案的学者建议将排污费整体改革为一个独立的税种，有的将其称为"环境税"，有的称之为"环境保护税"，还有"排污税"等各种说法。究其实质，这些说法指向的都是独立型环境税，这种税体现庇古税的经济逻辑，以"污染者付费"为原则，[1]直接针对生产、流通、消费等领域中的污染行为进行征税，集中体现了排污行为和纳税之间的关联，有利于最大限度地发挥税收的环境保护功能。与此相反，主张 B 方案的学者建议采取关联型环境税的方式完成排污费改税，也就是充分利用现有的传统税种，将排污费制度拆散，分别融入与环境保护密切相关的税种制度之中，其具体的方法是在消费税、营业税和增值税等传统税种下增设税目，这种方法被认为改革成本小，可以很快实现环境税的开征。由此可见，A 方案的实现方式是新设税种，属于较大幅度的改革性方案，B 方案的实现方式是增设税目，属于较小幅度的改良性方案。

---

[1] See OECD, *Recommendation of the Council on Guiding Principles Concerning the International Economic Aspects of Environmental Policies*, OECD/LEGAL/0102, Organization of Economic Cooperation and Development, 1972.

应当说，各方的观点和主张都是有一定合理性的。实际上，从比较法的视角来看，环境税到底如何开征，是"旧瓶"装"新酒"，还是"新瓶"装"新酒"，在不同的国家各有不同的方案，即使是同一个国家，在不同的历史时期都可能有不同的选择。但是，放在我国国情背景下，尤其是发展方式转变的时代背景下来看，如果我们全面考量税收的作用环节、税种职能的分工、税法原则及环境税法功能实现等各方面的因素，那么，独立型环境税方案确实更适合我国的环境税立法实践。

简单来说，独立型环境税主要在以下三个方面具有优势：其一，我国环境税主要应当着眼于工业生产和资源开采环节，商品税等税种往往难以有效针对以上环节，与排污费制度的对接度较低，而独立型环境税则可以集中针对前述那些关键的减排环节。其二，对环境税作为一种行为规制税而言，它的强环保功能与传统税种分配收入、配置资源和社会调控功能是不一样的，独立型环境税可以和其他各税种功能和平共处、高度协调。而其收入功能也与其他税种有别，其复合功能的实现更需要在与传统税种相互区分的情况下分工配合。其三，独立型环境税有税收公平和税收效率的优势，在正当性、可接受性、可行性和成本收益比等方面均能经得起考验和评估。

当然，在各种分歧中厘清独立型环境税方案的相关理论问题，并鲜明支持该方案，也并不意味着从一个极端走向另一个极端，不是为了支持而支持，不会因为当前制度设计选择了该方案而无视当前制度设计的不足。接下来的分析将力争秉持一个更全面、更客观的立场，在赞同当前环境税法所实际采用的独立型环境税方案的合理性和可行性的基础上，也将进一步说明：为了更好地凸显环境税法的"规制—收入"复合功能，为了更好地实现生态文明、更有力地促进发展方式转变、推动可持续发展，以法律的形式（《环境保护税法》）所体现的独立型环境税制度还只是其中的一项举措，而且，独立型环境税的开征并不否认，也不排斥传统税种调整税目，从长远来看，现行《环境保护税法》还必须同其他税种法的完善（包括其他税种法的税目调整）紧密结合起来，共同促进税制"绿化"，充分发挥税收制度保护环境的积极作用。

二、从功能视角比较两种方案

从环境税法出台的曲折历程看，独立型环境税是多方博弈后的结果，排污费改税的方案选择也是基于环境税法功能和积极效应的现实考量。从制度设计的理想目标来看，环境税法应该体现"规制—收入"复合功能，实现双重甚至多重红利。对此，我们从以下几个方面分析独立型环境税对"规制—收入"复合功能实现的意义。

第一，从作用环节上来说，独立型环境税更加具有针对性，从关键环节上发力，可以更有效地实现环境税法的规制功能。而增设税目方案看似全面，实则眉毛胡子一把抓，没有突出重点，缺乏针对性。

"一种税具体确定在哪个或哪几个环节进行征收，这不仅关系到税制结构和税负平衡问题，而且对保证国家财政收入、便于纳税人交纳税款、促进企业加强经济核算等，都具有重要意义。"[1]就"规制—收入"复合功能型环境税法律构造的方案而言，首要的问题在于明确我们希望将环境税放在哪些主要环节来发挥作用，然后据此考量哪一种立法方案更有利于在这些主要环节上发挥减排作用。

---

[1] 徐孟洲：《税法》（第3版），中国人民大学出版社2009年版，第27页。

环境税的规制对象主要是污染物排放行为。我们知道，污染物（pollutant）通常是指进入环境后令环境正常构成要素发生变化，直接或者间接有害于生物生长、发育和繁殖的物质。[1]污染物的作用对象是包括人在内的所有生物。按有害物质的来源可将污染物分为自然来源的污染物和人为来源的污染物，有些污染物（如二氧化硫）既有来源于自然的又有来源于人为的。[2]我们所讨论的"规制—收入"复合功能型环境税法，都是就人为污染物而言的。这里需要回答一个前提性的问题，即哪些活动产生污染？[3]事实上，人为污染物的产生来源广泛分布于工业、农业、建筑业、运输业、服务业等国民经济中的各社会生产部门、流通部门和其他经济部门，也同样产生于人类的消费环节。而现行排污收费制度所针对的重点还是工业污染物，工业污染物的产生大体分布在资源开采、工业生产（包括原材料的利用）等环节之中。进而言之，"规制—收入"复合功能型环境税法主要针对的是工业生产、资源开采利用、建筑、运输等环节。随着农产品的规模化生产和现代化生产加工技术的推广，农业领域的污染排放也被逐渐纳入环境税法调整范围。

从现行环境税法的税目税额表可以看出，我国环境税主要针对大气污染物、水污染物、固体废物和噪声污染。产生这些污染的主要环节就是工业生产和资源开采，辅之以建筑、运输和农业的相关环节，这样的设计与排污费改环境税的重点紧密切合。而如果在传统的税种之下增设税目，则很难找到承载环

---

[1] 参见宋海宏、宛立、秦鑫主编：《城市生态与环境保护》，东北林业大学出版社2018年版，第139页。

[2] 参见黄占斌、单爱琴主编：《环境生物学》，中国矿业大学出版社2010年版，第30页。

[3] [美]哈维·S.罗森、特德·盖亚：《财政学》（第8版），郭庆旺、赵志耘译，中国人民大学出版社2009年版，第76页。

第四章 复合功能型环境税的方案选择

境税的"母税种",包括增值税、消费税、营业税、关税在内的商品税,其计税依据是商品的流转额,即商品流通、转让的价值额,其对经济发挥调控作用的着力点和主要环节大多集中于广义的产品消费和使用环节。其中的营业税也在改革中被增值税替代,商品税"大家庭"成员数量有限,可供选择的空间也有限。而且,商品和污染行为之间的联系往往并不能直观地表现出来,从商品的流通、消费环节去推测资源开采利用和工业生产环节的排污行为,难度非常之大。从征税环节的角度来考察,所得税的课征更是远离了工业生产和资源开采环节。再看资源税和耕地占用税,它们在一定程度上的确可以针对资源开采环节进行课征,不过它们无法广泛覆盖工业生产环节,而且自身存在诸多难以克服的缺陷,因此,这两个税种也难以完全容纳此前排污费所欲规制的排污行为。由此可见,传统税种往往难以直接有效地针对前述关键环节,尤其是工业生产环节的排污行为进行规制,不能发挥环境税应有的环境规制功能。

独立型环境税针对性明确,有助于充分落实污染者付费原则,谁污染环境谁纳税,且能集中瞄准关键污染环节精准规制,更好地发挥环境税的规制功能。同时,独立型环境税也能在其他税种难以触及的环节筹集财政资金,为节能减排、环境治理和生态平衡提供更多的财政支持,这也体现了环境税的收入功能。

从立法者最后的选择来看,将排污费改为环境税并制定单独的《环境保护税法》,是找到了正确的立法方案。和以往的排污费制度相比,环境税法刚性更强,规制力度更大,筹资能力提高,也更符合财税法定原则,从环境法治和财税法治的角度来说,都是一个大的进步。选择这个立法方案,当然也优于选择传统税种增设税目的方案,原因前文已经分析,在此不再赘述。

当然，立法者选择独立型环境税方案并制定单独的《环境保护税法》，主要是方向选择上的正确，并不意味着已经全部实现了理想的独立型环境税的制度建构。从功能主义的角度看，人们可以"将法律视为政府机器的一个组成部分。其主要关注点是法律的规制和便利功能，并因此而注重法律的意图和目标，并采取一种工具主义的社会政策路径。功能主义体现着一种进化式变迁的理想。"[1]就此而言，立法者虽然将排污费整个"平移"为环境税，而没有拆散"分装"到各个传统税种中去，但是一个很大的问题恰恰就在于立法者局限于"平移"思维。人们很容易发现，和排污费制度相比较，《环境保护税法》的很多规则改动其实远远没有立法前各方所预想的那么大，总的来说是十分保守的。比如，各方所期待的大幅提高税率，强化对原来排污费所针对的那些排污行为的规制力度，最终没有得到体现。又如，很多人期待将二氧化碳排放纳入环境税法的规制范围，但在多种因素考量、多方利益博弈之下，碳税并未被纳入方案之中。这就会减损环境税法的功能，会影响环境税法目标的实现。就规制功能而言，征税范围过窄、税率过低等问题导致现行环境税成为缩小版的或"瘦身版"的独立型环境税，无法有效调节主要环境影响行为。在这种制度设计下，一些市场主体行为没有被纳入规制范畴，自然严重减损了环境税法的规制功能。就收入功能而言，这种非标准版的独立型环境税也不利于财政收入的汲取。和以往排污费制度相比，非标准版的独立型环境税的优势可能就不多了，主要优势将集中于税收征管的刚性——严格征管——带来的跑冒漏滴的减少，而无法彻

---

[1] [英]马丁·洛克林：《公法与政治理论》，郑戈译，商务印书馆2002年版，第85页。

第四章 复合功能型环境税的方案选择

底矫治以往排污费制度在汲取收入方面能力薄弱的顽疾,从而严重减损了环境税法应有的收入功能。基于前述两方面局限性的分析可知,两者综合作用将使得环境税法保护和改善环境、减少污染物排放、推进生态文明建设的立法宗旨难以最大程度的实现,进而难以契合新发展阶段的历史需求。

第二,从税种职能分工上来说,不同的税种固然有税收一般职能的共性,但也有各自不同的特殊性和侧重点。独立型环境税方案充分遵循了各税种的制度属性和运作规律,增设税目方案则势必扰乱各项税种的固有职能。

从开征环境税的各个国家来看,环境税是一种行为规制税(regulatory tax),[1]其作用主要在于调控和规制污染物排放行为,增加排污行为的成本,减少污染物的排放,鼓励对污染物的控制和循环利用。不论将排污费改革为何种形式的"税",其职能仍然在于规制污染行为、内化污染成本,这一职能很难直接纳入任何一个传统税种之中去实现。

传统税种的主要职能一般被概括为分配收入、配置资源和保障稳定三项内容,[2]或者被表述为财政功能、经济功能和社会功能。[3]由于这些税收职能是基于传统税种的特性而提炼出来的,在这些税收职能"三元说"成为主流共识甚至常识很长时间之后,环境税才出现于世。所以,不论哪一种传统功能,似乎都难以完全对应环境税规制环境影响行为、保护生态环境的功能。可见,环境税的功能和传统税种功能的差别是比较明显的。

---

[1] Afggie Paulus, *The Feasibility of Ecological Taxation*, Universitaire Pers Maastricht, 1995, p.45.

[2] 参见张守文:《税法原理》(第5版),北京大学出版社2009年版,第9—11页。

[3] 参见邓子基:《税种结构研究》,中国税务出版社2000年版,第31—33页。

众所周知，所得税具有较强的收入功能和社会调控功能。[1]而与所得税相比较，环境税在稳定和增加财政收入方面的作用就难以相提并论了。当然，关于环境税的财政收入能力，学界尚存争议。从理论上来看，或从有关国家经验来看，环境税当然可能在一定条件下具备财政收入的功能，甚至其收入功能比人们预想的还要强一些——当然是跟预期相比而不是跟传统税种比。也有一些研究指出，从较长远的时间段来看，环境税的收入功能或许不具备所得税那样的高度稳定性和可持续性，且某些特定的污染物排放在一定的经济发展周期内总是呈现出先增后降的"倒 U 型曲线"，通过环境税征缴的税收收入从长远趋势看将会不断萎缩，而不会无限扩张和增长。但是，又有一些研究认为，之所以一些国家的环境税收入在某些时期呈现下降趋势，是受到某些因素制约，而这些问题可以在税制改革和完善时逐步得到解决。[2]因此，环境税的收入功能在一定条件下是可以保持稳定和持续性的。[3]综合来看，环境税的收入功能是客观存在的，而且在我国现阶段，更应当重视该功能，在此基础上将环境税定位为"规制—收入"复合功能型环境税。同时，要注意协调环境税的相关制度要素，在价值导向、功能定位和具体制度安排上需要妥善设计。回过头来看，还是要承认，无论如何，就收入功能而言，环境税与所得税之间还是存在明显差别的。毕竟，环境税的税基并不像所得税那样宽广。再考虑到环境税所具有的其他功能，如果把本应作为独立型环境税

---

[1] 参见刘隆亨：《税法学》，法律出版社 2006 年版，第 276 页。

[2] See Katri Kosonen, "Why Are Environmental Tax Revenues Falling in the European Union?", in Claudia Dias Soares et al. eds., *Critical Issues in Environmental Taxation: International and Comparative Perspectives*, Oxford University Press, 2010, pp. 37-56.

[3] 参见何锦前："论环境税法的功能定位——基于对'零税收论'的反思"，载《现代法学》2016 年第 4 期。

第四章 复合功能型环境税的方案选择

的征税项目分割开来，分散到所得税中去，则可能产生功能上的冲突。因此，将环境税征税项目放入所得税中去，可能会影响所得税的收入功能，也可能影响环境税的相关功能，可谓"双输"方案。

商品税也致力于保障国家充分、及时、稳定地获取税收收入，除此之外，它还着眼于经济结构调整和资源优化配置，在微观上还有助于调节企业的盈利水平，为企业创造公平的市场竞争环境。与所得税一样，商品税的收入功能并不能兼容环境税的征税项目。同时，商品税的税负往往是由消费者或最终的购买者来承担的，税负容易转嫁，重复征税的问题也比较突出，也不适合接纳环境税的征税项目。尤其是商品税易于转嫁，"污染者付费原则"就可能由此转变为"消费者付费原则（consumer pays principle）",[1]税制将变得更加复杂，排污行为难以受到有效的规制。甚至，这种设计还可能加重低收入群体的负担，不利于甚至恶化收入分配结构。

至于一些学者所主张的以消费税作为母体来容纳环境税征税项目的建议，有一定的合理性，但是障碍也不少。比如，消费税毕竟只针对特定消费品征税，难以覆盖环境税预期范围。同时，消费税已有税目中本来就有一些是针对不利于能源节约和环境保护的项目，这些项目与环境税征税项目如何协调也是难题。消费税对消费行为的规制比较有效，而要它去规制那些影响生态环境的生产行为，似乎难度不小。除了这些问题以外，其实就中国的税收体制而言，前述学者似乎还忽略了目前消费税作为中央税的性质。环境污染治理集中在地方，尤其在基层，通过消费税来对排污者征税，税收就集中到了中央，并不利于

---

[1] See Christopher Hilson, *Regulating Pollution: A UK and EC Perspective*, Hart Publishing, 2000, pp. 120–121.

实现污染治理和环境保护的功能。

除了前述所得税、商品税以外，其他的诸多税种同样不具备完全实现环境税功能的条件，例如，契税、印花税等与环境税在原理上的距离不可以道里计，故在此不再赘述。因此，要想有效地实现预期的制度功能，开征独立的环境税是最佳的选择。

立法者最终选择的正是独立型环境税方案，即排污费制度基本上"平移"到《环境保护税法》中。我们看到，除了原来排污费制度上的一些旧的规则，《环境保护税法》和《中华人民共和国环境保护税法实施条例》中的税收减免规则和责任条款等都有一定的创新，更强调鼓励符合标准的排污行为和环保技术更新，因而也更有利于促进环境保护。其中，《环境保护税法》第4、12、13条规定了减免规则，尤其是第13条规定的大气污染物和水污染物的排放浓度值低于国家和地方标准的可以按比例减征，符合节能减排的激励原则，体现了激励相容逻辑和激励法学原理。《中华人民共和国环境保护税法实施条例》第6条规定，非法倾倒应税固体废物和虚假纳税申报的应承担不利的法律后果；第7条第2款规定，未依法安装使用污染物自动监测设备或监测设备没有与环境保护主管部门的监控设备联网，篡改、伪造污染物监测数据，稀释排放或不正常运行防治污染设施的，应承担不利的法律后果。这些规定体现了环境税法优于以往排污费制度的地方。

我们不妨设想，要是将原来的排污费制度拆散"分装"到各大传统税种制度中去，势必要将上述各种规则在各大税种中不同程度地重复规定多次，这当然不利于环境税制度的规制功能的实现，也会对立法资源造成较大的浪费，还可能带来法律体系紊乱的风险。至于环境税制度的收入功能也会受到很大影

第四章 复合功能型环境税的方案选择

响,比如,由于分散立法,就可能比单独立法要产生更多的税网罅漏,引发纳税人更多的逃避税收冲动,[1]造成环境税收入的大幅流失,最终损害环境保护与治理的财政基础。有人说,税法漏洞难免会有,退一步说,还有司法机关的漏洞填补或法律续造可以起到最后一道防线的作用。我们知道,"法律的'漏洞'并非'未为任何规定',毋宁是欠缺特定——依法律的规定计划或其整体脉络,得以期待——的规则"。[2]这样的漏洞如果都靠司法来弥补,司法机关将不堪重负。因此,这些我们明明能提前预测到的风险,以及那些明明应提前制定好的规则和提前减少的漏洞,都应当提前预计、提前做好准备工作。我们也知道,这世上还没有无漏洞的税法,但漏洞能少则少,其实也是很简单的道理。曾有学者批评:"看看那些评注、释义、专著、解析、思辨、论文以及案例的内容吧!其中只有极小一部分是致力于自然法,而90%以上都是围绕着实在法的漏洞、歧义、矛盾兜圈子,所关注的仅仅是实在法中那些谬误的、过时的或随意性的东西"。[3]由此看来,减少不必要的税法漏洞,既是科学立法、良法善治的需要,也能避免事后的相关资源浪费,比如,可避免浪费很多精力来就"实在法的漏洞、歧义、矛盾兜圈子"。

第三,从税法原则来说,独立型环境税方案有税收公平和税收效率的优势,而通过传统税种增设税目的方式开征环境税,

---

[1] 很多国家的实践都表明,"纳税人具有通过一系列法律'漏洞'避税的能力"。参见 [美] B. 盖伊·彼得斯:《税收政治学》,郭为桂、黄宁莺译,江苏人民出版社2008年版,第141页。

[2] [德] 卡尔·拉伦茨:《法学方法论》,陈爱娥译,商务印书馆2003年版,第253页。

[3] [德] J. H. 冯·基尔希曼:"作为科学的法学的无价值性——在柏林法学会的演讲",赵阳译,载《比较法研究》2004年第1期。

难以保障公平和效率。

税收立法的基本原则包括公平原则和效率原则,[1]这是在讨论排污费改税问题时必须注意始终遵循的原则,不论是新设税种,还是传统税种增设税目,如果违背这两项原则,就意味着改革的失败。这一点,是我们在《环境保护税法》出台前所坚持的立场,在立法后的当下,我们依然秉持这一立场来评价《环境保护税法》所采用的立法方案。前文已经从内部规则设计的价值导向维度进行过讨论,此处不再赘述,而是更多围绕立法方案的整体视角和环境税法与相关税法关系的外部视角来展开讨论。

从公平的角度来看,独立型环境税方案在很多方面更加公平。如果采用传统税种增设税目的方式实现环境税入法的目标,那么,各个税种之间的税率、特别课税措施等规则迥然不同,必然造成环境影响行为主体之间的税负不公,这是很难通过税种法之间的调整来解决的难题。

此外,从分配公平的角度来看,许多传统税种的税负转嫁性较强,如果通过传统税种增设税目的方式进行排污费改税,那么,税负本来应当内化为生产者、经营者的污染成本,结果转嫁给了消费者等其他主体,这就产生了税负分配上的不公。而更进一步,我们可以发现,高收入群体和低收入群体的消费结构差别是很大的,低收入群体在食品、能源等方面的消费支出占其收入之比更高,商品税上的税负转移给低收入群体后,可能影响其基本生活水平,这种影响更有甚于高收入群体,从这一点来看,传统税种所导致的分配不公的后果就更加严重了。当然,不是说独立型环境税就不存在这个问题了,有不少学者

---

[1] See Adam Smith, *An Inquiry Into the Nature and Causes of the Wealth of Nations*, William Pickering, 1995, pp. 270-271.

已经指出,"环境税通常是累退的(regressive)",[1]环境税也会存在税负最终归宿上的分配不公,著名学者桑斯坦在其名篇《风险与理性》中就对此进行了激烈的批评,[2]因此,独立型环境税也应在税率确定和税目设计上减小分配不公效应。但是,应当注意的是,独立型环境税的税负转嫁要比许多传统税种难度更大,因此,相对来说,它在税负分配上的消极后果要轻微一些。

从效率的角度来看,两种立法方案的效率高下还是非常明显的。对此,人们可以做一个思想实验来进行复盘。可以设想,当时如果强行通过传统税种增设税目的方式实现排污费改税,那么,很可能不得不将排污费的收费项目分割开来,分别调整到不同的传统税种架构当中。例如,资源开采环节的排污费放入资源税,工业生产环节的排污费则通过物料衡算的方法来课征商品税,具体操作中必须区分生产所利用的各种原料、水、能源等进行计算。由此导致的问题是,税收稽征的简便性不复存在,计税过程烦琐,征税成本将急剧上升,这是对税收效率原则的直接违背。

更严重的情况是,污染物的排放固然与生产中所利用的各种资源密切相关,但并非是唯一和简单的正相关关系,排污量及其环境危害性不仅与资源利用有关,还受到生产技术、工业管理、自然条件等多方面因素的影响。仅仅以生产所用资源进行物料衡算的方式课征环境税,难以做到精确课征,将可能严

---

[1] See Don Fullerton, Andrew Leicester, Stephen Smith, "Environmental Taxes", in IFS ed., *Dimensions of Tax Design: The Mirrlees Review*, Oxford University Press, 2010, p. 434.

[2] See Cass R. Sunstein, *Risk and Reason: Safety, Law, and the Environment*, Cambridge University Press, 2002, p. 40.

重影响课税的公平性，积极改进技术、注重环境保护的生产经营者如果不能因其积极行为而获益，主观能动性将受到抑制。加上征纳双方存在的严重信息不对称的情况，最后很有可能产生逆向选择或劣币驱逐良币的消极后果。[1]

2016年发布的《环境保护税法》第2章规定了计税依据，第4章规定了征收管理的相关内容，《中华人民共和国环境保护税法实施条例》第2章和第4章进行了补充，确定了每一类污染物的应税测量方式、计税的依据、环境保护主管部门的技术支持、征收主体、材料申报等具体的内容。首次发布的《环境保护税法》第14条规定了征收主体为国务院税务部门、环境保护主管部门，第15、18、19、20条规定了纳税申报的相关内容，第24条规定了资金支持。《中华人民共和国环境保护税法实施条例》中更加详细地规定了环境保护监管信息管理、环境涉税信息的管理、应税污染物的排放地、纳税申报的数据提交、征税管辖争议的处理。这些规定令环境税征收管理更具效率，是对税收效率原则的贯彻，虽然和以往的排污费制度相比，环境税征管涉及了多个部门的协同问题，但这些规定在一定程度上缓解了分工协作与利益协调等方面的紧张关系。

当然，上述分析侧重于税收行政效率，但并不意味着不需要考虑税收经济效率。实际上，鉴于各税种在经济效率上的作用机制和效果上差别较大，以独立型环境税的方案进行改革也更为合适。前文已专门讨论过环境税法的经济效率问题，在剖析环境税法的收入功能时，也涉及了环境税法与经济发展的关系问题，故此处不再作过多讨论。不过，还是有必要澄清的是，

---

[1] See George A. Akerlof, "The Market for 'Lemons': Quality Uncertainty and the Market Mechanism", *The Quarterly Journal of Economics*, Vol. 84, No. 3, 1970, pp. 488-500.

第四章　复合功能型环境税的方案选择

环境税与经济发展之间不是非此即彼的关系，更不能推行所谓"零税收"式或"零污染"式的环境税。一般而言，污染为零并不是社会的理想状态。要找到合适的污染量需要对成本和收益进行权衡，而权衡的结果往往是某一正的污染水平。因为几乎所有的生产活动都会有一定程度的污染，所以，要求污染为零就等于禁止一切生产活动，这显然是一种无效的解决方法。这一切看来只是一种常识，而且的确也是常识。但是，请注意，美国国会曾经把"在1985年以前消除向通航水域排放污染物"作为一个全国性目标。确立这种不切实际且无效率的目标……是愚蠢的。[1]这就要求环境税法制度设计上要非常精巧，要充分协调与经济发展的关系，如果不采用独立型环境税方案，将人为加剧制度设计的复杂性。

　　由此可见，通过传统税种增设税目的方式实现排污费改税，公平和效率都无法得到保障，削足适履，将反受其害。而独立型环境税方案虽然并非十全十美，但具有相对的优势，更契合公平原则和效率原则，更有利于实现环境税的"规制—收入"复合功能，是较为适合我国各方面条件的最优方案。2016年《环境保护税法》的通过表明，立法者选择了独立型环境税方案，这一方案选择是契合实际需要的，因而是正确的。但是，由于立法者在落实独立型环境税方案的过程中，采取了将排污费制度"平移"过来的简单办法，难以真正体现理想的独立型环境税的诸多优势，尤其不利于"规制—收入"复合功能的有效实现，2016年的立法只能算是阶段性的进展，尚待进一步完善《环境保护税法》，以更好地凸显独立型环境税的"规制—收入"复合功能。

---

〔1〕［美］哈维·S. 罗森、特德·盖亚：《财政学》（第8版），郭庆旺、赵志耘译，中国人民大学出版社2009年版，第75页。

三、两路并进与税制"绿化"

如上所述,独立型环境税的优势是非常明显的,因而,排污费改税最终是通过开征独立型环境税的方式来实现的。我们可以发现,恰恰是由于以开征新税种而不是增设税目的方式来完成改革,排污费的收费项才能较为完整地被税收制度接纳,排污费制度中存在的诸多问题才有望得以集中地进行解决,环境税才能与其他税种和谐共存而不互相干扰,使其更好地实现自身的功能。当然,或许恰恰是因为以排污费改税或排污费"平移"为环境税的方式来完成该项改革,一种路径依赖[1]式的结果不期然呈现于我们面前,即"环保税只是戴了一个环保税'新帽子',下面藏的其实就是一个排污税'小身子'"。[2] 由此,理想的独立型环境税就终究未能"整体落户"到《环境保护税法》中来,或许人们聊以自慰的是,任何试图毕其功于一役的改革都是不现实的,环境税立法必定要以小步快走、增量改革的方式来完成。

从立法策略角度来看,基于课税条件成熟与否的考虑,应当采取稳妥策略,按问题轻重缓急的程度序列逐步将收费项转化为环境税的税目,成熟一个纳入一个,逐渐扩大税目。[3] 在环境税立法前,可以如此具体规划:对于那些环境影响最大、

---

[1] See W. Brian Arthur, "Competing Technologies, Increasing Returns, and Lock-in by Historical Events", *The Economic Journal*, Vol.99, 1989, pp.116–131; Douglass North, *Institutions, Institutional Change and Economic Performance*, Cambridge University Press, 1990, pp.83–106.

[2] 参见《环境保护》编辑部:"科学设计环境保护税 引领创新生态文明制度——访环境保护部环境规划院副院长兼总工王金南",载《环境保护》2015年第16期。

[3] 参见何锦前:"环境税税目设计的原则与路径——以发展方式转变为背景",载《广西政法管理干部学院学报》2012年第4期。

征管最为迫切、便于进行税收征管的项目可以先行纳入环境税，对于那些难度较大、成本较高的项目或许可以仍然作为排污收费项目，提高费率、加强征管，为后续费改税奠定基础。以前笔者曾建议费改税的基本步骤可以简单地分为三个阶段：第一阶段的征税范围主要集中于污水（氨氮、氮氧化物、化学需氧量）和废气（二氧化硫）排放；第二阶段则分别扩大第一阶段的税目，其中，污水类的子目增加为氨氮、氮氧化物、化学需氧量、悬浮物、五日生化需氧量和其他等项，废气类的子目增加为二氧化硫、粉尘、烟尘和其他等项；第三阶段则在第二阶段的基础上增加固体废物（含危险废物）和噪声两个税目。就目前的情况来看，排污费制度已被《环境保护税法》取代，从当前环境保护税目表来看，税法中已经设置了大气污染、水污染、固体废物以及噪声的税目，也涵盖了悬浮物、生化需氧量、总有机碳、硫化物、氨氮等61种不同种类的应税水污染物、二氧化硫等44种应税大气污染物及其他子税目。所以，从某种意义上来讲，《环境保护税法》所体现的改革节奏比当初所设想的排污费改税"三步走"要更快一些。

当然，排污费制度已被《环境保护税法》取代，相关法律中的排污收费规则也逐渐被清除，所谓的一些有难度的项目先收费、后改税的路子是行不通了。比如，原来不受规制的一些环境影响行为——未纳入原排污费制度收费范围之内的情形，在税费并存的过渡方案中可以先收费、后改税，但现在皮之不存，毛将焉附？这就只能另寻他法了。

就全面规制环境影响行为进而有效改善环境、保护生态的目标而言，《环境保护税法》并未终结"规制—收入"复合功能型环境税法的制度构建，广义的立法仍然处于进行时。一些各方呼吁良久的税目或许在不久的将来会充实到新的《环境保护税法》中去。

当然，独立型环境税开征仅仅意味着税收制度在环境保护领域迈出的关键一步，独立型环境税还应成为关联型环境税立法的强大推动力，进而推动整个税制的"绿化"。[1]从广义的环境税来看，今后中国的环境税发展趋势，不应当仅仅局限于《环境保护税法》这一部法律，也不能只将眼光盯着《环境保护税法》及其配套下位法所形成的环境税法体系，而应将整个税制"绿色化"和"生态化"，[2]这种"绿色化"和"生态化"就必然要求其他传统税种进行改良革新，适应环境保护的要求。因此，拓展税目将成为传统税种不断"绿化"的一个重要方式。

实际上，许多国家在开征独立型环境税的同时，也通过传统税种增设税目的方式或其他方式强化了税收制度的环保功能。法国是世界上最早运用税费工具进行环境管理的国家之一，其环境税费设置以前较为分散，从20世纪90年代中期开始逐步进行整合。1998年11月，法国通过"1999年度财政预算法案"，确定建立"污染活动一般税"（即TGAP）制度，并从1999年1月1日开始分领域逐步实施。目前，法国既设置了独立的环境税，又包括许多关联型环境税，其开设的税种包括二氧化硫税、氮氧化物税、水污染税、水资源税、废物垃圾税、轮胎税、润滑油税、汽车税、地方设备税、伐木税以及犬税等。法国等国的经验表明，全面而广泛的税制"绿化"，在规制污染行为、促进环境保护方面发挥了突出的积极作用。

---

[1] See Wallace E. Oates, "Green Taxes, Can We Protect the Environment and Improve the Tax System at the Same Time?", *Southern Economic Journal*, Vol. 61. No. 4, 1995, pp. 915-922.

[2] See Kris Bachus, "Improving the Methodology for Measuring the Greening of the Tax System", in Larry Kreiser et al. eds, *Green Taxation and Environmental Sustainability*, Edward Elgar Publishing Limited, 2012, pp. 3-16.

第四章 复合功能型环境税的方案选择

当然，话说回来，我们赞同独立型环境税的立法方案，认为排污费更适合改革为独立型环境税，但是，我们不能据此推论说只有独立型环境税才是最好的，我们没有说，也不会说，只需要《环境保护税法》就够了。要申明的是，笔者的前述分析是以我国现行税制为前提的，所得出的结论也主要适用于排污费改税的问题以及环境税功能实现问题，前述分析是针对独立型环境税方面的问题而展开的，并不意味着关联型环境税在环境规制和税制变革方面没有讨论价值，更不是否定关联型环境税的重要性。实际上，由于政治、经济和文化条件的不同，有的国家在现阶段并没有明显的独立型环境税这个税种，而主要是依托传统税种的改革来实现环境保护。例如，日本很早就提出要就环境保护开征新税，并曾于2003年明确提出了环境税的概念。但由于受制于各方面因素，尤其是在利益集团的强烈反对之下，日本对环境税立法方案进行了妥协性调整，从2011年10月1日开始实施"环境税"。这种税其实是关联型环境税，主要依附于现有石油石炭税内（具体包括原油、石油制品、气态碳氢化合物、煤炭等税目）进行课征。从理想的角度来看，日本最终可能会构建独立型环境税制度。

对我国来说，立法者选择独立型环境税方案是符合实际情况的，立法方向是正确的。其实，从整体情况来看，开征独立型环境税仍然是很多国家推动税制"绿化"的关键环节，是实现环境税复合功能的前提。在已经有了单独的环境税法之后，我们更应当明确，独立型环境税和传统税制在优化税制、推动环境保护方面不是对立的关系，而应是协同配合的关系。申言之，传统税种法律制度也应当进一步被修订完善，以更好地契合税制的"绿色化"和"生态化"，促进生态文明建设。在这方面，企业所得税制度、个人所得税制度、增值税制度、消费税制度和其他相关财税制度都应当不同程度地加以完善。

可见，无论是新的环境税法律制度还是所得税等传统税收法律制度，都应当朝着有利于生态平衡、有利于环境保护、有利于可持续发展、有利于生态文明的方向改进。这就是绿色税制改革的两路并进。这种改革能避免单兵突进带来的很多风险和局限，能更好地保障环境税法律制度的"规制—收入"复合功能的实现。

四、小结

由上可知，《环境保护税法》意味着独立型环境税方案的胜出，立法方向的正确保证了这部法律有了科学立法的靶向和基础，不至于南辕北辙。但是，这也意味着立法者所选定的独立型环境税方案并非理想的独立型环境税方案，而是"瘦身版"的或"矮化版"的独立型环境税方案。

通过对税收的作用环节、税种职能的分工以及税法原则等各方面因素的综合比较，新设独立型环境税的方案显然比通过传统税种增设税目的方案更有利于实现排污费改税的目标，更有利于实现"规制—收入"复合功能。我国选择新设税种开征环境税是值得肯定的，在保证"规制—收入"复合功能实现的基础上，对其双重红利甚至多重红利的实现也有积极作用。当然，新设环境税的方案并未否定传统税种加强环境保护功能的必要性和可行性，传统税种仍然有必要通过增设税目或调整其他具体课税要素的方式促进节能减排。在环境税和其他各个税种的共同作用下，整体税制可以实现"绿化"或"环保化"。

无论从理论上来看，还是从实践上来看，都必须坚持辩证看待独立型环境税和关联型环境税两者关系的立场，任何片面且偏激地对待这两者的观点，都不利于推动我国经济社会的发

第四章 复合功能型环境税的方案选择

展转型,都不适合我国新发展阶段的现实需要,也无法在理论上自圆其说。独立型环境税在凸显环境税法复合功能或多重红利等方面具有积极效应,在肯定独立型环境税立法的基础上,我们也应该关注传统税种的"环保化",加快整体税制的"绿化",推动经济社会的可持续发展。

第五章
环境税收法治路径再反思

前文我们已经讨论了环境税立法的方案选择问题，主要是围绕方案合理性的对比来展开的，更多的是一种横向维度的考察，并未从纵深的维度考察立法者为何选择独立型环境税方案。其实，这个问题颇有讨论价值。在生态文明建设的大背景下，我们还可以从环境税收法治路径的角度来作进一步的反思性考察。[1]

简单来说，笔者发现，近年来环境税收法治的结晶集中体现为环境费改税与环境税立法。要评估环境税收法治在生态文明建设中的表现，庇古税原理是重要标尺之一。由此观之，因为未能严格按照庇古税原理进行设计，立法者在生态文明建设和政治文明建设任务"竞合"且时间紧迫的情况下，选择了一条成本最小的"平移路径"，导致环境税成了迷你版环境税，环境税立法也未能与整个税制的"生态化"统筹起来。对此，应全面、正确理解庇古税理论，统筹环境税法与整个税法制度"生态化"两路并进，不仅应从征税范围、税率结构、税收优惠、税权配置等方面完善《环境保护税法》，而且应同步优化相关税制，以环境税收法治并行路径来积极推进生态文明建设。对于这些发现，我们可

---

[1] 本章的主要内容曾以论文形式发表（何锦前："生态文明视域下的环境税收法治省思——从平移路径到并行路径"，载《法学杂志》2020年第3期），该论文可视为就此所作的反思性考察的探索。

第五章　环境税收法治路径再反思

以在生态文明的法治化建设语境中得到更好的呈现。

众所周知，这些年来，生态文明不断由理念转化为制度，[1]其中，环境税费改革和立法是重大进展之一。《环境保护税法》第1条开宗明义："为了保护和改善环境，减少污染物排放，推进生态文明建设，制定本法。"但是，立法不是终点，事实上，问题还有很多。其中，环境税收法治在"推进生态文明建设"中的表现如何？此类问题仍需作复盘评估。

一、环境税收法治的评估标尺

从全世界来看，环境税费制度依循的核心理论是庇古税理论，该理论本身是人类生态文明意识的产物，也往往是各国评判环境税费制度的重要标尺。我国2018年1月1日实施的《环境保护税法》正式取代了此前施行多年的排污费制度。原来的排污费制度从理论上也是想应用庇古税理论和借鉴国外的做法，[2]环境税法也被认为是一种庇古税。因此，庇古税理论也应是评判我国环境税费改革和环境税收法治的标尺之一。不过，这些年来，仍然存在一些对庇古税理论有认识偏差、错误解读的现象，甚至潜伏着生态文明时代应放弃庇古税理论的风险，[3]因

---

[1] 2013年11月12日《中共中央关于全面深化改革若干重大问题的决定》之"十四、加快生态文明制度建设"提出了一系列要求，现行《中华人民共和国宪法》"序言"也明示："推动物质文明、政治文明、精神文明、社会文明、生态文明协调发展"。

[2] 就中国而言，一些论著明确提到，征收排污费的理论依据也是庇古税理论（参见赵振东、张念瑜：《收费理论与收费管理》，中国物价出版社1995年版，第348—349页）。而近年来关于环境税的大量文献几乎都会溯及庇古税理论。

[3] 事实上，近年来已经有一些以文明之名质疑甚至否定传统理论的迹象，对此，著名华裔经济学家黄有光教授特别提到对庇古税理论的否定，其评价是——"经济学界对污染征收庇古税的精神分裂"，并指出真正理解并坚持庇古税理论的重要性。参见黄有光："经济学何去何从？——兼与金碚商榷"，载《管理世界》2019年第4期。

此,很有必要回溯到庇古税理论的源起。前文曾对此作过比较多的讨论,故此处仅稍作回顾。

任何思想理论的出现和发展,都是一定经济社会条件下多方面因素的产物。庇古税理论的产生,也是在社会化大生产之后,人与自然的矛盾日趋尖锐的背景下,人类生态文明理念得以生发后的产物。从理论脉络上看,庇古税理论源自庇古1920年《福利经济学》所阐述的外部性内部化理论。当然,外部性概念还可追溯到庇古的老师马歇尔那里去——马歇尔最早提出了"外部经济"的概念。[1] 马歇尔的外部经济理论极大地推动了人们对不完全竞争市场甚至市场失灵的关注和研究。但是,马歇尔关于"外部经济"的论述并未明确外部不经济或负的外部性问题,也没有讨论人与自然关系下的环境污染等外部性,这一工作要等到庇古来做。在某种意义上,这也是20世纪初工业快速发展的必然结果。在庇古所处的时代,工业生产对生态环境的负面影响逐渐凸显出来,生态文明理念也渐趋萌发,人们开始讨论如何规制工业污染等问题。

人与自然终究要和解。从这一点来看,迟早要有人提出相关的理论,这是历史大势。具体到谁来提出,具有偶然性。庇古或许就是这样一个偶然之人,正好做了必然之理论贡献。在前述背景下,作为马歇尔的学生,庇古极大地推进了老师马歇尔的外部经济的理论,在福利经济学框架下,讨论了经济行为对环境的外部性,并提出了国家对此类外部性经济行为征税的建议。这就是后人所说的"庇古税"的来由。

在庇古的理论中,净边际产品被划分为社会净边际产品和私人净边际产品两种。而社会净边际产品所产生的外部不经济

---

[1] Alfred Marshall, *Principles of Economics*, Palgrave Macmillan, 2013, p. 264.

第五章 环境税收法治路径再反思

却无法通过市场机制来妥善解决。因为，在庇古看来，"问题的关键在于，一个人（A）向另一个人（B）提供某些服务时，B给A一定的报酬。但同时A也可能客观上附带地给其他人提供了某种服务，或者A给B提供服务时伴随着对其他人的损害，在这两种情况下，A无法从受益方索取报酬，受害方也难以从A处获得补偿。"[1]那么，怎么解决社会净边际产品所产生的外部不经济问题呢？庇古建议采取鼓励或限制的措施来予以解决，其中就包括了征税的办法。[2]

庇古的理论是震撼性的，也符合世界文明发展的大趋势，支持其理论的人非常多。许多学者在庇古的基础上作了进一步拓展，比如发展出了庇古税的双重红利理论。[3]到20世纪中叶，环境污染问题日益突出甚至格外紧迫，成为全球性的重大社会问题。生态文明理念得到进一步深化，可持续发展理念也逐渐深入人心。受庇古税理论的影响，很多国家先后采用了对环境影响行为征收税（费）的方式来实现经济外部性的内部化。[4]这些税（费）一般都遵循"污染者付费原则"。

在此背景下，经济合作与发展组织（OECD）于1970年成立了环境委员会。两年后，该委员会通过了《理事会关于环境

---

[1] A.C. Pigou, *The Economics of Welfare*, Macmillan and Co., Limited, 1932, p.183.

[2] A.C. Pigou, *The Economics of Welfare*, Macmillan and Co., Limited, 1932, p.192.

[3] 双重红利一般是指庇古税既能改善环境，又能筹集财政收入。当然，这方面仍存在一些理论争议。有关此方面的学术分歧，前文有专门讨论。

[4] See Kostas Bithas, "Sustainability and Externalities: Is the Internalization of Externalities a Sufficient Condition for Sustainability?", *Ecological Economics*, Vol.70, No.10, 2011, pp.1703-1706; Concetta Castiglione, Davide Infante, Janna Smirnova, "Non-trivial Factors as Determinants of the Environmental Taxation Revenues in 27 EU Countries", *Economies*, Vol.6, No.1, 2018, pp.1-20.

政策的国际经济指导原则的建议》(Guiding Principles Concerning the International Economic Aspects of Environmental Policies)，其中一条重要原则即为"污染者付费原则"。1974年，OECD理事会通过了《实施污染者付费原则的建议》(Recommendation on the Implementation of the Polluter-Pays Principle)，进一步推广了这一环境经济制度领域的重要原则，使该原则得到了更广泛的接受和应用。[1]

即便到今天，庇古税理论和体现该理论的前述原则，都依然在各国广泛适用，并没有随着文明进程的发展而被颠覆。即使在许多国家奔向生态文明的当下，庇古税理论也是与生态文明内涵高度契合的，[2]因此，庇古税理论仍然是检视环境税收法治进程的标尺。

二、环境税收法治平移路径的反思

如前所述，庇古税理论本身是人类社会生态文明的产物，契合于生态文明的基本内涵，因此，该理论可以作为评估相关立法的标尺。我们应当考虑的是，环境税收法治推进路径是否有效实现了庇古税的基本理论逻辑。

当初为何要进行排污费到环境税的制度变革？这其实也可以从庇古税理论进行解读。回顾排污费改环境税的初衷，我们会发现，恰恰是由于排污费制度严重违背了前述庇古税原理。

---

[1] See Iris Borowy, "Negotiating Environment: The Making of the OECD Environment Committee and the Polluter Pays Principle, 1968–1972", in Matthieu Leimgruber, Matthias Schmelzer eds., *The OECD and the International Political Economy Since 1948*, Palgrave Macmillan, 2017, pp. 311-334.

[2] 这方面已有不少阐述，如洪银兴主编：《全面深化改革》，江苏人民出版社2015年版，第156页；燕芳敏：《现代化视域下的生态文明建设研究》，山东人民出版社2016年版，第114页。

第五章 环境税收法治路径再反思

在此背景下,排污费改税列入改革议程。国务院 2007 年 5 月同意的《节能减排综合性工作方案》(已失效)提到要"研究开征环境税",但是如何征并无具体方案。针对排污费改环境税的问题,各方意见纷纭,提出的税制设计方案版本众多,其中两种方案比较有代表性:一种是独立型环境税方案,下设多个税目,排污费相应地被纳入其中的几个税目之中;另一种方案是,将排污费拆散后"分装"到消费税、增值税等相关税种中去。

由于方案不统一,各方认为短期内难以立法。谁曾想,2015 年 6 月 10 日,国务院法制办公布《环境保护税法(征求意见稿)》。2016 年 12 月 25 日,全国人民代表大会常务委员会通过《环境保护税法》。这意味着独立型环境税方案在争议中脱颖而出。排污费改环境税是我国改革开放以来的第二次"费改税"。和前一次燃油税费改革从动议到改革方案出台的 14 年曲折历程相比,这一次排污费改环境税速度很快,甚至其后期加速有些突然。另一个出人意料的现象是,此次立法基本上采取了将排污费制度"平移"到环境税法的模式。

当然,"平移"过程中,立法者也有不同于排污费制度的尝试。例如,颇受各方关注的是,《环境保护税法(征求意见稿)》第 10 条规定,排放应税大气污染物和水污染物超标或者超量的,按照当地适用税额标准的 2 倍计征,同时超标和超量的,按照 3 倍计征。针对该加倍征收的方式,学者意见也大相径庭,支持者有,[1] 但反对者更甚。[2] 众所周知,后来正式出台的《环境保护税法》取消了加倍征税的规定。表面看来,对

---

[1] 参见唐明、明海蓉:"环境保护税税率合意性分析",载《中国财政》2018 年第 10 期;参见许文:"环境保护税与排污费制度比较研究",载《国际税收》2015 年第 11 期。

[2] 参见何锦前:"论环境税法的功能定位——基于对'零税收论'的反思",载《现代法学》2016 年第 4 期。

超标超量排污加倍征税，是提高排污企业的排污成本，有利于刺激企业改善生产经营，减少污染物的排放，符合环境税的立法宗旨，似乎值得提倡。但实际上这并不符合法律逻辑、税制逻辑和经济逻辑。

"污染物排放标准具有法律约束力，超过标准要承担相应的法律责任"，[1]法律法规一旦明确了环境标准，就具有法律上的约束力，违反环境标准的行为则属于环境违法行为，[2]超标超量排放即是如此。《环境保护税法》出台前，我国相关环境保护立法中对超标超量排污行为已有规定，如《环境保护法》第60条、《中华人民共和国大气污染防治法》（2015年修订）第99条以及《中华人民共和国水污染防治法》（2008年修订）第74条第1款等，均规定了行为主体超标超量排放行为所应承担的行政处罚责任。

但征收税款与施加行政责任不同。环境违法行为的法律责任主要规定在环境法中，排污者实施环境违法行为时，应依据环境法承担行政处罚等方面的法律责任。如前所述，环境税法针对的主要是合法排污行为，换言之，合法排污行为虽不承担环境法上的违法责任，但须承担环境税负担，以促使相关主体将行为外部性内部化或将环境成本内部化。故违反税法义务的责任应在税收法律中予以规定，违反环保法义务的责任应规定在环保法律当中。当然，若环境税纳税人违反税法规定的法律义务时，则应承担税收法律责任，但该责任一般规定在《中华人民共和国税收征收管理法》当中。[3]《环境保护税法（征求

---

[1] 参见金瑞林主编：《环境法学》，北京大学出版社2013年版，第75—76页。
[2] 李慧玲、尹华东："对超标超量排污加倍征收环境保护税的法律省思"，载《重庆大学学报（社会科学版）》2016年第5期。
[3] 李慧玲、尹华东："对超标超量排污加倍征收环境保护税的法律省思"，载《重庆大学学报（社会科学版）》2016年第5期。

第五章　环境税收法治路径再反思

意见稿)》第 10 条对超标超量排污行为加倍征税的规定,在逻辑上说不通。同时,这种规则设计的不合理之处在于,它可能导致税务机关以收入最大化为目的而不重视环境保护,以"收钱"代"规制"。[1]即便退一万步讲,不考虑加倍征收与行政处罚的叠加问题,仅以加倍征收来看,其更像是全额累进规则而非超额累进规则,将过度加大企业的经济负担,不符合税收公平原则,也不符合比例原则。最终,《环境保护税法》删去了加倍征收规则,在第 13 条建立了两档税收减免措施,[2]相比之前《环境保护税法(征求意见稿)》第 12 条的规定,[3]显然给了企业更大的税收优惠,激励规则具有梯度性,更加科学合理。

当然,前述减免规则也是相对于排污费制度的进步。而且,客观地说,最终的《环境保护税法》在排污费制度基础上还是作了若干改进的。因此,排污费改环境税是一次积极的制度变革,具有里程碑式的意义。

同时,制度"平移"的评价也是公允的。如果把 2003 年《排污费征收使用管理条例》(已失效)及其配套规范与 2016 年《环境保护税法》作一比较,就可以发现,二者在负担主体、征收范围、征收标准、计算方法等方面大同小异。

比如,根据污染物和污染来源的不同,现行环境税的税目

---

〔1〕 参见林烺、廖益新:"洞见《环境保护税法(征求意见稿)》:得失之间",载《福建论坛(人文社会科学版)》2015 年第 12 期。

〔2〕《环境保护税法》第 13 条规定:"纳税人排放应税大气污染物或者水污染物的浓度值低于国家和地方规定的污染物排放标准 30%的,减按 75%征收环境保护税。纳税人排放应税大气污染物或者水污染物的浓度值低于国家和地方规定的污染物排放标准 50%的,减按 50%征收环境保护税。"

〔3〕《环境保护税法(征求意见稿)》第 12 条规定:"纳税人排放应税大气污染物和水污染物的浓度值低于国家或者地方规定污染物排放标准 50%以上,且未超过污染物排放总量控制指标的,省、自治区、直辖市人民政府可以决定在一定期限内减半征收环境保护税。"

分为大气污染物、水污染物、固体废物、噪声四大类，部分税目还进一步分为若干个子税目，这一范围基本沿袭了排污费的收费项目。而税率方面，虽然表面上看起来环境税税率比 2003 年的收费标准提高了不少，但事实上，《国家发展和改革委员会、财政部、环境保护部关于调整排污费征收标准等有关问题的通知》（发改价格〔2014〕2008 号，已失效）就已经提高了收费标准，其中，废气中的二氧化硫和氮氧化物排污费征收标准调整至不低于每污染当量 1.2 元，而《环境保护税法》规定的大气污染物税目下每污染当量最低税额同样是 1.2 元。

由此，令人非常困惑的是，明明排污费制度严重背离庇古税机理，为何不更深入讨论和仔细比选相关方案，争取以全新的规则来制定一部环境税法？其原因可能是多方面的，但就前面展示的材料而言，一方面，立法者面临的形势比较紧迫，另一方面，对庇古税理论的认识不足、坚守不够则可能是更重要的原因。

从当时的形势来看，快速立法是立法者在多重任务"竞合"的情况下做出的现实选择。《中共中央关于全面深化改革若干重大问题的决定》之第 5 项"深化财税体制改革"明确要求"推动环境保护费改税"。同时，该决定之第 8 项"加强社会主义民主政治制度建设"要求"落实税收法定原则"。这两方面可归于广义的政治文明范畴。可见，环境税立法不仅是生态文明建设的任务之一，也是政治文明建设的任务之一，甚至后者在时间上有明确的截点，更为紧迫。[1]这在某种程度上会促使立法者尽快完成立法，以优先完成政治文明建设的任务，生态文明建设的任务则以此为基础逐步推进。事实上，当时审议立法时的

---

〔1〕 中央要求，最高立法机关 2020 年之前要全面落实税收法定原则。

第五章 环境税收法治路径再反思

表述主要强调的也是政治文明——"法律委员会认为,为了落实党的十八届三中全会提出的'推动环境保护费改税'任务,按照'落实税收法定原则'的要求,制定环境保护税法是必要的"[1]。这段话并未提到《中共中央关于全面深化改革若干重大问题的决定》之第14项"加快生态文明制度建设",我们或许可以理解为,当时的环境税立法在立法者看来也不是理想版本,仍需将来不断完善以推进生态文明建设。在当时,选取一个合适的税种法作为落实税收法定原则的试金石,是立法者迫切需要解决的问题。为了尽快实现首战告捷的立法任务,一个务实的办法是不再另起炉灶,不是以最理想的庇古税为目标,而是直接将《排污费征收使用管理条例》(已失效)稍作修改上升为法律——《环境保护税法》,此法高效快捷。事实上,"平移"策略也是得到公开承认的。例如,时任财政部部长的楼继伟在《关于〈中华人民共和国环境保护税法(草案)〉的说明——2016年8月29日在第十二届全国人民代表大会常务委员会第二十二次会议上》中解释,环境税的立法原则是"税负平移"原则。[2]

而从更根本的因素来看,或许是因为对庇古税原理的认识出现了一些偏差甚至错误解读。前文黄有光教授批评学界对庇古税理论的偏见,就与此相关。就本文主题而言,在这方面至少有四个问题值得注意。

---

[1] 李飞:"全国人民代表大会法律委员会关于《中华人民共和国环境保护税法(草案)》审议结果的报告——2016年12月19日在第十二届全国人民代表大会常务委员会第二十五次会议上",载《中华人民共和国全国人民代表大会常务委员会公报》2017年第1期。

[2] 参见楼继伟:"关于《中华人民共和国环境保护税法(草案)》的说明——2016年8月29日在第十二届全国人民代表大会常务委员会第二十二次会议上",载《中华人民共和国全国人民代表大会常务委员会公报》2017年第1期。

第一，庇古税是对负外部性施加者征收的税费的统称，并非某个特定税，但往往被误解为就是独立的环境税。其实，从全球来看，被划入庇古税种群的至少包括排污税、碳税、旅游税、航空税、石油产品消费税等许多税种，甚至不少国家提出将整个税制统筹协调以实现整体"绿化"的绿色税制改革。这就说明，正确地理解庇古税，就要求不应单兵突进，不能把所有的重任都压在《环境保护税法》的肩上。而我国环境税立法的"平移路径"使得立法者未能同时顾及与环境保护相关的税收法律制度的改革，立法缺乏系统性和协调性。

第二，庇古税不是罚款，其原则是"污染者付费原则"而非"污染者罚款原则"，但在国内讨论中往往被打上强烈的价值批判色彩——似乎庇古税针对的都是道德或政治上可谴责的行为。环境税立法似乎也存在这方面的迹象：①法律未覆盖全部排污主体。达标排放的城乡污水集中处理场、生活垃圾集中处理场被排除在《环境保护税法》之外，已经引起了较多的批评。一些未能在该法中涉及的排放行为的主体（如碳排放主体）自然也不受该法规制，也使得该法纳税主体出现结构性限缩。至于家庭和个人应否、能否作为环境税的纳税主体，尚存较大的争议，仍待进一步研究。②征税范围过窄。一些重要环境影响行为未能作为规制对象，碳排放、部分挥发性有机物排放、建筑施工噪声、交通噪声、光学污染和热污染等都未涉及。虽然前述主体和行为很多情况下与民生行业或弱势群体相关，甚至具有一定的公益性，但从环境保护的角度来看，其外部性问题不解决显然不符合庇古税原理，也不符合生态文明要求。

第三，庇古税作为一种经济工具，既有规制环境影响行为的作用，也有筹集财政收入的好处，这就是已被多国实践证明的双重红利。但庇古税有时被误解为单纯的规制税，环境税立法似乎也受此影响。比如,《环境保护税法》未对环境税收入归属问题作出规定。考虑到国地税合并后的形势,环境税能否成为地方税并便于地方筹集环境治理资金等问题都值得被关注。

第四,庇古税不是要禁止全部环境影响行为,但有些文献和不少媒体鼓吹"零税收论",认为我国环境税立法就是实现没有任何污染、最终收不到一分钱环境税的理想。[1]其实,"既要绿水青山,也要金山银山",这是生态文明的辩证法,庇古税也是秉持这一理念的。庇古税理论只是要求行为人付出代价以弥补社会成本,没有禁止一切环境影响行为的意思。如果要全面禁止,其后果就是人类社会退化到结庐而居、结绳记事的时代。显然,这是立法者不愿意看到的。"零税收论"对立法的影响越大,立法文本的内容越矛盾和摇摆。比如,《环境保护税法(征求意见稿)》曾在规定低税率的同时设定了惩罚性税率,又设计了不少税收优惠,就是这种矛盾的体现。后来《环境保护税法》删掉了惩罚性税率规则,低税率和过多的税收优惠仍然得以基本保留。

可见,环境税收法治进程涉及政治文明和生态文明建设"竞合"的问题,在解决该问题的过程中,主客观多方面因素使得环境税收法治采用了"平移路径",不符合庇古税原理的诸多规则得以面世,严重局限了环境税收法治"推进生态文明建设"的作用。

三、基于庇古税原理的环境税收法治并行路径

生态文明建设没有终点,环境税收法治任重道远。立法者务实地根据最小成本原则选择的法治路径已经不可逆转,但是,

---

[1] 对此的批评参见何锦前:"论环境税法的功能定位——基于对'零税收论'的反思",载《现代法学》2016年第4期。

面对"绿水青山"和"金山银山"的愿景,立法者还需要瞄准庇古税原理这根标尺,做更多的努力。简单来说,立法者应立基于庇古税的外部性内部化原理,着眼于环境税收法治的顶层性、系统性和针对性,从宏观和微观两个维度来推进环境税收法治建设。这可以称为环境税收法治的并行路径。

从宏观维度来看,要将整个税收法律制度进一步"生态化"。换言之,既要有狭义的独立型环境税,也要有广义的环境税。在当前已经制定了独立的环境税法的基础上,我们更应当明确,独立型环境税和传统税制在推动生态文明建设方面不是对立的关系,而应是协同配合的关系。申言之,企业所得税、个人所得税、增值税、消费税等传统税种的制度也应当进一步修订完善,朝着有利于生态平衡、有利于环境保护、有利于可持续发展的方向改进,以更好地契合税制的"生态化"。这就是绿色税制改革的两路并进。比如,将所得税和一些商品税的税负适度降低,不仅可以为今后环境税税率的提高留下空间,还有助于减少环境税上某些不合理的税收优惠。这种改革能避免单兵突进带来的很多风险和局限,能更好地保障《环境保护税法》聚焦调整对象、实现预期功能。

从微观维度来看,要在全面、正确理解庇古税原理的基础上,优化相关课税要素的制度设计,把《环境保护税法》完善成一部真正的独立型环境税法。就课税要素的制度设计而言,以下几个方面值得特别强调:

第一,应适度增补纳税主体,大幅拓宽征税范围。立法者应将污水和垃圾处理场等相关主体增补进纳税主体范畴之中,在此基础上,扩大征税范围。当前《环境保护税法》是从排污费制度"平移"而来,先天性的范围过窄,头小帽子大,显得名不副实。考察立法者的原意,之所以要将这部法律带上一顶

第五章　环境税收法治路径再反思

"环境保护税"而非"排污税"的帽子，在一定程度上是要为将来的征税范围"扩围"留下空间。[1]这也可以理解为，立法者意识到当时的法治化路径是不得已而为之，只好留个"后手"。如此看来，笔者建议拓宽征税范围，是符合立法者的原意的。如何扩围呢？从税目优化的角度来看，基本途径是基于课税条件成熟与否的考虑，采取稳妥策略，按轻重缓急的程度序列，亟待解决的先纳入，成熟一个纳入一个，逐渐扩大税目。现行环境税的税目包括大气污染物、水污染物、固体废物、噪声四大类，对此，今后税目优化的基本步骤可以是：第一阶段扩大挥发性有机物排放（现行环境税已经将部分挥发性有机物引入了征收税目）、扬尘等为相关税目，或者把这些项目纳入现有税目之中；第二阶段增加碳税税目，并在环境噪声税目下纳入建筑施工噪声、交通噪声两个子税目。

第二，应尽快优化税率结构。《环境保护税法》承袭了排污费过低的征收标准，违背庇古税的基本原理，虽然有利于改革的平稳过渡，但不利于宪法所明确的生态文明原则的贯彻落实，因此，必须尽快优化税率结构。无疑，今后《环境保护税法》的整体税率水平应有较大幅度的提高才行，这种税率提高要从三个方面入手：一是要按照外部性内部化的逻辑重新进行基本税率设定，大部分税目对应的基本税率应有明显提高；二是要分清轻重缓急，对环境影响严重的、当前迫切需要规制的项目，要设定更高的税率；三是要赋予地方因地制宜的更大的自

---

[1]　法律委员会经研究认为，使用"环境保护税法"的名称有利于今后为更好地保护生态环境，为相应的税制改革留出空间。参见李飞："全国人民代表大会法律委员会关于《中华人民共和国环境保护税法（草案）》审议结果的报告——2016年12月19日在第十二届全国人民代表大会常务委员会第二十五次会议上"，载《中华人民共和国全国人民代表大会常务委员会公报》2017年第1期。

主权，[1]并通过相关机制促使环境治理问题严重的地方在经济社会承受能力范围内设定更高的税率，这方面的地方税率上调空间不宜作限定，要充分相信地方立法机关和地方人民政府的规范创制能力，"较高基准、下调有度、上浮自主"的差别税率机制可能更好。当然，这种税率结构调整不能流于理想，而必须考虑现实约束条件。在当前情况下，我国发展方式仍处于新旧转变之中，经济增长速度仍处下行区间，纳税人的宏观税负仍然较高，政府和纳税人都需要一段合理的时间来逐步适应更高的环境税税率结构，因此，环境税税率结构最终调整到位，可能要经过几个阶段的过渡才行，不宜一步到位。对此，不妨分两种情况采用不同的办法来解决：对于当前争议较大、无法确定税率调整方案的，可以搁置争议，保留现状，等以后凝聚共识后再来修改法律条文；对于已经达成较大共识的、环境影响严重或当前迫切需要规制的项目，可以采取预告制的立法技术来进行处理。比如，如果2022年增加碳税税目，同时假定二氧化碳排放所产生的外部成本在五年内没有大的变化，在此情况下假设碳税的理想税率是每单位2元，则可规定2022年至2026年分别适用的税率标准为0.9元、1.2元、1.5元、1.8元、2元。也就是说，2022年修改法律当年并不立即适用2元的税率，而是直到第五年才最终适用这一理想税率标准。这一立法技术的好处是，有利于稳定社会预期，并引导纳税人逐步适应更高的税率标准，避免纳税人产生"突然袭击"的税痛感。当前《环境保护税法》没有采用预告制立法技术是一大遗憾，这会使纳税人产生低税率的预期和依赖心理，从而让今后提高税率更被动，因此，应尽快采用这一立法技术来完善相关条文。

---

[1] 关于地方财政自主权的讨论可参见何锦前："地方财政自主权的边界分析"，载《法学评论》2016年第3期。

第三，应科学设置税收优惠措施。总体上，《环境保护税法》的税收优惠还应当进一步予以缩减，当然，这种缩减也是结构性的，应在突出环境保护这一宗旨的基础上进行调整优化。基于环保原则考虑，为激励纳税人节能减排、采用绿色生产技术导向，立法者可以根据不同情况设置相应的税收优惠措施。现有税收优惠措施中，有一些并不是从环保原则出发而设置的，应当分门别类地加以清理。比如，有的可能是考虑到纳税人的纳税能力和征管机关的行政效率而作出了减免税的规定，对此，应大幅限制量能课税原则在环境税收优惠措施上的适用。对于那些纳税能力较弱的企业，如果确有必要给予经济照顾，完全可通过减免其他税收负担（如减免企业所得税）等方式来实现，而不宜轻易动用环境税这个工具。如果企业能轻易地以纳税能力较低为由获得环境税减免，则可能产生意想不到的道德风险，形成有悖于生态文明的逆向激励。在限缩税收优惠措施的基础上，还应进一步细化税收优惠的条件和程序，明确相应的优惠幅度，优惠幅度要按照激励相容机制去妥善设计。同时，应区别设置永久性税收优惠、阶段性税收优惠和一次性税收优惠等规则，避免将后两者固化为永久性优惠。此外，税收优惠方式要进一步多元化，能不采用直接减免方式的，最好采用延期纳税等其他方式。

第四，应考虑环境税收益权等税权配置。就收益权而言，可专设一章详加规定，并就环境税收入用途和使用程序等问题作出规定。此外，进一步统筹环境税立法权、收益权和征管权的纵向配置与横向配置的相关规则，强化环境税法的规制功能和收入功能，实现其双重红利。

四、小结

综上所述，环境税费改革和环境税收法治化是近年来生态文明建设方面取得的新成就，但是，环境税收法治并未完成"推进生态文明建设"的全部任务。庇古税理论作为生态文明发展的理论结晶，为我们考察环境税收法治提供了理论标尺。以此观之，环境税收法治并非是严格基于庇古税的逻辑而设计，在立法者那里，发生了从建设生态文明到兼顾政治文明与生态文明的目标的转移，在此情况下，基于改革平稳性和立法成本等方面的考虑，环境税收法治采用了"平移路径"。环境税收立法的重心倾向于落实税收法定原则，其成效和亮点也多集中于体现税收法定原则的各种规则设计上，相关授权条款在各方建议下朝着更契合税收法定原则的方向不断优化设计，的确也令人印象深刻。[1]不过，这种路径下所诞生的环境税法必然是"压缩版"的环境税法，难堪生态文明建设的大任，甚至无法根治原来排污费制度的诸多痼疾。可以这么说，如果把"环境保护税法"分为三个要素——"环境保护"+"税"+"法"，那么，后两个要素，即"税"和"法"实现得比较好，分别体现为费改税和落实税收法定原则，而第一个要素"环境保护"却实现得并不理想。

因此，从生态文明建设的视域观察，环境税立法只是环境税收法治的阶段性成果，还谈不上这一历史进程的终结。未来，环境税收法治应从"平移路径"转向并行路径。一方面，立法者应更全面、正确地理解庇古税原理，将《环境保护税法》的

---

[1] 2017年9月1日，刘剑文教授在第十二届全国人民代表大会常务委员会第三十讲专题讲座上作报告时评价道："环境保护税法在税收授权立法方面十分规范和合理，该法第6条、第9条将应税大气污染物和水污染物的具体适用税额等税收要素授权由省级人大常委会决定，契合于税收法定的要求，颇值得肯定。可以说，环境保护税法对于落实税收法定原则，优化中央与地方、立法与行政、国家与纳税人等多重治理关系和权力配置结构，取得了突出的进步。"参见刘剑文：《落实税收法定原则的意义与路径》，在《中国人大》2017年第19期。

完善和整个税法制度的"生态化"统筹协调起来，为生态文明建设建构优良的制度保障。另一方面，就《环境保护税法》而言，应进一步从征税范围、税率结构、税收优惠、税权配置等方面尽快加以修改完善，形塑一部真正符合未来需求和税制原理的独立型环境税法，推动我国环境税收法治的健康发展。

第六章
复合功能型环境税的税目优化

《中共中央关于制定国民经济和社会发展第十四个五年规划和二〇三五年远景目标的建议》提出:"深入实施可持续发展战略,完善生态文明领域统筹协调机制,构建生态文明体系,促进经济社会发展全面绿色转型,建设人与自然和谐共生的现代化。"可持续发展战略要求环境税法充分发挥"规制—收入"复合功能,该复合功能不能是一种空想,不能构筑在沙堆之上,而应有坚实可靠的制度支撑,其中非常关键的一点在于,环境税法的征税范围是否设计合理。本部分就重点讨论这个问题。从课税要素的角度来看,环境税法的征税范围主要体现为税目,[1]税目设计得合理,复合功能就有了发挥的平台。我们知道,复合功能型环境税法的目标在于实现长久的可持续发展,因此,笔者在这一语境下来讨论当前环境税法的税目设计中存在的诸多不足,进而讨论环境税税目优化的可能路径。

一、可持续发展对环境税税目提出的要求

发展的目的是为了增进全人类的幸福,而不仅仅是个别人

---

[1] 当然,也有人从广义征税范围的角度,把纳税人作为征税范围中的要素。

的幸福,也不只是当代人的幸福。[1]西方工业革命以来的发展历程和中国经济发展的经验教训都表明,不顾及生态环境的发展,不可能持续地增进人类幸福,甚至连当代人的幸福都难以维系。[2]转变发展方式成为当代中国实现可持续发展的关键环节。

可持续发展理念的提出和被广为接受已有一段不短的时日。可持续发展(sustainable development)这个术语应当在 20 世纪 80 年代初期或更早就已经出现,[3]而 1987 年世界环境与发展委员会的报告将其定义为"既能满足当代人的需要,又不对后代人满足其需要的能力构成危害的发展",该报告最早对其作出系统阐释,[4]并使其被世人广为接受。[5]此后,很多国家的法律中都体现了这一理念,甚至不少国家的宪法中都写入了可持续发展理念或类似的表述,一些国家的司法实践也有不同程度的体现。例如,印度、尼泊尔的法院早在 1996 年就将可持续发展理念贯彻于司法实践中,而英格兰和威尔士的法院从 1997 年以来,"已经先后在一系列判决中考虑了可持续发展原则",这些

---

[1] See Stephen J. Banta, David Sheniak, Anita Feleo, *An Introduction to Sustainable Development*, Earthscan Publications Ltd., 2008, pp. 20-21.

[2] See Lester Brown et al., *Saving the Planet: How to Shape an Environmentally Sustainable Global Economy*, Norton, 1991, pp. 17-32; Masahiro Kawai, Jong-Wha Lee, *Rebalancing for Sustainable Growth: Asia's Postcrisis Challenge*, Springer, 2015, pp. 251-260.

[3] See A. W. Clausen, "Sustainable Development: The Global Imperative", *Environmentalist*, Vol. 2, No. 1, 1982, pp. 23-28; L. K. Caldwell, "Political Aspsects of Ecologically Sustainable Development", *Environmental Conservation*, Vol. 11, No. 4, 1984, pp. 299-308. 类似的术语就出现得更早了。See Lester Brown, *Building a Sustainable Society*, W. W. Norton & Company, 1981, p. 8.

[4] See WCED, *Report of the World Commission on Environment and Development: Our Common Future*, Oxford University Press, 1987, pp. 41-46.

[5] See Stephen J. Banta, David Sheniak, Anita Feleo, *An Introduction to Sustainable Development*, Earthscan Publications Ltd., 2008, pp. 22-23.

判例包括：*Fairlie v. Secretary of State for the Environment and South Somerset DC* ［EWCA Civ1677（1997）］；*Goldfinch（Projects）Ltd v. National Assembly for Wales and Flintshire County Council* ［EWHC1275（Admin）（2002）］；*Sherburn Sand Company Ltd v. First Secretary of State and Durham County Council* ［EWCH1314（Admin）（2004）］；等等。[1]我国在1995年将"可持续发展"概念写入决策层的文件之中，并将其作为国家的重大发展战略，[2]这对相关学术研究的推动是很大的，对相关法律制度和政策的影响也是显著的。仅就全国人民代表大会常务委员会通过的法律而言，从1998年修订的《中华人民共和国土地管理法》开始，我国至今已有《海洋环境保护法》《大气污染防治法》《水污染防治法》《固体废物污染环境防治法》《防沙治沙法》《科学技术普及法》《清洁生产促进法》等几十部法律中使用了"可持续发展"一词。其他法规规章等下位法的数量则数以千计。从这些方面可见一斑，反映了国家对可持续发展的重视程度，反映了生态文明理念的演进。

重视什么，往往意味着难题是什么。法律重视什么，往往意味着某些事情难以通过法律以外的办法加以解决。我们看到，粗放型的发展方式、不合理的经济结构，是很难在短期内自发调整过来的，法律制度尤其是税收、金融等法律制度可以在这

---

[1] See Paul Stookes, *A Practical Approach to Environmental Law*, Oxford University Press, 2005, pp. 28-30.

[2] 江泽民在党的十四届五中全会闭幕时的讲话中指出，在现代化建设中，必须把实现可持续发展作为一个重大战略。要把控制人口、节约资源、保护环境放到重要位置，使人口增长与社会生产力的发展相适应，使经济建设与资源、环境相协调，实现良性循环。参见江泽民："正确处理社会主义现代化建设中的若干重大关系"，载中共中央文献研究室编：《改革开放三十年重要文献选编》（上），中央文献出版社2008年版，第822页。

第六章 复合功能型环境税的税目优化

方面发挥积极的推动作用。[1]面对转变发展方式的重大历史课题,虽然我国已经创建和完善了不少法律制度,但是污染问题依然令人担忧和焦虑,在内部环境治理压力持续增大的同时,[2]随着全球气候不断变暖的趋势,外部压力也日益增大。

2009年12月7日至18日,哥本哈根世界气候大会在丹麦首都哥本哈根召开。[3]超过85个国家元首或政府首脑、192个国家的环境部长和其他官员们出席了本次会议。人们期待这次会议能继1997年《京都议定书》后再通过一份具有划时代意义的全球气候协议书。如果《哥本哈根议定书》在这次大会不能如愿获得共识并通过,那么《京都议定书》第一承诺期在2012年到期以后,全球将没有一个约束温室气体排放的共同文件。这是一次被喻为"拯救人类的最后一次机会"的会议。结果是我们所知道的,哥本哈根世界气候大会最终未能出台一份具有法律约束力的协议文本,换言之,会议达成的是无约束力协议——《哥本哈根协议》。《哥本哈根协议》没有明确发达国家到2020年的中期减排目标和2050年的长期减排目标,对于发展中国家最为关心的资金支持和技术转移又规定得十分模糊,只有对欧盟和日本明确了资金支持的数额,美国这个温室气体排放总量最大的发达国家对减排所作的承诺和努力令很多国家感受不到诚意。"从这一点来说,哥本哈根会议达成的结果是令人失望

---

[1] See David M. Trubek, Alvaro Santos, *The New Law and Economic Development: A Critical Appraisal*, Cambridge University Press, 2009, p. 19.

[2] "2018年环境绩效指数(EPI)显示,中国环境绩效指数在全球180个国家中排名第120位,空气质量指数排名第177位。"参见卢洪友、刘啟明、祁毓:"中国环境保护税的污染减排效应再研究——基于排污费征收标准变化的视角",载《中国地质大学学报(社会科学版)》2018年第5期。

[3] 准确地说,这次会议是指《联合国气候变化框架公约》第15次缔约方会议 [The 15th Conference of the Parties (COP 15) to the United Nations Framework Convention on Climate Change (UNFCCC)] 暨《京都议定书》第5次缔约方大会。

的。"〔1〕

2014年12月,联合国气候变化利马会议(即《联合国气候变化框架公约》第20次缔约方会议暨《京都议定书》第10次缔约方会议)在秘鲁利马举行。利马会议的主要目标是为2015年达成一个关于2020年后加强行动应对气候变化的协议做准备,重点任务是进一步细化2015年协议的要素,明确各方2020年后自主贡献涉及的信息及相关安排,加速实施2020年前政策行动。但本次会议最终通过的决议并未解决最棘手的问题。〔2〕值得注意的是,在这次会议上,有一些国外媒体对中国的减排承诺进行种种质疑,认为中国的碳排量已经是世界第一,因此应该承担更大的责任。但解振华并不认同,他公开回应说,在应对气候变化领域,中国的决心是坚决的,行动是有力的,与有的国家相比,中国付出的努力、采取的行动、取得的成效要好出许多。希望有关国家先把自己该做的事情做好,多做有利于增进互信、推动谈判的事,而不是一味指责别人。〔3〕当然,我国对世界作出了明确的承诺,要争取2020年完成碳强度下降40%—45%的上限目标,并加快氢氟碳化物销毁和替代步伐。〔4〕

在全球化背景下,任何国家的立法恐怕都难以只考虑国内因素而与国际因素绝缘。从这个角度,人们可以理解,在前述内外部压力叠加的背景下,我国开启了排污费改税以及环境税

---

〔1〕 参见王斌:《环境污染治理与规制博弈研究》,中国财政经济出版社2017年版,第44—45页。

〔2〕 参见《中国能源》编辑部:"联合国气候变化大会利马会议",载《中国能源》2014年第12期。

〔3〕 一万、李欢欢、李鹏辉:"所谓大国责任——中国代表们的看法",载《世界环境》2015年第1期。

〔4〕 参见周海赟:"碳税征收的国际经验、效果分析及其对中国的启示",载《理论导刊》2018年第10期。

第六章 复合功能型环境税的税目优化

立法的"加速器"。也正是在这样的背景下,我国环境税税目才得以形塑。当然,我们也要在此背景下来反思环境税税目的设计。

在上述情况下,我们的确能看到我国环境税费改革经历了一个加速的过程。2005 年,联合国开发计划署与财政部、国家税务总局签署了第四期"促进减贫的财税改革能力建设项目"合作协议,该项目主要支持中国政府推广深化财税改革,着力解决财税领域的新问题。在该项目实施过程中,财政部、国家税务总局和国家环境保护总局组织相关专家和部门开展了环境税(法)研究,对环境税开征的必要性和可行性进行了论证,并提出了一套环境税税制设计方案和配套的改革措施。[1]国务院 2007 年 5 月同意的《节能减排综合性工作方案》(已失效)中首次提出"研究开征环境税"。为何要提出这一设想?国务院在印发该工作方案的通知中披露了相关考虑,通知中指出:"我国经济快速增长,各项建设取得巨大成就,但也付出了巨大的资源和环境代价,经济发展与资源环境的矛盾日趋尖锐,群众对环境污染问题反应强烈。这种状况与经济结构不合理、增长方式粗放直接相关。不加快调整经济结构、转变增长方式,资源支撑不住,环境容纳不下,社会承受不起,经济发展难以为继。"通知中还强调:"当前,实现节能减排目标面临的形势十分严峻……去年全国没有实现年初确定的节能降耗和污染减排的目标,加大了'十一五'后四年节能减排工作的难度。更为严峻的是,今年一季度,工业特别是高耗能、高污染行业增长过快,占全国工业能耗和二氧化硫排放近 70%的电力、钢铁、有色、建材、石油加工、化工六大行业增长 20.6%,同比加快

---

[1] 参见闵丽男:"开征环境税,距离我们还有多远",载《中国税务报》2013年3月18日,第5版。

6.6个百分点。"[1]

在任何国家，征税都是大事，也都是难事。我们知道，决策层虽有开征环境税的初步想法，但困难不少，因而实质上的推进迟缓。2011年，《国务院关于印发"十二五"节能减排综合性工作方案的通知》（国发〔2011〕26号，已失效）进一步指出："随着工业化、城镇化进程加快和消费结构持续升级，我国能源需求呈刚性增长，受国内资源保障能力和环境容量制约以及全球性能源安全和应对气候变化影响，资源环境约束日趋强化"，节能减排的一些机制如不及时改变，不但节能减排目标难以实现，还将严重影响经济结构调整和经济发展方式的转变。因此，此次通知提出了一条相对更为具体的，也更为务实的设想——"积极推进环境税费改革，选择防治任务重、技术标准成熟的税目开征环境保护税，逐步扩大征收范围。"[2]2011年3月，《中华人民共和国国民经济和社会发展第十二个五年规划纲要》提出，要"健全节能减排激励约束机制。优化能源结构，合理控制能源消费总量，完善资源性产品价格形成机制和资源环境税费制度，健全节能减排法律法规和标准"，同时，在第49章第2节"推进环保收费制度改革"中还重申："建立健全污染者付费制度，提高排污费征收率。改革垃圾处理费征收方式，适度提高垃圾处理费标准和财政补贴水平。完善污水处理收费制度。积极推进环境税费改革，选择防治任务繁重、技术标准成熟的税目开征环境保护税，逐步扩大征收范围。"[3]

---

〔1〕 参见杨明森主编：《中国环境年鉴·2008》，中国环境年鉴社2008年版，第110—111页。

〔2〕 参见环境保护部办公厅编：《环境保护文件选编》（2011上册），中国环境出版社2015年版，第52页。

〔3〕 参见环境保护部规划财务司、环境保护部环境规划院编：《全国环境保护"十二五"规划汇编》，中国环境出版社2014年版，第53页。

第六章　复合功能型环境税的税目优化

即便现在，我们也能感受到，将"提高排污费征收率"和"环境税费改革"放在一起，似乎说明改革面临着两难困境。照此来看，环境税立法似乎不是一件容易的事，短期内可能难以出台。以至于有的媒体称："多次被寄厚望，环境税依旧'待字闺中'"，"被代表、委员呼吁多年的环境税却迟迟不见有任何实质性的进展"。[1]其中的一个重要原因就是对环境税的税目设计达不成共识。原财政部财政科学研究所副所长苏明曾经解释说："环境税的研究制定之所以需要这么长的时间，核心问题就是环境税的负担，尤其是对企业的负担。目前审议的重点在于环境税负担定多少、征税范围定多大比较合适。这个问题一方面关系到经济发展，另一方面也要对环境保护起到促进作用，也就是要在两者之间取得均衡。这是环境税研究制定的难点和关键。"[2]他说的难点和关键之一就是税目问题。

2015年6月10日，国务院法制办公布《环境保护税法（征求意见稿）》并向社会各界公开征求意见。社会各界反响热烈，反馈意见非常多，甚至有很多相当尖锐的批评意见。

中国工程院院士王金南（时任环境保护部环境规划院副院长兼总工程师）坦陈："作为一个关注环境税政策研究近20年的研究人员，我对《环境保护税法（征求意见稿）》的看法比较复杂。"他指出，"研究界对我国环境税进行的设计或构架都是超出排污费改税的范畴，而且对环境税寄予了很高的期望和重视。单就名称来说，学术界都倾向于采用'环境税'这个国

---

[1] 参见闵丽男："开征环境税，距离我们还有多远"，载《中国税务报》2013年3月18日，第5版。类似的报道也发出疑问：环境税酝酿6年之久为何迟迟未出台？参见郭婷："开征环境税很难吗？"，载《民主与法制时报》2014年4月7日，第10版。

[2] 参见郭婷："开征环境税很难吗？"，载《民主与法制时报》2014年4月7日，第10版。

际通用的概念，而不是这次《环境保护税法（征求意见稿）》使用的'环境保护税'。就目前向社会征求意见的《环境保护税法》，仅仅提出了排污费改税，虽然具有一定的改革象征意义，但难免让人感觉理想和现实间的巨大差距，环境保护税草案依然有很多不尽如人意的地方。"从《环境保护税法（征求意见稿）》可以看出，历经八年终于出台的环境保护税法方案将环保税的范围基本上框定在了排污费改税的范畴。坦率而言，征求意见版的环保税只是戴了一个环保税"新帽子"，下面藏的其实就是一个排污税"小身子"，缺乏创新改革意识，与理想中的环境税尚有差距。从政府和国家角度而言政府部门期待环境税改革不仅仅是排污费的平移。就税目设计而言，连在一开始被纳入草案的碳税最终也被删除，确实与预期差得比较远。种种问题叠加在一起，使得排污费到税的平移与社会公众希望环境税能发挥更大作用之间有差距。这个版本的环境保护税法在经过了理想与现实的博弈以及现实中诸多问题的平衡，最终从理想主义回归到"现实"，公众对环境保护税法的失望恐怕更多地来自这种从理想主义回归"现实"的落差。[1]

时任环境保护部环境规划院环境经济部主任的葛察忠评价道："这是环保税立法的一个阶段性成果，来之不易，不过与我的预期还存在一定的差距。"就税目而言，"《征求意见稿》理解的环保税主要是排污税，是一种狭义的环保税……受制于整体立法思路，这次《征求意见稿》并未考虑碳税。但是财政部对开征碳税很积极，楼继伟部长在不同场合多次强调研究开征碳税。至于是否开征碳税，不仅要考虑在国内其与发改委主推的碳

---

〔1〕 参见《环境保护》编辑部："科学设计环境保护税 引领创新生态文明制度——访环境保护部环境规划院副院长兼总工王金南"，载《环境保护》2015年第16期。

第六章　复合功能型环境税的税目优化

排放权交易的协调，还要考虑在国际上其对外贸和国际气候谈判的影响，然而，对这些问题，职能部门之间尚未达成共识。"[1]

法学界的意见也开门见山。在征求意见截止日期届满前夕，2015年6月25日，中国法学会在北京举行"《环境保护税法（征求意见稿）》专家研讨会暨中国法学会2015年第18期立法专家咨询会"，20多位与会专家围绕意见稿展开讨论并提出了相关意见。其中，熊伟教授质疑："如果和原来征收排污费的立场、力度、节奏都没有任何差异的话，耗时费力开征环境保护税意义并不大，现行排污费制度仍可继续发挥作用。"就环境税征税范围而言，与法律名称相比实在太过狭窄。意见稿的内容90%以上是从《排污费征收使用管理条例》（已失效）中平移过来，并没有涉及所有环境保护事项，环境保护起码包括三个方面：排污、资源和生态环境、可能会带来污染的产品。把这三个方面同时包括进去，才谈得上是比较恰如其分的环境保护税，但现在这三大块中，只有排污被纳入意见稿中，收的就是排污税，却戴了一个很大的"帽子"。[2]

在立法正式出台前，不少专家学者发表了多篇论文、评论。[3]

---

[1] 王尔德："'单纯进行排污费改税的平移是不够的'"，载《21世纪经济报道》2015年6月15日，第17版。

[2] 参见严丽梅："公开征求意见已入倒计时，环境保护税立法仍存三大争议"，载《羊城晚报》2015年6月30日，第A17版。

[3] 参见刘隆亨、翟帅："论我国以环保税法为主体的绿色税制体系建设"，载《法学杂志》2016年第7期；单飞跃、岳红举："环境保护税法的实体原则与程序原则"，载《税务研究》2016年第4期；施正文、叶莉娜："《环境保护税法（征求意见稿）》若干重要立法问题探讨"，载《环境保护》2015年第16期；叶姗："环境保护税法设计中的利益衡量"，载《厦门大学学报（哲学社会科学版）》2016年第3期；付慧姝、周姹："中国环境税的功能检视与立法路径"，载《财经理论与实践》2015年第6期；彭礼堂、程宇："我国环境保护税立法问题探讨"，载《生态经济》2015年第11期；何锦前："论环境税法的功能定位——基于对'零税收论'的反思"，载《现代法学》2016年第4期；何锦前："价值视域下的环境税立法"，载《法学》2016年第8期。

总的来看,学者们批评很多。从媒体报道来看,公众也很失望。各方面提出了不少意见。其中不少意见无疑是有一定道理的。在此情况下,我们原以为环境税的税目等方面的设计会作较大幅度优化,如此,环境税法的出台可能要再等一段时间了。

未曾想,2016年12月25日,第十二届全国人民代表大会常务委员会第二十五次会议通过了《环境保护税法》。法律明确规定的税目包括大气污染物、水污染物、固体废物和噪声四种。可见,环境税立法是以排污费制度改革为基础和前提的,简言之,环境税是排污费改革而成的,因此,我们可以称之为第二次费改税。[1]

木已成舟,法律既定,税目问题算是暂时给出了一个答案。但是,法律制定并不能终结疑问,当然也不意味着理论研究的停止,甚至相反,会引发更多的困惑和待解的难题。在某种意义上,仓促之下的立法反而令学界有了更多的责任感去推进相关问题的研究。

我们知道,在排污费改环境税的讨论中,学界非常关注的一点就是,如何将排污收费项目改革为环境税税目。在税法上,税目的确定意味着征税对象或征税范围的明确化和具体化。"征税对象是指对什么东西要征税,在法学上称为纳税客体,是税法结构中最基本的要素,是区别不同税种的主要标志,征税对象在税法上常常表现为征税范围的规定。"[2]在现有的四个税目基础上,环境税的税目如何改进、还应增加哪些具体内容,直

---

[1] 第一次费改税是指燃油税费改革。1994年国家提出费改税的动议。历经14年的反复研究论辩与各方博弈,2008年12月18日,《国务院关于实施成品油价格和税费改革的通知》(国发〔2008〕37号)规定,取消公路养路费等收费,提高成品油消费税单位税额,不再新设立燃油税,利用现有税制、征收方式和征管手段,实现成品油税费改革相关工作的有效衔接。对此的相关评价可参见张守文:《财税法疏议》,北京大学出版社2005年版,第128—130页。

[2] 刘隆亨:《税法学》,法律出版社2006年版,第31页。

第六章　复合功能型环境税的税目优化

接关系到环境税法的立法目的条款能否有效实现的问题。《环境保护税法》第1条明确了立法目的："为了保护和改善环境，减少污染物排放，推进生态文明建设"，如果税目设计不合理，该征税的不征税，该规制的放任不管，那么，谈何保护和改善环境，谈何节能减排，谈何推进生态文明建设？从环境税法的功能定位来看，如果税目设计不合理，也不可能实现"规制—收入"复合功能型的法律构造，环境税法的规制功能将大为削弱，也无法筹集到必要的环境治理资金，效果势必不彰。从长远来看，环境税法的税目设计不合理，也必然妨碍环境税法发挥促进发展方式转变的积极作用，影响经济社会发展的可持续性。

在排污费改环境税的时候，关于如何设计税目就引起了比较大的争议。当时有的学者建议将所有排污收费项目分别转化为废水税、废气税、固体废物税和噪声税等税目，有的学者主张只将废气排污费中的二氧化硫和氮氧化物排污收费项目改为税目。当然，也有的建议还要新开征放射性物质税。[1]上述学术争论，反映了学者们对环境资源稀缺程度、污染物的环境影响程度以及环境污染趋势等各项因素的不同认识。例如，基于"我国最迫切需要解决的是水资源短缺问题"的认识，就有学者主张先"设置水污染税和空气污染税两个税目"，再渐次扩展的方案。[2]而有的学者则有完全不同的主张。

当然，环境税法已经制定，不可能另起炉灶再重新设计税目了。换言之，环境税税目讨论的前提是对一个事实的承认：环境税是直接从排污费"平移"而来的，其税目就是在排污费收费项目基础上稍加改进、调整而形成的。正因为如此，很多

---

[1] 参见李慧玲：《环境税费法律制度研究》，中国法制出版社2007年版，第282页。

[2] 参见陈少英：《生态税法论》，北京大学出版社2008年版，第219页。

人把当前的环境税称之为排污税，就是从税目的有限性这个角度来谈的。笔者所要讨论的是，当前的税目还有没有改变的必要与可能，以及大改与小改的方案选择等问题。

理论上来讲，环境税的税目范围扩大过多，可能加重纳税人的负担、降低征管效率、影响税收公平，进而影响经济社会发展。但是，环境税的税目如果保持现状，则其规制环境影响行为、降低污染、改善环境的目标就可能不同程度地打折扣，进而影响发展方式转型，影响新发展阶段生态文明建设的推进。

归纳起来，环境税税目设计要充分考量环境资源稀缺程度、污染物的环境影响程度以及环境污染趋势等各项因素，这些因素都是非常关键的，但又不能仅限于这些因素，还得考虑税目规则对纳税人、对经济社会发展的影响等相关因素。对立法者而言，对这些因素的作用要全面加以评估，要综合上述因素以及技术条件、经济结构、税收制度等诸多因素确定合理的征税范围。鉴于考虑因素繁多，在优化环境税税目的问题上，就要强调一些基本的标准和原则，其中，最主要的两项原则是效率原则和公平原则。

二、税目扩围与结构优化：一种效率权衡

税收效率（效益）原则是税法的基本原则之一，它充分体现了税法的工具理性和目的理性，尤其是重要规制工具的环境税，更应在制度设计中遵循效率原则。在环境税立法语境下，效率原则可以分为环保效益原则、经济效率原则和行政效率原则三个维度，其指向是资源节约型和环境友好型的两型社会发展目标和生态文明建设目标。

环保效益原则要求在征税范围的选择上要确保环境效应的最大化，其主要实现方式是严格控制在环境污染中起主要作用

第六章 复合功能型环境税的税目优化

的污染因素。在当前工业发展水平条件下,从污染物的构成来看,[1]影响我国生态环境的最主要的污染物包括二氧化硫、氮氧化物、二氧化碳、废水、固体废物、烟尘和粉尘等,[2]排放这些污染物的行为就应当被纳入环境税的主要征税范围之内。对照目前的环境税制度,我们可以看出,当前环境税税目虽然主要也是针对这些污染物来设计的,但是并未完全涵盖前述所有的污染物,特别重大的缺漏就是没有对二氧化碳排放进行征税,其他的征税项目也并未实现污染物的全覆盖。换言之,环境税虽然对治理一般大气污染物、水污染物、固体废物和噪声有直接的针对性,但是对我国减少温室气体排放却未作回应,因而也就不能充分体现环保效益原则。

经济效率原则要求税目的选取要有助于经济结构调整,实现更洁净、更平衡、更协调、更可持续的发展目标。这就要求,税目的选择上要对症下药,要找准经济结构中最不符合发展目标的症结所在。我国工业行业中污染排放最严重的行业包括:黑色金属冶炼及压延加工业、化学原料及化学制品制造业、非金属矿物质品业、电力热力生产和供应业、石油加工及炼焦业、有色金属冶炼及压延加工业、煤炭采选业、纺织业、石油和天然气开采业、造纸及纸制品业、交通运输设备制造业、金属制品业。[3]这些行业的"全要素生产率水平可能要低于低能耗、低排放的轻工业行业,发展方式的粗放型色彩更为浓厚。"[4]这些行业对环境破坏大,对增加就业贡献小,"特别是技术进步率

---

[1] 需要说明的是,此处采取的是广义污染物的定义。
[2] 参见高萍:《中国环境税制研究》,中国税务出版社2010年版,第148页。
[3] 陈诗一:《节能减排、结构调整与工业发展方式转变研究》,北京大学出版社2011年版,第23页。
[4] 陈诗一:《节能减排、结构调整与工业发展方式转变研究》,北京大学出版社2011年版,第61页。

极低甚或为负，因而导致低增长，发展方式依然没有得到有效转变。"[1]这些行业，恰恰又是上述废水、化学需氧量、二氧化硫和工业烟尘等污染物的主要来源。[2]相对于上述"高污染、高能耗、低效益"的行业而言，"计算机、电子与通信设备制造业和交通运输设备制造业等行业……单位增加值能耗很低，技术水平很高，经济成长很快，这对未来走中国特色新型工业化道路以及加快转变工业发展方式非常富有启发意义。"[3]而我们知道，不同产业的污染结构是不太一样的，传统生产制造业和高新科技产业的污染结构甚至呈现出较大差异来，这种结构性的差异就有利于立法者设计一种区分不同产业的环境税税目结构。鉴于此，环境税税目的优化设计可以着眼于推动上述"两高一低"行业尽快进行升级或资本转移，使符合可持续发展目标的行业获得更大的成本优势和发展空间。由此，根据经济结构优化调整的需要，可以在税目优化设计上实行"差异性配置"，[4]通过这种差异性配置，就能获得"又好又快"的经济效率。

经济效率上的考虑涉及的因素比较多，要注意多加权衡。比如，在要不要设置二氧化碳税目的问题上，就存在很多经济效率上的复杂考量，从而引发了很多分歧。王灿、陈吉宁和邹骥利用 CGE 模型作了相关分析，他们认为，在中国实施二氧化碳减排政策将有助于能源效率的提高。[5]邝生鲁认为，二氧化碳是主要的

---

[1] 陈诗一：《节能减排、结构调整与工业发展方式转变研究》，北京大学出版社 2011 年版，第 66 页。

[2] 参见赵红：《环境规制对中国产业绩效影响的实证研究》，经济科学出版社 2011 年版，第 91—99 页。

[3] 陈诗一：《节能减排、结构调整与工业发展方式转变研究》，北京大学出版社 2011 年版，第 66 页。

[4] 张守文：《经济法总论》，中国人民大学出版社 2009 年版，第 151 页。

[5] 参见王灿、陈吉宁、邹骥："基于 CGE 模型的 CO_2 减排对中国经济的影响"，载《清华大学学报（自然科学版）》2005 年第 12 期。

第六章 复合功能型环境税的税目优化

温室气体，其减排将会有效遏制温室效应。[1]陈文颖、高鹏飞、何建坤则认为，二氧化碳减排将会影响我国经济的发展，他们应用MARKAL-MACRO模型进行模拟分析，验证了前述假设，同时他们的研究还表明，二氧化碳减排率越高，对我国GDP增长的冲击强度越大。[2]就这些不同的观点而言，难说已经真理在握或定论已成，很多问题或许尚待相关学科更深入透彻地研究，但就立法来说，就意味着要多从各个角度进行综合评估。

行政效率原则要求征税范围的确定要有利于降低税收征管成本、提高征税机关的行政效率，[3]同时要"有利于减少纳税主体的奉行成本和额外负担"。[4]征税范围的圈定必须考虑征税对象的监测成本和可行性。[5]当时从排污费改为环境税，征收管理体制就发生了巨大的变化，排污费是以环境保护部门为征管主体的，环境税则是由税务部门与生态环境主管部门（原环境保护部门）联合征管。征管体制的变革表明征管环节增多，这使环境税的征管效率遇到了更加严峻的挑战。不仅如此，多部门征管、多环节规制往往还意味着更多的监管漏洞、更多的设租寻租可能性、[6]

---

[1] 参见邝生鲁："全球变暖与二氧化碳减排"，载《现代化工》2007年第8期。

[2] 参见陈文颖、高鹏飞、何建坤："二氧化碳减排对中国未来GDP增长的影响"，载《清华大学学报（自然科学版）》2004年第6期。

[3] See Adam Smith, *An Inquiry Into the Nature and Causes of the Wealth of Nations*, Volume III, William Pickering, 1995, pp. 270-271.

[4] 张守文：《财税法学》，中国人民大学出版社2007年版，第187页。

[5] 参见经济合作与发展组织编：《环境税的实施战略》，张世秋等译，中国环境科学出版社1996年版，第29—31页。

[6] 关于设租寻租理论的相关讨论，可参见［美］戈登·塔洛克：《寻租：对寻租活动的经济学分析》，李政军译，西南财经大学出版社1999年版，第27页；［美］理查德·A.艾珀斯坦：《征收——私人财产和征用权》，李昊、刘刚、翟小波译，中国人民大学出版社2011年版，第325页；James M. Buchanan, Robert D. Tollison, Gordon Tullock eds., *Toward a Theory of the Rent-Seeking Society*, Texas A. & M. University Press, 1980, pp. 12-20.

更多的规制俘获风险，[1]这些都会严重影响环境税的征管效率。

从各国经验来看，环境税基本上都只针对那些易于监测和计算的污染排放，这样，政府的征税成本也易于控制，纳税人对其排污行为和税额的关系也比较明了，税收遵从度也有所保证。[2]在很多情况下，之所以不将某些污染物排放纳入征税范围之内，也是基于技术条件和相关成本的考虑。例如，美国之所以一直到《1977年清洁空气法修正案》都没有采用排污税，就是因为技术支持不够，"第一套持续性排污监测系统（continuous emissions monitoring system, CEMS）于1975年才问世"，[3]还无法承担支撑排污税开征的重任。[4]这样的例子，在许多开征环境税的国家都可以发现。

由此，在税目设计的时候就应特别重视这一点，如果缺乏相应的监测技术或技术运用成本过高，那么，就不能仅仅因为要控制污染而强行扩大征税范围，对那些不便于纳入环境税税目的污染排放，完全可以采取其他环保措施加以规制。事实上，如果缺乏有效的监测技术，排污者逃避监测，从而逃避税收的

---

[1] 关于规制俘获风险的相关讨论，可参见［美］G. J. 施蒂格勒：《产业组织和政府管制》，潘振民译，上海人民出版社1996年版，第210页；［美］丹尼斯·卡尔顿、杰弗里·佩罗夫：《现代产业组织》，黄亚钧、谢联胜、林利军主译，上海人民出版社1998年版，第1275页。

[2] See Don Fullerton, Andrew Leicester, Stephen Smith, "Environmental Taxes", in IFS ed., *Dimensions of Tax Design: The Mirrlees Review*, Oxford University Press, 2010, p. 440.

[3] See James A. Jahnke, *Continuous Emission Monitoring*, Wiley, 1993, p. 2, quoted from Daniel H. Cole, *Pollution and Property: Comparing Ownership Institutions for Environmental Protection*, Cambridge University Press, 2002, p. 77.

[4] Daniel H. Cole, *Pollution and Property: Comparing Ownership Institutions for Environmental Protection*, Cambridge University Press, 2002, p. 77.

第六章 复合功能型环境税的税目优化

机会成本就非常低,这种税制安排就缺乏应有的效率。[1]对此,美国学者科尔指出:"不幸的是,许多讨论环境保护制度选择问题的经济学家和法学家恰恰是这样的:他们忽略了监测成本。"[2]

2016年环境税立法之前,一些学者就从当时环境监管的实际情况出发考察了环境税征管将要面临的挑战。不少研究指出,排污收费的依据主要是每年1—2次的例行监测,很难掌握排污者的真实排污情况,导致排污收费的依据不充分,1—2次的监控频率无法对企业超标排放、污染事故、治理设施停用等情况进行有效的监控,因此,安装在线监控系统是更为可取的方式。[3]正因如此,一些研究认为,鉴于当时的环境监管条件,将所有排污收费项目一次性纳入环境税税目,是不太现实的。比较可行的方案是,根据条件成熟情况的不同,逐步实现收费项目到税目的转化。从这个角度来看,那些尚未被纳入目前排污收费项目的污染排放,其中一部分或许是因为技术条件和其他条件尚不成熟,虽然有必要将这些污染行为纳入征税范围加以规制,以彻底实现经济发展方式的转变,但也不能操之过急,尤其要慎重权衡相关成本和税收效率。[4]

在这个问题上,我们也要注意,2018年10月修正的《中华人民共和国大气污染防治法》第24条第1款明确要求重点排污

---

[1] Daniel H. Cole, *Pollution and Property: Comparing Ownership Institutions for Environmental Protection*, Cambridge University Press, 2002, p. 72.

[2] Daniel H. Cole, *Pollution and Property: Comparing Ownership Institutions for Environmental Protection*, Cambridge University Press, 2002, pp. 75-76.

[3] 杨兰:"环境保护和监测技术结合的产物——污染源在线监控",载《北方环境》2010年第6期。

[4] 参见何锦前:"环境税税目设计的原则与路径——以发展方式转变为背景",载《广西政法管理干部学院学报》2012年第4期。

单位应安装和使用污染物自动监测设备，与生态环境主管部门监控设备联网，保证监测设备正常运行并依法公开排放信息。从近几年污染源自动监控实践来看，有的调研指出："自动监控不仅改变了传统的环境管理模式，而且提高了环境管理效率和环境监管的信息化、现代化水平。"[1]但是，这种结论是定性的，"改变了""提高了"是普遍承认的事实，但改变了多少、提高了多少，却仍然值得拷问。要注意的是，仅仅是2006年开始的第一次全国污染源普查对象中的工业污染源就有157.6万个，[2]而"十二五"期间，仅仅是中央财政这一块就投入了100多亿元用于支持全国污染减排"三大体系"和环境监管能力建设，建成污染源监控中心343个，配备监测执法设备10万多台套。[3]随着相关基础设施建设的推进，环境税的扩围可能性自然日益提高。

三、税目扩围与结构优化：一种公平考量

税收公平原则同样是税法的基本原则之一，它体现了税收在法治条件下的价值理性。公平原则要求环境税税负在纳税主体之间进行公平分配，依此原则，必须普遍课征、平等课征、量能课税，[4]在此基础上，还应考量税负归宿的公平性。其实，无论是哪种公平性，归根结底都可从宪法平等原则中找到依据，可以说，税收公平也是依宪治国的要求。

---

[1] 袁文全、曹金根："污染源自动监控的法律困境及其制度完善——以法治政府为视角"，载《华南师范大学学报（社会科学版）》2017年第1期。

[2] 参见《中国环境年鉴》编辑委员会编：《中国环境年鉴2011》，中国环境年鉴社2011年版，第81页。

[3] 参见《中国环境年鉴》编辑委员会编：《中国环境年鉴2011》，中国环境年鉴社2011年版，第227页。

[4] 参见张守文：《财税法学》，中国人民大学出版社2007年版，第187页。

第六章 复合功能型环境税的税目优化

如果说上述效益原则对税目的确定起到了目的性功利主义的指引作用,那么,公平原则就可以起到相应的约束作用,以确保环境税的正当性。具体来说,正如环境税准备立法时笔者所指出的,"环境税的税目要在具备可行性的前提下将相关污染排放行为尽可能囊括进来,如果条件已经成熟,就不应该'选择性立法',放任某些排污行为或放任某些产业或企业。部分污染排放暂时不纳入环境税税目,不意味着将来不征税,由于效益考虑的暂缓开征仅仅是权宜之计,环境税立法应及时加以调整,完全可以在新的条件下补充新的征税项目。"[1]

二氧化碳排放从广义上来说可以放入污染排放范畴,即便从狭义的角度来理解污染排放并把二氧化碳排除在外,我们也完全可以理解二氧化碳排放对我们赖以生存的生态环境的巨大影响。因此,从环境保护的角度来说,没有理由否定二氧化碳排放的可税性。旧事重提,在环境税法征求意见环节,王金南院士就曾提出:第一条建议就是设立开放性条款将碳税纳入环保税法。环境税法应该基本反映各界人士的期待。气候变化和二氧化碳控制毕竟是一个环境问题,因此,为了节约立法资源和提高国际地位,把碳税纳入环境税是一个很好的政策选项。另一方面,考虑到气候变化与环境是相互影响的,应将二氧化碳与污染物进行统筹考虑,共同纳入环保税征收范围中也是合理的。如果将来对碳税再单独立法,则既增加了立法成本又是对立法资源的浪费,而等待税法修订往往间隔时间又很长。考虑到国际竞争力问题,碳税可以择机开征,但是最好在《环境保护税法》中为碳税设立一个开放性条款,为以后进一步细化

---

[1] 何锦前:"环境税税目设计的原则与路径——以发展方式转变为背景",载《广西政法管理干部学院学报》2012年第4期。

留下空间。[1]

几年时间一晃而过，我国面临的环境治理压力与日俱增，温室气体减排任务相当繁重，决策层对绿色中国建设也提出了明确要求。[2]在此背景下，适时引入碳税就显得很有必要。而且，碳税的引入既是公平原则的体现，在具体规则设计时也务必要秉持公平原则，充分体现公平原则。相关碳排放行为要与那些已纳入征税范围的排污行为受到税法的同等对待，根据它们对环境影响的情形而平等（并非同等）适用税率，公平享受税收优惠政策。

当然，这些公平性的考量，主要还是纳税主体的直接公平问题。税收影响的往往不只是纳税主体，还会广泛波及更多的国民。如果考虑到税负的最终归宿，就有必要权衡税负最终承受者之间的间接公平的问题。

税负归宿是税法学上越来越受到重视的概念，[3]"税负归宿是指由谁实际承受税收的经济负担"，在税收实践中，税负最终承受者往往并非是交纳税款的纳税人。[4]一般来说，环境税的大部分税负最终总是会转嫁给消费者的，这种税负转嫁却在贫

---

[1]《环境保护》编辑部："科学设计环境保护税 引领创新生态文明制度——访环境保护部环境规划院副院长兼总工王金南"，载《环境保护》2015年第16期。

[2]《中共中央关于制定国民经济和社会发展第十四个五年规划和二〇三五年远景目标的建议》指出："广泛形成绿色生产生活方式，碳排放达峰后稳中有降，生态环境根本好转，美丽中国建设目标基本实现"，"降低碳排放强度，支持有条件的地方率先达到碳排放峰值，制定2030年前碳排放达峰行动方案"，"完善环境保护、节能减排约束性指标管理。完善中央生态环境保护督察制度。积极参与和引领应对气候变化等生态环保国际合作。"

[3][日]金子宏：《日本税法原理》，刘多田、杨建津、郑林根译，中国财政经济出版社1989年版，第109—113页。

[4] See Ray M. Sommerfeld et al., *Concepts of Taxation*, Harcourt Brace Jovanovich College Publishers, 1993, p. 19.

第六章 复合功能型环境税的税目优化

富群体之间存在很大的差异性。不同行业所产生的污染物数量和结构不尽相同,行业间的环境税税负就会不一样。由于贫富群体消费结构的差异,部分行业所生产的产品与低收入家庭的关系就会更为密切。例如,在有些国家,"低收入家庭在交通、燃油和电力等方面支出的费用占收入的比重更高,因此,环境税通常是累退的。"[1]如果相关行业承担了过重的环境税税负,最终这些税负转移给低收入家庭,就可能导致其生活受到不利的影响,甚至在某些情况下损害部分群体的生存权,有违基本人权受保护的宪法原则。而且,贫富群体间的税负归宿差异也可能加剧经济上的不平等,有损社会公平和分配正义。也正是基于这个原因,一些学者评价说:"洁净的环境可能是奢侈品"。[2]美国著名学者桑斯坦在其名篇《风险与理性》中对环境税不公平的税负归宿展开了言辞激烈的批评,他认为,在立法中系统且全面地考量这种消极后果是极为必要的。[3]

我国环境税立法就没有充分重视税负归宿的分配不公问题,在立法过程中也没有加以防范以避免这类问题的出现。这样的问题,仅仅从税收制度的角度考虑也许还不能发现其重要性。如果放在发展方式转变的时代背景下,考虑到当前社会主要矛盾已经转化为人民日益增长的美好生活需要和不平衡不充分的发展之间的矛盾,可能就会有更深刻的认识。由粗放型发展到

---

[1] Don Fullerton, Andrew Leicester, Stephen Smith, "Environmental Taxes", in IFS ed., *Dimensions of Tax Design: The Mirrlees Review*, Oxford University Press, 2010, p. 434.

[2] Don Fullerton, Andrew Leicester, Stephen Smith, "Environmental Taxes", in IFS ed., *Dimensions of Tax Design: The Mirrlees Review*, Oxford University Press, 2010, p. 434.

[3] Cass R. Sunstein, *Risk and Reason: Safety, Law, and the Environment*, Cambridge University Press, 2002, p. 40.

集约型发展、由外延式增长到内涵式增长、由"两高一低"到资源节约型与环境友好型生产,都是要实现可持续性发展和包容式发展的目标。换言之,转变经济发展方式的一个重要目标是,提升社会发展的包容性,实现更具帕累托效应的包容式发展(inclusive development)。[1]环境税立法实现促进发展方式转变,不是要以低收入群体生活水平下降、福利受损为代价,而是要以所有人的福利得到改善、所有人共享发展成果为准则,这就是环境税立法的"包容性"。这也契合国家治理和法治建设的包容性要求。[2]任何不考虑税负归宿分配效应的环境税税目设计,即便能够实现降低污染、改善环境的目标,也可能不符合分配正义的价值目标,因而不被人们接受和遵从。

可见,公平原则尤其是对税负归宿公平的考量,和环保效益、经济效率等方面的关注是不同的,其指向的是经济发展和社会发展协调统一的包容式发展目标,是更为复杂,也更容易被立法者忽视的问题。因此,有必要在环境税改革优化设计中加以特别强调。

当然,要实现环境税税负归宿的间接公平,仅仅考虑税目设计是远远不够的,更要将税率、税收优惠等相关要素纳入进来一起考虑。例如,那些与低收入群体关系更为密切的税目就可以相应地设置较低的税率,或在一定条件下适用税收减免等优惠政策。不过应当强调的是,从环境税本身来实现税负归宿的分配公平,必定受到相当多的限制,过于强调环境税本身的税负归宿问题,甚至还可能妨碍其实现减少污染、改善环境的目的。因此,矫正分配上的负效应,不一定非得通过环境税,

---

〔1〕 参见世界银行增长与发展委员会编:《增长报告:可持续增长和包容性发展的战略》,孙芙蓉等译,中国金融出版社2008年版,第4页。

〔2〕 参见袁达松:"走向包容性的法治国家建设",载《中国法学》2013年第2期。

第六章　复合功能型环境税的税目优化

甚至也不一定非得通过税收来实现，还可以通过财政支出等其他方式来实现。例如，瑞士1998年和1999年先后对超轻供暖油和挥发性有机物征税，税收收入全部以降低医疗保险费的形式来改善低收入家庭的福利状况。[1]通过多元化的制度安排，形成制度合力，[2]环境税税负归宿的分配不公问题是可以得到有效解决的。

四、税目优化的基本路径

由上可知，环境税法"规制—收入"复合功能的实现，要求当前的环境税税目设计要经受住税法基本原则的考验，并在秉持税法基本原则的前提下不断完善。

前述分析也表明，税法基本原则在环境税税目优化设计中的运用有利于明确目标和实现步骤，有助于综合权衡各项考量要素。效率原则要求环境税税目规则的完善要以更加务实的态度渐进式推进，公平原则要求环境税税目进一步扩围，并进行大的结构调整，尽可能多地囊括各类污染。效率原则和公平原则都强调对立法后果的分析，效率原则重点关注发展的数量和质量，公平原则则更关注发展中的分配正义和公平。两项原则都致力于推动更加可持续、更加包容的经济社会发展。环境税税目优化设计，乃至整个环境税的制度变革，都应充分重视效

---

〔1〕 参见杨金田、葛察忠主编：《环境税的新发展：中国与OECD比较》，中国环境科学出版社2000年版，第22页。

〔2〕 其实，多元化的制度安排思路体现的是一种系统思维。《中共中央关于制定国民经济和社会发展第十四个五年规划和二〇三五年远景目标的建议》指出："坚持系统观念。"《生态环境部关于统筹和加强应对气候变化与生态环境保护相关工作的指导意见》（环综合〔2021〕4号）提出："坚持系统观念，全面加强应对气候变化与生态环境保护相关工作统筹融合，增强应对气候变化整体合力，推进生态环境治理体系和治理能力现代化，推动生态文明建设实现新进步，为建设美丽中国、共建美丽世界作出积极贡献。"

率原则和公平原则的运用。

由此，基于上述两项原则和诸多现实要素的考量，我们可以为环境税征税范围的选择确定一个基本的路线：目标是将二氧化碳排放、尚未纳入环境税的有机物排放、扬尘等引入环境税的征税范围；基本途径是基于课税条件成熟与否的考虑，采取稳妥策略，按轻重缓急的程度序列，亟待解决的先纳入，成熟一个纳入一个，逐渐扩大税目。

具体来说，根据污染物和污染来源的不同，现行环境税的税目为大气污染物、水污染物、固体废物、噪声四大类，部分税目还进一步分为若干个子税目。对此，环境税税目优化的基本步骤是：第一阶段扩大挥发性有机物排放（现行环境税已经将部分挥发性有机物引入了征收税目）、扬尘等为相关税目，或者把这些项目纳入现有税目之中；第二阶段增加碳税和建筑施工噪声、交通噪声征税。

就挥发性有机物而言，2010年《国务院办公厅转发环境保护部等部门关于推进大气污染联防联控工作改善区域空气质量指导意见的通知》早就将开展挥发性有机物污染防治列入加大重点污染物防治力度项目中。此后，2015年，财政部、国家发展和改革委员会、环境保护部又印发了《挥发性有机物排污收费试点办法》（已失效），推动了对挥发性有机物的治理和实际操作。而2018年1月1日正式实施的环境税法只是将部分挥发性有机物纳入了税目。对此，我们必须强调，随着近年来我国制造业和石油化工业的不断发展，挥发性有机物排放量不断增多，已经对大气环境和人体健康产生了巨大的不利影响。[1]因

---

[1] See Peter K. K. Louie et al., "VOCs and OVOCs Distribution and Control Policy Implications in Pearl River Delta Region", *Atmospheric Environment*, Vol. 76, 2013, pp. 125–135.

第六章 复合功能型环境税的税目优化

此,笔者认为,应当尽快将挥发性有机物分批次全部纳入环境保护税征收范围。

就扬尘而言,也是亟待规制的重要对象。近年来,我国很多地方雾霾越来越严重,扬尘就是与此关系密切的重要污染因素之一。因此,笔者认为,有必要对扬尘进行征税。一方面,通过提高建筑施工的成本,来调节供求关系,以达到减少施工面积进而控制扬尘量,减少雾霾产生的概率;另一方面,通过税收积累大量税收收入[1]。当然,基于技术条件和征管成本等方面的考虑,可以通过区分扬尘的不同情形而逐步实现整体规制和综合治理。

就二氧化碳排放而言,正如笔者反复强调的,规制的必要性已成共识,难点在于时机的选择。当前,社会各界对我国引进碳税的呼声日益高涨。[2]碳税的开征应适时而动,大力推进二氧化碳气体的减排,从而减缓全球变暖的进程。

就建筑施工噪声和交通噪声而言,笔者注意到,2018年5月9日,在税务总局有关负责人参与的深化绿色税制改革访谈活动中,国家税务总局财产和行为税司副司长孙群明确表示,建筑施工噪声和交通噪声确实是影响人们工作和生活的一个重要的污染因素之一,但是对于建筑施工噪声和交通噪声的监测管理难度是比较大的。现在把它们纳入环境保护税的征税范围的条件还不够成熟,今后随着对噪声监测管理水平的提高,在

---

[1] 李晓燕:"京津冀地区雾霾影响因素实证分析",载《生态经济》2016年第3期。

[2] 参见刘建、高维新:"国际碳税制度建立的主要内容及对我国的启示",载《对外经贸实务》2018年第5期;王丹舟、王心然、李俞广:"国外碳税征收经验与借鉴",载《中国人口·资源与环境》2018年第S1期;傅志华等:"在积极推进碳交易的同时择机开征碳税",载《财政研究》2018年第4期。

具备征税条件的时候将考虑纳入征税范围中。[1]因此，笔者建议，随着噪声监测管理水平的提高和监测新技术的应用，今后应在第二阶段将建筑施工和交通噪声纳入征税范围。

就上述税目而言，很多税目都适合向工业生产和居民生活等环节广泛课征，向居民个人课征的，则可以考虑与污染企业等主体作不同的规则设计。许多国家开征此税都有这样一个过程。例如，瑞典的碳税对于家庭、一般的工业企业、高耗能企业就实行不同的差别税率；美国的碳税也实行差别税率，根据不同的征税对象、不同地区的实际情况，因地制宜地设计相关课税规则；芬兰是世界上第一个推行碳税的国家，经过不断探索，历经三次改革，其相关制度才趋向成熟、完善，目前，其碳税征税对象包括工业企业和家庭，税率也有所差异。[2]

从功能结构这一系统论的重要范畴角度看，前述环境税税目的基本路径对于环境税法"规制—收入"复合功能的实现具有格外重要的意义。只有通过税目设计的不断完善，复合功能才能最大限度得到实现的平台和空间。我们知道，复合功能型环境税法的目标在于实现长久的可持续发展，实现绿色中国和美丽中国建设。从这个着眼点出发，各方将意识到，可持续发展目标对环境税法的复合功能及其制度构造提出了更高的要求，环境税法的出台没有为税目制度构造画上句号。因此，随着经济社会发展水平的提高，立法者应不断扩展环境税的税目，将更多的环境污染行为纳入法律规制的范畴。

---

[1] 参见吴魏："税务总局解读绿色税制改革政策（一）"，载《财会信报》2018年5月28日，第B02版。

[2] 参见周海赟："碳税征收的国际经验、效果分析及其对中国的启示"，载《理论导刊》2018年第10期。

第七章
环境税法与相关财税法的协同并进

从顶层设计的维度看,立法要有系统观念,注重制度间的协同配合。就此而言,要充分发挥税收对环境保护的积极作用,仅靠前文所述的环境税是不够的,还需对更多的税种进行修改完善,进一步"绿色化""生态化",形成整个税制对环境保护的协同机制。我国现有的税种中大部分具备保护环境的潜在制度基础,有一部分已经体现了资源节约、环境保护的立法倾向,但总体而言,都值得进一步体现生态文明的要求,进而有必要完善相关规定以加强环境保护力度,形成一个完备的环境关联税制体系。除了税种法的协同改进外,税收征收管理法等相关税收法律制度也有必要协调并进。同时,基于财税一体的系统观念,相关财政法律制度也需要加以同步完善,由此形成完善的生态财税制度体系,最大限度地激发制度合力,形成制度实效。

一、其他税种法的协同

如前所述,我国环境税法采用的是独立型环境税方案,尚未着手就环境关联税问题进行制度设计。就此而言,环境关联税的问题应尽早提上议事日程,同时,环境税法与相关税种法的协调应一体规划、系统设计。对此,下文将选取有关税种法,就这些税种法的制度完善以及与环境税法的协调问题稍作分析。

(一) 资源税

关于生态环境保护方面的税种,除了环境税,人们往往首先想到资源税。资源税是对在我国境内开发、利用自然资源的单位和个人,就其开发、利用资源的数量或价值征收的一种税。[1] 随着国家对环境资源愈加重视,继国务院2011年9月修订《中华人民共和国资源税暂行条例》(已失效)后,财政部和国家税务总局也修订了与之配套的实施细则。2016年5月9日,《财政部、国家税务总局关于全面推进资源税改革的通知》(财税〔2016〕53号,已失效)明确本次资源税改革基本原则是清费立税、合理负担、适度分权、循序渐进,主要目标为"通过全面实施清费立税、从价计征改革,理顺资源税费关系,建立规范公平、调控合理、征管高效的资源税制度,有效发挥其组织收入、调控经济、促进资源节约集约利用和生态环境保护的作用。"该通知在主要目标中强调了资源税的"生态环境保护"作用,反映出有关部门对资源税作用的认识深化,至于矿产资源税从价计征、扩大资源税征税范围以及开展水资源税改革试点等改革措施,也在一定程度上呼应了各界的建议,反映了长期以来的改革经验,具有一定进步意义。此外,《财政部、国家税务总局关于资源税改革具体政策问题的通知》(财税〔2016〕54号,已失效)对前述通知中一些具体事项作出细化规定。2018年3月,国家税务总局发布的《资源税征收管理规程》(部分已失效)进一步规范了资源税征收管理过程中的事项。2019年8月26日,第十三届全国人民代表大会常务委员会第十二次会议

---

[1] 张守文:《税法原理》(第5版),北京大学出版社2009年版,第306页。

通过了《中华人民共和国资源税法》（以下简称《资源税法》）。可以说，资源税法治建设在近几年取得了很大进展，不过，有的问题尚待进一步解决。

例如，原《中华人民共和国资源税暂行条例》系国务院行政法规，其中，第2条第2款规定："税目、税率的部分调整，由国务院决定。"第3条规定："纳税人具体适用的税率，在本条例所附《资源税税目税率表》规定的税率幅度内，根据纳税人所开采或者生产应税产品的资源品位、开采条件等情况，由财政部商国务院有关部门确定；财政部未列举名称且未确定具体适用税率的其他非金属矿原矿和有色金属矿原矿，由省、自治区、直辖市人民政府根据实际情况确定，报财政部和国家税务总局备案。"这种情况有违税收法定原则，与《环境保护税法（征求意见稿）》类似。前文已经指出，《环境保护税法》后来朝着税收法定原则的方向作了修改。可能也是受到环境税法的启示，《资源税法》的立法模式也是"平移"模式，[1]不过对原《中华人民共和国资源税暂行条例》的前述条款内容作了修改，在第2条规定为："资源税的税目、税率，依照《税目税率表》执行。《税目税率表》中规定实行幅度税率的，其具体适用税率由省、自治区、直辖市人民政府统筹考虑该应税资源的品位、开采条件以及对生态环境的影响等情况，在《税目税率表》规定的税率幅度内提出，报同级人民代表大会常务委员会决定，并报全国人民代表大会常务委员会和国务院备案。《税

---

[1] 2018年12月23日，在第十三届全国人民代表大会常务委员会第七次会议上，受国务院委托，财政部部长刘昆在《关于〈中华人民共和国资源税法（草案）〉的说明》中明确指出："从实际执行情况看，资源税税制要素基本合理，运行比较平稳。制定资源税法，可按照税制平移的思路，保持现行税制框架和税负水平总体不变，将《暂行条例》上升为法律。同时，根据实际情况，按照落实税收法定原则的要求，对相关征税事项作相应调整。"

目税率表》中规定征税对象为原矿或者选矿的,应当分别确定具体适用税率。"从落实税收法定原则的角度看,这是比较大的进步,不过,也与前文对环境税法的分析类似,或许,《资源税法》尚可在如何预防地方"探底竞争"与激励地方"探顶竞争"方面做更多的考量。

同时,资源税法的立法宗旨也不甚明了。2016年的财税〔2016〕53号通知在主要目标中首次提到了资源税的"生态环境保护"作用。但非常可惜,"生态环境保护"作用是列于"组织收入、调控经济、促进资源节约集约利用"之后的,是资源税四大作用的最后一个,这种表述无论在价值导向还是逻辑上都存在较大问题。《资源税法》本应弥补这一缺憾,其中却并无立法宗旨的条款。未来修法时,《资源税法》应该旗帜鲜明地列出立法宗旨条款,明确生态文明建设、生态环境保护、资源节约集约利用等目标。

此外,资源的范围比较大,为了有效保护和利用资源,资源税的征收范围也应逐步扩大,提高部分资源的征收标准。同时,也要充分考虑资源税与环境税的税负叠加影响,避免过度增加纳税人的负担,降低企业的竞争力和相关行业的国际竞争力。

(二) 消费税

除了资源税,我们在讨论环境税法时还常涉及消费税,比如,在排污费改环境税时,曾有建议把部分排污收费项目改为消费税税目。可见,消费税在生态环境保护方面具有积极意义。我们知道,消费税也称货物税,是以特定的消费品的流转额为计税依据而征收的一种商品税。消费税既能对生产经营和消费进行调节,又能保障财政收入的稳定增长,还能引导社会消费和促进良好社会风气的形成,该税已经成为国家经济社会政策

第七章　环境税法与相关财税法的协同并进

的重要工具。[1]消费税共设 14 个税目，烟、鞭炮、成品油、木制一次性筷子、实木地板等绝大部分税目所涉及的产品消费都直接影响环境状况，甚至可能成为重要的环境污染源。一方面，某些消费品之所以被列入税目，[2]某些子目具体细化区分，[3]某些税目的适用税率逐步提高，[4]某些税目的适用税率也可能下调，乃至将某些项目改为免征项目，[5]其主要出发点之一也是环境保护。另一方面，消费税作为增值税的辅助税种，对某些消费品的销售在征收增值税的基础上再加征一道消费税，客观上增加了这些消费品破坏生态、污染环境的成本，有利于节能减排、控制污染。不过，消费税的"绿色化""生态化"仍有很大的潜力可以挖掘。《中华人民共和国国民经济和社会发展第十一个五年规划纲要》（2006 年 3 月 14 日第十届全国人民代表大会第四次会议批准）在第 32 章"推进财政税收体制改革"中的第 2 节"完善税收制度"特别强调，要"适当调整消费税征收范围，合理调整部分应税品目税负水平和征缴办法。"《国

---

〔1〕　张守文：《税法原理》（第 5 版），北京大学出版社 2009 年版，第 219—220 页。

〔2〕　例如，《财政部、国家税务总局关于调整和完善消费税政策的通知》（财税〔2006〕33 号）规定，新增高尔夫球及球具、高档手表、游艇、木制一次性筷子、实木地板税目。

〔3〕　例如，无铅汽油与含铅汽油对生态环境的影响不同，相应地，其适用税率也有较大差别。

〔4〕　例如，为促进节能减排，进一步完善消费税税制，乘用车消费税政策曾于 2008 年进行了调整，气缸容量（排气量，下同）在 1.0 升以下（含 1.0 升）的乘用车，税率由 3%下调至 1%；气缸容量在 3.0 升以上至 4.0 升（含 4.0 升）的乘用车，税率由 15%上调至 25%；气缸容量在 4.0 升以上的乘用车，税率由 20%上调至 40%。参见《财政部、国家税务总局关于调整乘用车消费税政策的通知》（财税〔2008〕105 号）。

〔5〕　例如，《财政部、国家税务总局关于对利用废弃的动植物油生产纯生物柴油免征消费税的通知》（财税〔2010〕118 号）规定，对利用废弃的动物油和植物油为原料生产的纯生物柴油免征消费税。

务院批转发展改革委关于 2011 年深化经济体制改革重点工作意见的通知》（国发〔2011〕15 号，已失效）也指出，要合理调整消费税范围和税率结构，研究将部分大量消耗资源、严重污染环境的商品纳入消费税征收范围，具体工作由财政部、国家税务总局、住房城乡建设部和国家法制办负责。进一步强化消费税的环境保护功能，应是大的趋势，从操作层面来看，以下几个方面值得注意：

第一，强化消费税"绿色化"导向。所谓消费税的"绿色化"，就是在征税体系和要素设计上需体现出环境保护的价值导向，鼓励绿色消费，提高高耗能、高污染消费品的购买成本，从而引导消费者转而购买税率更低的绿色节能消费品。但其中一定要明确引导消费者自发转向绿色消费为主，正确处理好环境保护目标与调节收入分配和扩大消费需求之间的关系。对于广大低收入消费者应当以满足其生活生产必需为首要目标，环境保护目标可应用于中高收入人群的非生产生活必要型、改良型消费，切莫以环境保护冲击到收入分配功能的实现。对于扩大消费需求，须引导扩大和增加绿色消费在消费中的占比，同时也不能压抑必要消费。

第二，扩大消费税的征税范围。消费税虽然已把更多的危害环境的产品纳入进来，但与实际需要相比，征收范围仍显狭窄。还有一些容易给环境带来污染的消费品没有被列入征税范围，例如，电池、剃刀、餐饮容器、塑料袋等一次性产品，含磷洗衣粉、洗涤剂，有害环境的灭鼠药、杀虫剂、剧毒农药、车用燃气以及煤炭，等等。因此，很有必要将上述消费品逐步纳入消费税的征税范围。鉴于煤炭是我国主要的大气污染源，可考虑增设煤炭资源消费税税目。在开征初期可采用低征收额大征收面的方针，对清洁型煤炭则免征消费税。此外，使用燃油

第七章　环境税法与相关财税法的协同并进

的助力自行车也应和摩托车、小汽车一样征收消费税。[1]还可以将车用燃气纳入消费税的征收范围，这种做法不仅在国外和我国台湾地区已有先例，而且是符合国务院于2000年10月批转的《交通和车辆税费改革实施方案》的政策精神的。[2]当然，还有研究曾提出借鉴国外经验，在消费税基础上加征环境税的建议，[3]鉴于环境税已经开征，故可以考虑如何在现有条件下构建两税（环境税、消费税）协同机制的问题。

第三，合理设置消费税税率。合理的税率设计可以较好实现节约资源、保护环境的目的。目前消费税税率设计上存在整体偏低、个别税率设计不合理以及差别税率级差不合理等问题。比如对烟、酒、贵重首饰及珠宝玉石、高尔夫球及球具、高档手表和游艇的税率均有提高空间，尤其考虑到我国的控烟成效进展缓慢及吸烟所带来的巨大社会医疗成本，有必要对香烟在销售环节提高税率。此外，实行差别税率的成品油和小汽车消费税的税率级差均较小，不能较好实现消费税的调节和引导功能。还有对环境资源消耗较大的木制一次性筷子和实木地板，尤其是前者，5%的税率难以实现引导消费者少用木制一次性筷子的价值目标，故有必要提高至消费者能够明显感知到的税率。

第四，优化消费税征收方式。由于现行消费税采用价内征收方式，一般消费者无法明确知悉消费品中所含的税额，这对

---

[1] 贾康、王桂娟："改进完善我国环境税制的探讨"，载《税务研究》2000年第9期。

[2] 刘植才、刘荣："从交通和车辆'税费改革'的反思论消费税制度的完善"，载《税务研究》2010年第8期。

[3] 比利时的消费税分为基础消费税和消费附加税，后者是在原有消费税基础上另征的环境税。参见龚辉文："分报告之三：可持续发展的税收政策研究"，载安体富、曾飞、岳树民主编：《当前中国税收政策研究》，中国财政经济出版社2001年版，第144页。

培养消费者爱护环境、维护生态的习惯颇为不利。若采用价外税征收方式，消费者可以明了相关产品的税额和由此带来的额外成本，区分清洁产品与不清洁产品、环保产品与非环保产品的成本收益异同，在价格机制引导下调整其消费行为。因此，可在消费税立法过程中，将优化征收方式列入制度设计之中，将制度逻辑与经济人的理性逻辑对应起来，最大限度发挥消费税的规制效应。

第五，完善消费税优惠规则。不同于其他税种，我国消费税的税收优惠措施很少，主要集中在出口环节的关税免征，而这又同我国加入《关税及贸易总协定》密切相关。可以说，国家自主对消费税实施优惠措施的几乎没有。也许这涉及了征税观念的转变，即消费税虽然有调节收入分配、保护环境资源、增加财政收入的作用，但鼓励消费尤其是扩大内需、增加境外旅客消费等对我国经济的贡献足以使其成为三驾马车之一。因此，在一些必要领域提高税率的同时，另一些领域的税收优惠措施也应当予以配套，尽可能降低低收入人群生活生产必需品的消费成本，加大对绿色消费的优惠力度，以更好地实现消费税的调节功能。比如，可以对利用废弃物资为原料生产的清洁产品提供更优惠的税收政策。此前，对利用废弃的动物油和植物油为原料生产的纯生物柴油免征消费税，要求符合的条件是，生产原料中废弃的动物油和植物油用量所占比重不低于70%，或者，生产的纯生物柴油符合国家《柴油机燃料调合生物柴油（BD100）》标准。[1]从长远来看，这样的政策可以进一步推广至其他有关领域，或者对相关条件进行优化。

（三）增值税

增值税是我国第一大税种，该税的"绿化"对整个税制的

---

[1] 参见《财政部、国家税务总局关于对利用废弃的动植物油生产纯生物柴油免征消费税的通知》（财税〔2010〕118号）。

第七章 环境税法与相关财税法的协同并进

"绿化"具有关键意义。增值税是以商品在流转过程中产生的增值额为计税依据而征收的一种商品税。增值税是一个中性税种，是一种"良税"，实行"道道课征，税不重征"，有利于促进生产、提高劳动生产率、保障财政收入稳定增长。[1]

近年来，为了推动资源综合利用工作、促进节能减排、保护生态环境，增值税政策进行了相应调整，在实践中发挥了积极作用。例如，自2007年7月1日起，纳税人生产销售和批发、零售滴灌带和滴灌管产品免征增值税，这可鼓励资源节约利用；自2015年7月1日起，纳税人销售自产的资源综合利用产品和提供资源综合利用劳务，可按《资源综合利用产品和劳务增值税优惠目录》规定适用100%、70%、50%或30%的不同比例享受增值税即征即退政策，这可鼓励资源综合利用。[2]

如果梳理与此相关的政策脉络，可以发现增值税在生态环保方面的基本导向。2008年12月9日发布的《财政部、国家税务总局关于资源综合利用及其他产品增值税政策的通知》（财税〔2008〕156号，已失效）对资源综合利用及其他产品规定了免征增值税、即征即退等优惠政策。例如，对销售再生水[3]、以废旧轮胎为全部生产原料生产的胶粉、翻新轮胎以及生产原料中掺兑废渣比例不低于30%的特定建材产品等自产货物实行免征增值税的政策。此外，对符合有关标准的污水处理劳务也免征增值税。2008年12月9日发布的《财政部、国家税务总局关

---

〔1〕 参见张守文：《税法原理》（第5版），北京大学出版社2009年版，第203页。
〔2〕 龚辉文等："构建绿色税收体系 促进绿色经济发展"，载《国际税收》2018年第1期。
〔3〕 再生水是指对污水处理厂出水、工业排水（矿井水）、生活污水、垃圾处理厂渗透（滤）液等水源进行回收，经适当处理后达到一定水质标准，并在一定范围内重复利用的水资源。再生水应当符合水利部《再生水水质标准》（SL368-2006）的有关规定。

于再生资源增值税政策的通知》（财税〔2008〕157号）规定，在2010年年底以前，对符合条件的增值税一般纳税人销售再生资源缴纳的增值税实行先征后退政策。2009年12月29日发布的《财政部、国家税务总局关于资源综合利用及其他产品增值税政策的补充的通知》（财税〔2009〕163号，已失效）对财税〔2008〕156号文件第3条第2、5项规定又进行了进一步调整和明确。2010年12月30日发布的《财政部、国家税务总局关于促进节能服务产业发展增值税、营业税和企业所得税政策问题的通知》（财税〔2010〕110号）规定，节能服务公司实施符合条件的合同能源管理项目，将项目中的增值税应税货物转让给用能企业，暂免征收增值税。从财税〔2008〕156号文件发布后的几年间，相关部门陆续收到各地关于垃圾发电和资源综合利用水泥适用政策等方面的反馈意见，需要进一步改进政策。2009年12月29日发布的财税〔2009〕163号文件主要作了以下两个方面的改动：①关于财税〔2008〕156号文件第3条第2项"以垃圾为燃料生产的电力或者热力"的规定，明确包括利用垃圾发酵产生的沼气生产销售的电力或者热力；②将财税〔2008〕156号文件第3条第5项规定调整为：采用旋窑法工艺生产的水泥（包括水泥熟料）或者外购水泥熟料采用研磨工艺生产的水泥，水泥生产原料中掺兑废渣比例不低于30%。2015年，《财政部、国家税务总局关于印发〈资源综合利用产品和劳务增值税优惠目录〉的通知》（财税〔2015〕78号），实施《资源综合利用产品和劳务增值税优惠目录》，而此前的财税〔2008〕156号、财税〔2009〕163号等文件全部废止。财税〔2015〕78号文件规定了纳税人销售自产的资源综合利用产品和提供资源综合利用劳务即可享受增值税即征即退政策的目录、享受政策的主体应该符合的条件、提供虚假材料的后果、因违

第七章 环境税法与相关财税法的协同并进

反税收、环境保护的法律法规受到处罚的后果等相关政策。其中,享受优惠的目录涵盖了共、伴生矿产资源,废渣、废水(液)、废气,再生资源,农林剩余物及其他,资源综合利用劳务。该政策的实施进一步推动了资源综合利用和节能减排,体现了增值税在生态环境保护方面的积极作用。当然,这方面的政策也要注意防范道德风险、及时发现和堵塞漏洞,防止相关单位和个人设租寻租、逃避规制、损害国家利益和社会公共利益。财政部曾在2011年发文,要求加大再生资源退税实地审核力度,对辖区内退税增幅较大或有异常情况的企业要进行现场审核,对审核中发现的问题应立即要求企业纠正。还要求进一步加强与同级税务、商务、公安、工商、人民银行、环保等部门的沟通与联系,及时告知再生资源企业的征税、退税和退库情况,确保退税政策的高效、顺利贯彻执行到期。[1]

2012年至今,我国营业税和增值税都经历了一场巨大的变革,即,原来缴纳营业税的应税项目改成缴纳增值税。营业税改征增值税(以下简称"营改增")的最大特点是减少重复征税,可以促使社会形成更好的良性循环,有利于企业降低税负。"2012年1月1日在上海率先启动'营业税改征增值税'(简称'营改增')试点改革。从2012年8月1日起,将交通运输业和部分现代服务业的'营改增'试点由上海分批扩大到北京、天津、江苏、浙江、安徽、福建、湖北和广东等省份,随后进一步扩大试点行业和地区。"[2] "营改增本着'先易后难'的原则分步向其他行业推进。2014年1月1日,营改增试点行业扩

---

[1] 参见《财政部关于进一步做好再生资源增值税退税工作的通知》(2011年2月23日发布)。

[2] 倪红福、龚六堂、王茜萌:"'营改增'的价格效应和收入分配效应",载《中国工业经济》2016年第12期。

展到铁路运输和邮政业；同年 6 月 1 日，扩展至电信业；此后，营改增进入了攻坚阶段，经过将近两年的酝酿和准备，从 2016 年 5 月 1 日起将试点范围扩大到建筑业、房地产业、金融业和生活服务业，实现了全面营改增"[1]。2017 年 10 月 30 日，国务院常务会议通过《国务院关于废止〈中华人民共和国营业税暂行条例〉和修改〈中华人民共和国增值税暂行条例〉的决定》。营改增使得结构性减税效果不断增强，避免重复征税，推动供给侧结构性改革，促进供、需协调发展，也在税制结构优化和"绿化"方面起到了一定作用。

当然，当前增值税的主要侧重点还在于财政收入和经济发展，故其在生态环境保护方面尚有诸多不足之处。这些问题，有待今后增值税立法及相关制度完善过程中逐步加以解决。

例如，营改增之前，《中华人民共和国增值税暂行条例》（2008 年修订）第 2 条规定，煤气、石油液化气、天然气、居民用煤炭制品、化肥、农药、农机、农膜等货物适用 13% 的低税率。[2]后来，财政部、国家税务总局就若干农业生产资料征免增值税发出通知，对部分货物免征增值税，具体包括农膜，生产销售的除尿素以外的氮肥、除磷酸二铵以外的磷肥、钾肥以及以免税化肥为主要原料的复混肥，生产销售的阿维菌素、胺菊酯、百菌清、苯噻酰草胺、苄嘧磺隆、草除灵、吡虫啉、丙烯菊酯、哒螨灵等数十种农药。[3]营改增之后的《中华人民共和国增值税暂行条例》（2017 年修订）第 2 条有所调整，但是

---

[1] 参见刘植才："我国增值税制度回顾与展望"，载《税务研究》2018 年第 10 期。

[2] 保持了 1993 年 12 月 13 日颁布的《中华人民共和国增值税暂行条例》第 2 条的规定。

[3] 参见《财政部、国家税务总局关于农业生产资料免征增值税通知》（2001 年 7 月 28 日发布）。

第七章 环境税法与相关财税法的协同并进

热水、煤气、天然气、石油液化气、居民用煤炭制品、化肥、农药、农机、农膜等货物是适用11%的低税率。这些规定虽然有量能课税的考虑，但显然并不符合生态文明和环境保护理念。因此，如何在生态环境保护与纳税能力之间进行协调，以及如何将增值税与其他制度协调起来，既满足生态环境保护的目标，又照顾居民生产生活之需要，是立法者需要统筹考虑的重点。

此外，增值税税收优惠政策方面也有值得改进之处。首先，应适当扩大增值税中环境税收优惠的适用范围。[1]从现行增值税税收优惠政策来看，对于投资于环保、节能设施的，没有规定相应的免税政策。如对城市废物贮存设施、危险废物处理设施、市政污水处理厂等尚无免征增值税的规定。为鼓励环保产业，相关税收优惠政策的适用范围可以考虑适度扩展。[2]

其次，应加大对环境保护的激励力度。[3]例如，我国现在对综合利用煤矸石、煤泥、煤系伴生油母页岩等发电、风力发电、部分新型墙体材料产品实行增值税减半征收政策。对此，是否可以进一步提高激励力度，或优化激励方式，值得加以考虑。还有研究提出："应提高废旧物质综合利用企业的进项税额抵扣比例，促进废物回收和再利用。"[4]

当然，增值税有其特殊性，前述各方面的制度优化要充分考虑增值税本身的规律。例如，增值税具有"道道课征"和税收中性的特征，由此决定了中间环节免征增值税的实际效果有

---

[1] 参见王金霞："论增值税的生态化改革"，载《税务研究》2010年第1期。
[2] 当然，就增值税制度应否包含税收优惠内容而言，本身存在一定争议。部分学者建议取消增值税的税收优惠以保持税收中性，部分学者认为仍应保留税收优惠政策。
[3] 参见李慧玲："论中国增值税的绿色化"，载《时代法学》2009年第5期。
[4] 安福仁、周生军："促进经济循环发展的税收效应与对策选择"，载《财经问题研究》2006年第8期。

限,甚至会导致抵扣链条中断。[1]正因如此,有研究建议:"伴随着增值税制度改革的不断深化,控制和规范增值税优惠政策,将环保方面的优惠政策明确限于资源综合利用项目和节能、环保型产品,合并简化先征后返的比例档次。"[2]

其实,从税收体制的角度来看,增值税的央地分配关系也受到学界关注。有的研究指出,目前的分配关系不利于环境保护,甚至会逆向激励地方人民政府放松环境规制。[3]因此,今后在分税制改革完善过程中,也应结合增值税的相关问题配套推进,促使增值税不断"绿化"。

(四)城市维护建设税

城市维护建设税(以下简称"城建税")是1985年工商税制全面改革中设置的税种。1985年2月8日,国务院发布《中华人民共和国城市维护建设税暂行条例》(以下简称《城市维护建设税暂行条例》),第2条规定缴纳产品税、增值税、营业税的单位和个人应当缴纳城建税,故该税为附加税。根据该条例规定,城建税收入专项用于城市的公用事业、公共设施的维护建设以及乡镇的维护建设。2016年起,城建税收入改由预算统筹安排,不再指定专项用途。2020年8月11日,第十三届全国人民代表大会常务委员会第二十一次会议通过了《中华人民共和国城市维护建设税法》(以下简称《城市维护建设税法》)。该法自2021年9月1日起施行。

---

[1] 参见龚辉文等:"构建绿色税收体系 促进绿色经济发展",载《国际税收》2018年第1期。

[2] 龚辉文等:"构建绿色税收体系 促进绿色经济发展",载《国际税收》2018年第1期。

[3] 参见吕冰洋、蔡红英、崔茂权:"实现消费地原则的增值税分配改革",载本书编辑组:《1994年以来税制改革回顾与展望》,中国税务出版社2015年版,第322—324页。

第七章 环境税法与相关财税法的协同并进

城建税的体量较小，每年的收入不到年税收总额的 4%。不过，该税为包括生态环保在内的城市维护建设事业开辟了稳定的财政筹资渠道，对于改善城市环境质量具有比较重要的意义，是一项具有"绿色"潜质的税收。有关资料显示，城建税用于环保投资部分已经占到总环保投资的 35%左右，占城建税收入的 45%左右，而且，该税的环保潜力还有望得到进一步挖掘。[1]

目前，从法律位阶来看，城建税已实现了税收法定。不过，《城市维护建设税法》仍然是通过《城市维护建设税暂行条例》"平移"立法而成，[2]就该税如何进一步推进生态文明和美丽中国建设而言，相关制度尚待今后加以完善。例如，鉴于生态环境作为全国性公共产品的特性，需要城乡统筹、一体保护，故可以考虑将城建税征税范围扩大到乡镇，增强该税的收入汲取能力，助力城乡生态环境保护事业。又如，一直以来均有关于改变该税附加税性质的建议，[3]就此而言，如果该税成为独立税，是否更有利于生态环境保护，也是值得讨论的课题。

---

[1] 参见贾康、王桂娟："改进完善我国环境税制的探讨"，载《税务研究》2000 年第 9 期。

[2] 2019 年 12 月 23 日，受国务院委托，财政部部长刘昆在第十三届全国人民代表大会常务委员会第十五次会议上所作《关于〈中华人民共和国城市维护建设税法（草案）〉的说明》提道："制定城市维护建设税法，可按照税制平移的思路，保持现行税制框架和税负水平总体不变，将《暂行条例》上升为法律。"

[3] 在税法制定过程中，就有相关的建议。2020 年 8 月 8 日，在第十三届全国人民代表大会常务委员会第二十一次会议上，全国人大宪法和法律委员会副主任委员江必新所作《全国人民代表大会宪法和法律委员会关于〈中华人民共和国城市维护建设税法（草案）〉审议结果的报告》提道："有的常委委员、地方和单位提出，城市维护建设税是增值税和消费税的附加税，在计税依据确定方面，建议处理好与主税的关系，做到有序衔接。宪法和法律委员会经研究，认为：城市维护建设税的计税依据需要根据纳税人缴纳的增值税、消费税税额确定，与增值税、消费税具体政策密切相关。考虑到目前增值税、消费税改革还在进行中，草案对城市维护建设税的计税依据可只作原则规定，具体确定办法授权国务院根据改革进展情况依法作出规定，为改革留出必要空间。"

(五) 车船税

车船税是以车船为征税对象而征收的一类财产税,我国目前的车船税包括狭义的车船税和车辆购置税两类。[1]狭义的车船税,是以车辆、船舶为征税对象,对拥有或管理车船的单位和个人征收的一种财产税。[2]继2011年2月25日第十一届全国人民代表大会常务委员会第十九次会议通过《中华人民共和国车船税法》(以下简称《车船税法》)后,2018年12月29日第十三届全国人民代表大会常务委员会第七次会议通过了《中华人民共和国车辆购置税法》(以下简称《车辆购置税法》),至此,车船税的征收均有了法律依据。从相关法律和下位法的文本来看,车船税对生态环境保护也具有积极意义,在关联型环境税制建设中应加以重视。就生态环境保护而言,相关制度还有需进一步完善之处。

首先,有必要明确并强化生态环境保护的立法宗旨和导向。两部法律通篇都未言及立法宗旨和定位,故首先应弥补这一缺憾,并在立法宗旨条款中加上生态环境保护方面的内容。就立法导向而言,《车船税法》第4条规定的"对节约能源、使用新能源的车船可以减征或者免征车船税……具体办法由国务院规定,并报全国人民代表大会常务委员会备案"体现了一定的环保导向。国务院发布的《中华人民共和国车船税法实施条例》第10条第1款规定,该具体办法"由国务院财政、税务主管部门商国务院有关部门制订,报国务院批准。"2018年7月,财政部、国家税务总局、工业和信息化部、交通运输部四部门发布了《关于节能新能源车船享受车船税优惠政策的通知》(财税〔2018〕74号),从更好地推进能源节约、生态环保的目标来

---

[1] 参见张守文:《税法原理》(第5版),北京大学出版社2009年版,第323页。
[2] 参见张守文:《税法原理》(第5版),北京大学出版社2009年版,第326页。

看,《车船税法》《车辆购置税法》及其相关下位法仍有积极作为的空间。

其次,在课税要素规则设计上,也可进一步优化。两部税法均以吨位或固定数额征收,这是否能有效表征车船能源消耗和对生态环境的影响,尚存一定疑义。同时,机动车排量大小作为征税标准的初衷在于鼓励使用低能耗车,但排量小并不等同于清洁的低污染车辆。与此类似,机动船舶、游艇吨位、长度与税额成正相关。[1]还有一些意见认为,现有计征方式不能反映出使用强度和使用量,不能体现对环境影响的差异。总之,从鼓励新技术、新能源的绿色发展角度看,此类计征方式也宜加以更全面的考量和妥当设计。

(六) 房产税和城镇土地使用税

房产税、城镇土地使用税均可作为关联型环境税的组成部分。需要说明的是,随着房地产税制改革进展的推进,各界看法比较一致的是城镇土地使用税将融入新的房地产税制之中,因此,此处将这两种税一并进行分析。

房产税是以房屋为征税对象,按照房屋的计税余值或租金收入,向产权所有人征收的一种财产税。房产税的开征目的是加强对房产的管理、促进房产的合理使用、促进社会公平和资源利用。2018年9月30日,财政部、国家税务总局发布的《关于去产能和调结构房产税 城镇土地使用税政策的通知》(财税〔2018〕107号)规定,对按照去产能和调结构政策要求停产停业、关闭的企业,自停产停业次月起,免征房产税、城镇土地使用税,企业享受免税政策的期限累计不得超过两年。该通知旨在推进去产能、调结构,促进产业转型升级,在一定程度上

---

[1] 参见国务院发布的《中华人民共和国车船税法实施条例》(国务院令第611号)第4、5条。

发挥了节约资源、环境保护的作用。

城镇土地使用税是以城镇土地为征税对象,对在我国境内使用土地资源的单位和个人,就其实际占用的土地面积定额征收的一种税。其征税范围为城市、县城、建制镇、工矿区在内的国家或集体所有的土地。城镇土地使用税开征的目的主要是通过经济手段,加强对土地的管理,促进城镇土地的合理使用,提高土地使用效益和调节地区级差收入。相对来说,环保功能是比较弱的,主要是通过促进土地资源的节约利用间接发挥环境保护的作用。例如,《中华人民共和国城镇土地使用税暂行条例》第6条规定了对市政街道、广场、绿化地带等公共用地以及直接用于农、林、牧、渔业的生产用地免征土地使用税。

我国房产税和城镇土地使用税都规定国家财政部门拨付事业经费的单位自用的土地免征房产税和城镇土地使用税,但是没有给治理污染的企业一定的税收优惠。市政公用事业的改革促使许多经营城市污水垃圾处理设施的主体由事业单位改为企业单位,治污设施的生产经营性用房及所占土地依然要承担房产税与城镇土地使用税的税收负担,间接提高了其治污成本,不利于环保产业的发展。因此,为了环保产业的发展,应实行"对污水处理、垃圾处理等污染治理企业的生产经营性用房及所占土地的房产税和城镇土地使用税实行免征"。[1]同时,考虑到土地资源的有限性及其对生态环保的重要性,有意见认为当前的土地使用税税率偏低,相关规则也有改进的空间。

(七)耕地占用税

耕地占用税是对在我国境内占用耕地建房或者从事其他非农业建设的单位和个人,依据实际占用耕地面积,按照规定税

---

[1] 贾康:"完善环保产业税收优惠政策",载《中国金融》2013年第7期。

第七章　环境税法与相关财税法的协同并进

额一次性征收的一种税。[1]该税对不同地区根据耕地占有量和经济发展水平实施差别税率，主要目的是保护农用耕地不至于日益减少、促进土地的合理利用、提高土地的经济利益。耕地占用税对滥用耕地的行为起到了一定的抑制作用，同时也产生了积极的环境保护效应。2007年新《中华人民共和国耕地占用税暂行条例》（已失效）的立法更是明确了环境保护的目的。[2]2018年，沿用税制"平移"模式，[3]《中华人民共和国耕地占用税暂行条例》（已失效）上升为《中华人民共和国耕地占用税法》。

耕地占用税虽然在一定程度上体现了环境保护的导向，但是尚有需改进之处。首先，耕地占用税的税率过低，无法充分发挥对土地资源的有效保护，如在人均耕地超过3亩的地区，其耕地占用税率也仅为5元/平方米—25元/平方米。[4]其次，耕地占用税的征收范围较窄，湿地资源等没有被列入征税范围。

近年来，随着房地产事业的发展和工业用地的扩张，耕地资源日益紧张。耕地资源既涉及农业生产和粮食安全，也涉及生态环境保护，因此，耕地占用税制度仍需强化其生态文明导

---

〔1〕　参见张守文：《税法原理》（第5版），北京大学出版社2009年版，第314页。

〔2〕　政策制定者明确称，实施新条例是运用税收政策严格保护耕地，促进资源节约和环境保护的重要举措，对促进国民经济又好又快发展具有重要的意义。参见财政部、国家税务总局、中央机构编制委员会办公室发布的《关于贯彻落实新修订的〈中华人民共和国耕地占用税暂行条例〉有关工作的通知》（财税〔2007〕163号，已失效）。

〔3〕　2018年8月27日，在第十三届全国人民代表大会常务委员会第五次会议上，财政部部长刘昆《关于〈中华人民共和国耕地占用税法（草案）〉的说明》对此作了解释。

〔4〕　税制"平移"立法后，某些特殊情况下的税额标准有所提高，但一般税额标准并未调整。详见全国人民代表大会宪法和法律委员会副主任委员江必新2018年12月23日在第十三届全国人民代表大会常务委员会第七次会议上所作《全国人民代表大会宪法和法律委员会关于〈中华人民共和国耕地占用税法（草案）〉审议结果的报告》。

向，前述不足之处在未来修法过程中值得加以重点考量。

（八）土地增值税

土地增值税是对转让国有土地使用权、地上的建筑物及其附着物并取得收入的单位和个人，就其土地的增值额征收的一种财产税。[1]我国开征土地增值税的直接目的是为了抑制房地产的投机暴利行为、规范房地产市场交易秩序、适当调节土地增值收益。对此，应进一步明确土地增值税控制土地资源开发和节约利用的功能、提高土地增值税对土地资源的调节能力、加大土地增值税对土地利用的保护力度以更好地保护土地资源，实现生态价值。我国《土地增值税暂行条例》仅对纳税人建造普通标准住宅出售，未超过扣除项目金额20%的增值额以及因国家建设需要依法征收、收回的房地产免征土地增值税，[2]而对用于绿化用地和环保设施用地没有相关的土地增值税优惠政策。

为了更好地发挥土地增值税的生态涵养和环境保护功能，不仅要对环保用地给予税收优惠，还要严厉惩处破坏环境的行为。对此，今后立法过程中可以考虑，对绿化用地、环保设施用地等给予一定的税收优惠，如"对经过批准的利用废渣恢复的土地给予优惠减免"，[3]而对于不利于生态环境的应税事项，可以考虑实行较高的税率标准，以督促相关主体节约利用土地

---

[1] 参见张守文：《税法原理》（第5版），北京大学出版社2009年版，第317页。

[2] 2019年7月16日，财政部、国家税务总局发布了《中华人民共和国土地增值税法（征求意见稿）》，整体来看仍然是将《中华人民共和国土地增值税暂行条例》"平移"而来，稍作调整之处主要是部分税收优惠。起草者的想法之一是："将建造增值率低于20%的普通住宅免税的规定，调整为授权省级政府结合本地实际决定减征或是免征，以体现因地制宜、因城施策的房地产市场调控政策导向，落实地方政府主体责任。"

[3] 参见安福仁、周生军："促进经济循环发展的税收效应与对策选择"，载《财经问题研究》2006年第8期。

第七章 环境税法与相关财税法的协同并进

资源、保护生态环境。

（九）关税

关税是以进出关境的货物或物品的流转额为计税依据而征收的一种商品税。根据征税对象的流向，关税可分为进口税、出口税和过境税。[1]近年来，我国关税政策在保护环境方面发挥了一定的积极作用。例如，2019年11月26日，财政部等部门发布的《关于调整重大技术装备进口税收政策有关目录的通知》（财关税〔2019〕38号）规定，对符合规定条件的国内企业为生产国家支持发展的重大技术装备和产品确有必要进口的关键零部件、原材料，免征关税和进口环节增值税。

由于生态环境问题不只是国内问题，还是在国家之间具有外部性的问题，所以，关税其实还有较大的作用发挥空间。有学者建议，我国应发展环境关税，在这方面，可以借鉴许多发达国家发展环境关税的经验。[2]

一般而言，通常所说的环境税主要是针对国内相关主体的，而经济全球化背景下的生态环境保护客观上的确需要环境关税发挥作用。环境关税可分为环境进口关税和环境出口关税。在环境进口关税方面，为了保护本国环境或促进本国环保产业，防止其他国家向本国出口环境破坏性产品，国家可考虑对严重污染环境的产品、设备和技术征收环境进口附加税。[3]在环境出口关税方面，应秉持保护国内不可再生资源、保障关键资源安全的理念——这也是总体安全观的要求，对大量消耗国内资源、破坏国内生态环境的产品征税。由此，关税也构成关联型

---

[1] 参见张守文：《税法原理》（第5版），北京大学出版社2009年版，第240页。

[2] 参见廖玫、王瑾："国内外关于环境关税的研究进展及评论"，载《涉外税务》2007年第12期。

[3] 参见吕凌燕、车英："WTO体制下我国环境关税制度的构建"，载《武汉大学学报（哲学社会科学版）》2012年第6期。

环境税制体系的组成部分,并与环境税一起,一外一内共同推进生态文明建设。

(十)个人所得税

个人所得税是以个人所得额为征税对象,并且由获得所得的个人缴纳的一种税。该税是财政收入的重要来源,有利于促进资源的有效配置。经济社会越发展,个人所得税的有效征收就越重要。[1]该税也可鼓励支持个人有助于环保的行为,发挥环境保护的积极作用。《中华人民共和国个人所得税法》(以下简称《个人所得税法》)第4条第1款第1项规定,省级人民政府、国务院部委和中国人民解放军以上单位,以及外国组织、国际组织颁发的科学、教育、技术、文化、卫生、体育、环境保护等方面的奖金免纳个人所得税。不过,符合这一规定的环境保护方面的奖金并不多,最主要的是中华环境奖(现冠名为中华宝钢环境奖),为表彰和奖励为我国环境保护事业做出重大贡献者、促进环境保护事业的发展,经原环境保护部批准,中华环境保护基金会设立了该奖,从2010年起,每年度评选出的该奖项的奖金收入,一律按照个人所得税法的有关规定直接免予征收个人所得税,无须报送审批。[2]

此外,《个人所得税法》第6条第3款规定,个人将其所得对教育、扶贫、济困等公益慈善事业进行捐赠,捐赠额未超过纳税人申报的应纳税所得额30%的部分,可以从其应纳税所得额中扣除;国务院规定对公益慈善事业捐赠实行全额税前扣除的,从其规定。《中华人民共和国个人所得税法实施条例》第19条中规定,个人将其所得对教育、扶贫、济困等公益慈善事

---

[1] 参见张守文:《税法原理》(第5版),北京大学出版社2009年版,第293页。
[2] 参见《国家税务总局关于中华宝钢环境优秀奖奖金免征个人所得税问题的通知》(国税函〔2010〕130号)。

业进行捐赠,是指个人将其所得通过中国境内的公益性社会组织、国家机关向教育、扶贫、济困等公益慈善事业的捐赠。此前,《财政部、国家税务总局、民政部关于公益性捐赠税前扣除有关问题的通知》(财税〔2008〕160号,2008年12月31日发布,现已失效)规定,个人向公益事业的捐赠支出包括环境保护方面的支出。因此,个人向中华环境保护基金会等公益性组织的捐赠也可进行税前扣除。[1]

从前述分析来看,个人所得税在生态环境保护方面发挥作用的关键制度是税收优惠,就此而言,个人所得税税收优惠制度还可以在生态文明建设方面挖掘潜力。例如,税前扣除的适用范围可进一步扩大,不局限于前述国务院规定的范围,公益性组织的范围也可适度放宽以容纳更多环保公益组织。又如,各方面也可考虑为从事环保产业的个体工商户设计一定的减免优惠政策。

以上税收优惠当然会导致个人所得税的收入减少,不过,其减少量极为有限,从生态环境保护的角度来看,无疑是很值得的。其实,就个人所得税法的收入分配功能而言,[2]也是具有积极意义的。在这方面,个人所得税法还可以进一步发挥其收入分配功能,配合环境税法的"规制—收入"复合功能,更好地形成制度集成的格局。具体而言,可以在环境税筹集更多财政收入的同时,相应减少中低收入群体的个人所得税,从而获取多重制度红利。

(十一) 企业所得税

企业所得税是以企业为纳税人,以企业一定期间的应税所

---

〔1〕 参见龚辉文等:"构建绿色税收体系 促进绿色经济发展",载《国际税收》2018年第1期。

〔2〕 参见何锦前:"个人所得税法分配功能的二元结构",载《华东政法大学学报》2019年第1期。

得额为计税依据而征收的一种税。[1]近年来,企业所得税在环境保护方面发挥的作用也越来越大。企业所得税发挥其生态环境保护功能的主要措施如下表所示:

表1 企业所得税环境保护方面的措施

措施	文件名称	具体内容
公益性捐赠税前扣除	《中华人民共和国企业所得税法》第9条	企业发生的公益性捐赠支出,在年度利润总额12%以内的部分,准予在计算应纳税所得额时扣除;超过年度利润总额12%的部分,准予结转以后三年内在计算应纳税所得额时扣除
	《财政部、税务总局关于公益性捐赠支出企业所得税税前结转扣除有关政策的通知》(财税〔2018〕15号)	企业通过公益性社会组织或者县级(含县级)以上人民政府及其组成部门和直属机构,用于慈善活动、公益事业的捐赠支出,在年度利润总额12%以内的部分,准予在计算应纳税所得额时扣除;超过年度利润总额12%的部分,准予结转以后三年内在计算应纳税所得额时扣除
	《公益性社会团体捐赠税前扣除资格名单》(财政部、国家税务总局、民政部公告2015年第103号、2016年第155号、2017年第69号、2018年第60号)	中国绿化基金会、中国海油海洋环境与生态保护公益基金会、中国生物多样性保护与绿色发展基金会、中华环境保护基金会、中国绿色碳汇基金会、华盛绿色工业基金会

---

〔1〕 参见张守文:《税法原理》(第5版),北京大学出版社2009年版,第260页。

第七章 环境税法与相关财税法的协同并进

续表

措施	文件名称	具体内容
环境保护、节能节水项目企业所得税优惠	《中华人民共和国企业所得税法》第27条第3项	企业从事符合条件的环境保护、节能节水项目的所得，可以免征、减征企业所得税
	《中华人民共和国企业所得税法实施条例》第88条	企业所得税法第27条第3项所称符合条件的环境保护、节能节水项目，包括公共污水处理、公共垃圾处理、沼气综合开发利用、节能减排技术改造、海水淡化等……企业从事前款规定的符合条件的环境保护、节能节水项目的所得，自项目取得第一笔生产经营收入所属纳税年度起，第一年至第三年免征企业所得税，第四年至第六年减半征收企业所得税
	《财政部、国家税务总局、国家发展改革委关于公布环境保护节能节水项目企业所得税优惠目录（试行）的通知》（财税〔2009〕166号）	公共污水处理、公共垃圾处理、沼气综合开发利用、节能减排技术改造、海水淡化
环境保护、节能节水专用设备税额抵免	《中华人民共和国企业所得税法》第34条	企业购置用于环境保护、节能节水、安全生产等专用设备的投资额，可以按一定比例实行税额抵免
	《中华人民共和国企业所得税法实施条例》第100条第1款	企业所得税法第34条所称税额抵免，是指企业购置并实际使用《环境保护专用设备企业所得税优惠目录》《节能节水专用设备企业所得税优惠目录》

续表

措施	文件名称	具体内容
		和《安全生产专用设备企业所得税优惠目录》规定的环境保护、节能节水、安全生产等专用设备的,该专用设备的投资额的10%可以从企业当年的应纳税额中抵免;当年不足抵免的,可以在以后5个纳税年度结转抵免
	《国家税务总局关于发布修订后的〈企业所得税优惠政策事项办理办法〉的公告》(国家税务总局公告2018年第23号)附件《企业所得税优惠事项管理目录》节第26项	企业从事《环境保护、节能节水项目企业所得税优惠目录》所列项目的所得,自项目取得第一笔生产经营收入所属纳税年度起,第一年至第三年免征企业所得税,第四年至第六年减半征收企业所得税
环境保护、生态恢复专项资金税前扣除	《中华人民共和国企业所得税法实施条例》第45条	企业依照法律、行政法规有关规定提取的用于环境保护、生态恢复等方面的专项资金,准予扣除
清洁发展机制项目的所得税优惠	《国家税务总局关于发布修订后的〈企业所得税优惠政策事项办理办法〉的公告》(国家税务总局公告2018年第23号)	中国清洁发展机制基金取得的收入免征企业所得税

续表

措施	文件名称	具体内容
	《财政部、国家税务总局关于中国清洁发展机制基金及清洁发展机制项目实施企业有关企业所得税政策问题的通知》（财税〔2009〕30号）	中国清洁发展机制基金取得的CDM项目温室气体减排量转让收入上缴国家的部分，国际金融组织赠款收入，基金资金的存款利息收入、购买国债的利息收入，国内外机构、组织和个人的捐赠收入，免征企业所得税
节能服务公司与用能企业能源管理项目的税收优惠	《财政部、国家税务总局关于促进节能服务产业发展增值税、营业税和企业所得税政策问题的通知》（财税〔2010〕110号）	①对符合条件的节能服务公司实施合同能源管理项目，符合企业所得税税法有关规定的，自项目取得第一笔生产经营收入所属纳税年度起，第一年至第三年免征企业所得税，第四年至第六年按照25%的法定税率减半征收企业所得税；②对符合条件的节能服务公司，以及与其签订节能效益分享型合同的用能企业，实施合同能源管理项目有关资产的企业所得税税务处理按有关规定执行

当然，为更好地发挥生态环境保护的效应，企业所得税法还应适当提高优惠力度：一是为鼓励科技发展中的环境保护措施及环保科研成果的转让，应对在转让过程中因提供各种技术而取得的收入减征或免征所得税；二是对企业进行治理污染和环境保护方面的固定资产投资应允许实行加速折旧的方法，对生产环保设备的企业也应该纳入折旧的范围；[1]三是我国企业

---

〔1〕 参见龚辉文等："构建绿色税收体系 促进绿色经济发展"，载《国际税收》2018年第1期。

所得税给予科技发展方面的优惠中缺乏对环境友好型技术的支持，[1]因此应加大对环境友好型技术的支持，不仅要对相关设备、产业、项目给予优惠，在鼓励技术创新和科技进步的同时，也要加大对环境友好型技术的扶持。

当然，与个人所得税法类似，企业所得税法也应与环境税法在收入功能方面实施此消彼长的调整策略。这既与前述环境税"多重红利"理论相契合，也符合为市场主体减负，营造更好的营商环境的需要。由此，可发挥环境税与关联税制的协调效应，以获取更多制度红利。

二、其他相关财税制度的协同

除了前述相关税种法所构成的关联型环境税制度体系，生态环境保护领域的财税法配套制度还应从更多方面着力。比如，《中华人民共和国税收征收管理法》《中华人民共和国预算法》《中华人民共和国审计法》以及相关下位法，都值得各方面关注。

（一）税收程序制度

从税收法律制度维度考察，前述税种法属于税收实体法范畴，而税收程序法范畴尚未涉及。我国税收程序制度多体现在《中华人民共和国税收征收管理法》中，故有必要剖析《中华人民共和国税收征收管理法》如何助力生态环境保护。

事实上，《环境保护税法》第14条第1款规定，环境保护税由税务机关依照《中华人民共和国税收征收管理法》和本法的有关规定征收管理。同时，根据该法规定，生态环境主管部

---

[1] 参见龚辉文等：“构建绿色税收体系 促进绿色经济发展”，载《国际税收》2018年第1期。

第七章 环境税法与相关财税法的协同并进

门与税务机关在多个方面须进行分工配合。《中华人民共和国环境保护税法实施条例》进一步规定了环境保护主管部门与税务机关之间的权责配置。例如，该条例第12条规定，税务机关负责环境税的纳税申报受理等环节，而环境保护主管部门则负责应税污染物的监管。可见，环境税的征收管理制度是否完善，直接影响其规制功能和收入功能。但总的来说，环境税制度中对征管问题着墨不多，而《中华人民共和国税收征收管理法》又不太可能专门针对一个特定税种作特殊而细化的规定。由此，其中的制度空白或裂隙值得各方关注。[1]

例如，鉴于排污行为难于监控、易于逃避、取证困难，有必要加强税务机关的检查权。《中华人民共和国环境保护税法实施条例》第24条规定，税务机关依法实施环境保护税的税务检查，环境保护主管部门予以配合。不过，就税务检查取证而言，税务机关和环境保护主管部门各自有何权限、如何进行配合，尚不甚明了。

又如，《中华人民共和国税收征收管理法》第35条规定，纳税人有下列情形之一的，税务机关有权核定其应纳税额：①依照法律、行政法规的规定可以不设置账簿的；②依照法律、行政法规的规定应当设置账簿但未设置的；③擅自销毁账簿或者拒不提供纳税资料的；④虽设置账簿，但账目混乱或者成本

---

[1] 在立法过程中，曾有建议在《环境保护税法》中对税收征管作出某些规定，不过，税收征收管理法对各项税收的征管作了统一规范，环境保护税的具体征收管理应适用税收征收管理法。委员们提出的相关建议，税收征收管理法中已经作了专门规定，可不在本法中再作重复规定。（参见"全国人民代表大会法律委员会关于《中华人民共和国环境保护税法（草案二次审议稿）》修改意见的报告——2016年12月24日在第十二届全国人民代表大会常务委员会第二十五次会议上"，载《中华人民共和国全国人民代表大会常务委员会公报》2017年第1期）不过，这其实只涉及《环境保护税法》与《中华人民共和国税收征收管理法》两法的共性问题，两法的特异性问题如何处理，似乎并未受到关注。

资料、收入凭证、费用凭证残缺不全，难以查账的；⑤发生纳税义务，未按照规定的期限办理纳税申报，经税务机关责令限期申报，逾期仍不申报的；⑥纳税人申报的计税依据明显偏低，又无正当理由的。税务机关核定应纳税额的具体程序和方法由国务院税务主管部门规定。在环境税征收管理过程中，对于未设置符合税务部门和环境保护主管部门要求的环境监测设备的纳税人，是否以及如何通过法律解释来适用前述条款，比如可否将排污数据信息视为"纳税资料"，也有待各方研究。

（二）预算制度

实行分级管理的分税制预算管理体制是市场经济国家普遍推行的财政预算管理体制模式。当前我国分税制管理体制依然存在不少问题，如中央与地方事权、财权划分还不明确、不科学或不合理，地方财政自主权不足。[1] 就生态环境保护而言，预算制度上的缺陷将产生诸多消极影响，预算制度要与环境税制度形成合力，需作进一步完善。

就环境税收入分配而言，《环境保护税法》并未予以明确。2017年，《国务院关于环境保护税收入归属问题的通知》（国发〔2017〕56号）规定，环境税归属于地方收入。从生态文明建设的角度看，这对于矫正央地财权关系具有积极意义。不过，也需注意，2019年，我国环境保护税收入221亿元，而全年节能环保支出7444亿元，[2] 缺口巨大。可见，这方面尚需环境税制度与预算制度形成合力。

此外，预算过程中，涉及财政收入、财政支出等多个环节。

---

〔1〕 参见何锦前："地方财政自主权的边界分析"，载《法学评论》2016年第3期。

〔2〕 参见黄冀军："去年全年污染减排财政支出同比增长48.6%"，载《中国环境报》2020年2月11日，第1版。

第七章　环境税法与相关财税法的协同并进

其中，环境税收入、生态环境保护方面的财政支出等，均需预算程序多加助力，确保应收尽收，确保预算资金能最大限度地产出生态效益。如果今后将环境税收入定位为专款专用，则预算制度也需做相应调适。

（三）审计制度

和以前的排污费制度不同，《环境保护税法》并未规定环境税的收入归属和使用。尽管有许多关于环境税专款专用的建议，[1]但基于多方面考虑，最终立法并未采纳。这一过程稍有波折，也颇耐人寻味。其实，在此之前的《环境保护税法（征求意见稿）》第28条中规定："对依照本法规定征收环境保护税的，不再征收排污费。原由排污费安排的支出纳入财政预算安排。"在法律审议过程中，一些常委会组成人员建议明确，环境保护税收入应当专项用于环境保护支出……法律委员会经研究认为，按照预算法的规定，环境保护税收入与其他税收收入一并纳入一般公共预算管理，并统筹安排使用，不宜在本法中强调专款专用。[2]可以推测，最初立法是打算将环境税收入纳入预算进行统筹安排，而非专门用于环境保护方向，后来，立法者虽然仍然认为"不宜在本法中强调专款专用"，但删去了"原由排污费安排的支出纳入财政预算安排"。这究竟是为将来环境税收入的专款专用预留空间，还是立法者的无意之举，尚不可知。

---

〔1〕　参见刘佳奇："环境保护税收入用途的法治之辩"，载《法学评论》2018年第1期；陈少克：《税制结构转型与经济发展方式转变——中国税制与经济发展方式转变的协调性研究》，中国经济出版社2019年版，第246页。反对意见则参见樊勇：《中国税制与征管改革问题研究》，中国税务出版社2017年版，第164页。

〔2〕　"全国人民代表大会法律委员会关于《中华人民共和国环境保护税法（草案二次审议稿）》修改意见的报告——2016年12月24日在第十二届全国人民代表大会常务委员会第二十五次会议上"，载《中华人民共和国全国人民代表大会常务委员会公报》2017年第1期。

不过，如果一边用环境税筹集财政收入，一边不对生态环境方面的财政资金使用严加监管，相当于一个龙头进水，一个龙头漏水，会抵消环境税的复合功能。因此，生态环境保护方面的财政支出必须有规则、有监管、有实效，相关资金利用计划和落实情况都有待于严格的审计，而完善审计制度则显得非常必要。如果考虑到，环境税收入可能作为生态环境保护专项资金来使用，那么，审计制度的协同就更有必要了。由于审计制度的完善是比较宏大的问题，无法在此一一展开，下面仅从两个方面稍作分析。

第一，制定领导干部自然资源资产审计规则。例如，在编制自然资源资产负债表和合理考虑客观自然因素基础上，积极探索领导干部自然资源资产离任审计的目标、内容、方法和评价指标体系。[1]就环境税方面而言，是否可以结合相关领导干部在环境税法实施、环境税地方性法规制定、地方税收优惠政策制定中的行为与自然资源资产审计加以综合考量，暂无经验可鉴，尚待各方讨论。

第二，完善合作审计制度。因为生态环境保护具有跨行政区域的特点，故应建立合作审计制度，组织相关审计机关，或协调相关主管部门，对水、大气污染防治和生态建设等共同关注的区（流）域性生态环境事项，通过平行或联合审计的方式开展审计和审计调查，并建立协商机制，加强审计情况的协调、沟通与交流。应该明确，审计报告应分别提交给当地人民政府，审计结果及整改措施和效果互相通报。[2]在这方面，各方需要讨论的是，是否可以就各地环境税收入情况进行有针对性的审

---

[1] 参见中共中央委员会、国务院发布的《生态文明体制改革总体方案》（2015年9月21日）。

[2] 参见《审计署关于加强资源环境审计工作的意见》（2009年9月4日发布）。

计,并将各地环境税适用税额标准作为参考因素,综合审查相关地方人民政府是否履行生态环境保护职责。

三、小结

从财税一体的角度看,财政收入、财政管理、财政支出等均具有不可分割的密切关系,必须统筹考虑、集成一体。除了独立型环境税制度,商品税、财产税、所得税等各类税收不同程度地可作用于生态环境保护,因此,应推动这些方面的税种法的制度完善,以顺应生态文明建设。类似地,税收程序制度、预算制度和审计制度等方面也都在生态环境保护方面大有可为。这些方面的制度完善,既要从其自身加以着手,又要注意与环境税制度协同起来。秉持系统观念,逐步推进各相关制度的协同并进,将不断实现"绿色"财税法的良法善治,助力美丽中国建设。

当然,这些方面的问题,除了前文所述之外,尚有诸多待探讨之处。例如,鉴于近年来各方对税式支出研究的推进,我们也可以把视野再作拓宽。就此而言,环境税的税收优惠从财政支出的角度看属于税式支出,对其开展预算管理和审计监督甚有必要。诸如此类的问题,有待各方共同研析。

第八章
环境税法与环境保护制度的协调配合

众所周知,《环境保护税法》是"平移"排污费制度的结果,因此,在某种意义上也可以说,环境税开征,意味着作为环境保护制度重要内容的排污费已经"跳槽"到税收制度中去。或者,准确地说,环境税是环境保护制度和税收制度"双肩挑"。

当然,"跳槽"或"双肩挑"也暗含着某些内在需要审视的问题。就目的和宗旨来说,《环境保护税法》与狭义的环境保护制度是一致的,但目的和宗旨的一致并不意味着两者必然协调,事实上,它们之间的矛盾和冲突是客观存在的,有的矛盾还比较严重。这种矛盾和冲突不解决,是显然不利于环境税法复合功能的有效实现的。为此,我们有必要对环境税法与环境保护制度的复杂关系开展细致的考察。特别是环境税法与"后排污费时代"大气污染防治法等环境法修订之间的关系、环境税法与排污权交易制度之间的关系,以及环境税法主体与环境法主体之间的关系,都是重要的考察对象。

当然,需要说明的是,这种考察,看似是外部性的——从外在于环境税法的两类制度之间进行考察,其实,在某些方面,

第八章 环境税法与环境保护制度的协调配合

也是内在的,特别是涉及财税部门与生态环境主管部门[1]的关系时,又与环境税征管中的多部门分工协调机制密切相关。这些关联,使得环境保护制度对环境税法的"规制—收入"复合功能的影响深远。

一、环境税费改革中的历史遗留问题及其解决

环境税的前身为排污费,故不可避免地要回溯排污费的历史。排污收费是我国环境保护领域具有较长历史的基本制度之一。在其30多年历程中,大体经历了五个发展阶段:一是1978年到1981年,为排污收费制度的提出和试行阶段,主要是排污收费制度在法律政策上的确立和相关工作试点;二是1982年到1987年,为排污收费制度的全面实施阶段,以1982年国务院《征收排污费暂行办法》(已失效)为起点,排污收费工作在全国范围内得以推行和实施;三是1988年到1993年,为排污收费制度的发展完善阶段,以1988年国务院《污染源治理专项基金有偿使用暂行办法》(已失效)的颁布实施为标志,在此阶段初步建立了环境监理执法队伍;四是1994年到2002年,为排污收费制度全面创新阶段,此阶段推进了排污收费制度改革;五是2003年以后,为总量排污收费全面实行阶段,2003年国务院《排污费征收使用管理条例》(已失效)成为新的里程碑。[2]必须承认,多年来,排污费制度促进了环保事业的发展。

排污费"平移"为环境税后,原排污费制度的合理内核基

---

[1] 需要说明的是,从1974年到2018年,我国环保机构经历了7次变革,2018年国家组建生态环境部,作为国务院组成部门,不再保留环境保护部,而相关文献和制度文本中因历史原因而分别表述为"环保部门""生态环境主管部门""环境保护行政主管部门"等,后文可能在不同场合会出现这些不同的表述。

[2] 环境保护部环境监察局:"中国排污收费制度30年回顾及经验启示",载《环境保护》2009年第20期。

本被环境税吸收采纳。从理论上说，环境税的征税范围应当是可以覆盖原来排污费的收费范围的，也就是说，环境税并未给排污费留下继续生存的空间。《环境保护税法》第27条确实也作了相应规定：自本法施行之日起，依照本法规定征收环境保护税，不再征收排污费。

不过，由于环境税的开征考虑了多方面的因素，也就未必能完全取代排污费的各项制度要素。现行环境税法征税对象主要包括大气污染物、水污染物、固体废物以及噪声四类，若与先前排污收费对象比较，二者范围并非完全重合。

例如，就挥发性有机物而言，[1]由于近年来挥发性有机物排放对大气环境污染影响日益突出，为加强挥发性有机物防治工作，发挥排污费在挥发性有机物减排和治理中的作用，[2]截至2017年，全国已有21个省市自治区开征挥发性有机物排污费。但在环境税法的税目中并没有专门列出挥发性有机物，而是仅将苯、甲苯、甲醛、苯乙烯等十几种挥发性有机物质纳入应税大气污染物中，导致公众对挥发性有机物是否征收排污费和环境税产生疑问。为解开公众的困惑，财政部等四部门联合发布了《关于停征排污费等行政事业性收费有关事项的通知》（财税〔2018〕4号），规定自2018年1月1日起，在全国范围内统一停征排污费和海洋工程污水排污费。其中，排污费包括：污水排污费、废气排污费、固体废物及危险废物排污费、噪声超标排污费和挥发性有机物排污收费；海洋工程污水排污费包括：生产污水与机舱污水排污费、钻井泥浆与钻屑排污费、生

---

[1] 挥发性有机物是指参与大气光化学反应的有机化合物，包括甲烷烃（烷烃、烯烃、炔烃、芳香烃）、含氧有机物（醛、酮、醇、醚等）、含氯有机物、含氮有机物、含硫有机物等，是形成臭氧和细颗粒物污染的重要前体物。

[2] 具体内容可参见《财政部、国家发展改革委、环境保护部关于印发〈挥发性有机物排污收费试点办法〉的通知》，现已废止。

第八章 环境税法与环境保护制度的协调配合

活污水排污费和生活垃圾排污费。从该通知可以推测，排污费已全面停征。同时，原环保部曾在其官网上就此事作出回复，也可予以佐证。[1]可见，部分原来收费的项目可能成为既不征税也不收费的项目，相关污染排放行为如何进行规制，尚待各方重视并尽快加以解决。当然，从制度演进的时序来看，环境税的税目应当逐步扩大，在条件成熟时应将挥发性有机物分批纳入征收范围之内。

上述问题也提醒我们，生态环境保护领域的税费改革触及现行多部法律、法规关于排污费的规定。对此，应区分情况进行梳理、剔除、修改，确保不留下制度空白。在此过程中，应注意与环境税法是否存在不协调之处，并分别权衡各方面因素，进行修订、整合。

笔者也注意到，环境税法出台后，不少原先涉及有关排污收费的法律或其他相关文件被修改或废止。被废止的有《排污费征收使用管理条例》《财政部、国家发展和改革委员会、国家环境保护总局关于减免及缓缴排污费等有关问题的通知》（财综〔2003〕38号）、《财政部、国家发展改革委、环境保护部关于印发〈挥发性有机物排污收费试点办法〉的通知》（财税〔2015〕71号）、《财政部、国家计委关于批准收取海洋工程污水排污费的复函》（财综〔2003〕2号）等。同时，《中华人民共和国大气污染防治法》和《中华人民共和国水污染防治法》中的排污费条款被剔除。

---

[1] 原环保部在其官网上对《关于挥发性有机物VOCs是否征税的回复》中提到了，《环境保护税法》第6条第1款规定："环境保护税的税目、税额，依照本法所附《环境保护税税目税额表》执行。"其所附的《环境保护税税目税额表》及《应税污染物和当量值表》中不包括挥发性有机物。《环境保护税法》第27条规定："自本法施行之日起，依照本法规定征收环境保护税，不再征收排污费。"故对挥发性有机物依法不再征收排污费，也不征收环境保护税。

2017年修正的《中华人民共和国海洋环境保护法》第12条第1款规定："直接向海洋排放污染物的单位和个人，必须按照国家规定缴纳排污费。依照法律规定缴纳环境保护税的，不再缴纳排污费。"这也表现出由排污费到环境税的过渡。而2016年修正的《中华人民共和国固体废物污染环境防治法》第56条第1款中规定，以填埋方式处置危险废物不符合国务院环境保护行政主管部门规定的，应当缴纳危险废物排污费。2018年修正的《中华人民共和国环境噪声污染防治法》第16条第1款规定，产生环境噪声污染的单位，应当采取措施进行治理，并按照国家规定缴纳超标准排污费。不过，前述《财政部、国家发展改革委、环境保护部、国家海洋局关于停征排污费等行政事业性收费有关事项的通知》（财税〔2018〕4号）已明确规定取消危险废物排污费、噪声超标排污费。因此，我们可以看到，2020年4月29日，修订通过的《中华人民共和国固体废物污染环境防治法》删除了前述排污费内容。可见，环境保护领域的清费立税工作和相关制度之间的协调工作，仍有待时日。

二、环境税法与排污权交易制度的协调

生态环境保护问题错综复杂，绝非单一手段可以解决，需要多项制度协同配合。环境税和排污权交易均为我国生态环境保护领域的重要经济制度，厘清和处理好两项制度间的关系，对于生态文明建设大有裨益。

我们知道，福利经济学大家庇古最早提出了环境税的初步理论，环境税也因此往往被称为庇古税。[1]后来，著名公共选择经济学家戈登·塔洛克参与推动了学术界对环境税的进一步关

---

[1] See A. C. Pigou, *The Economics of Welfare*, Macmillan and Co., Limited, 1932, Part II.

第八章 环境税法与环境保护制度的协调配合

注和讨论。[1]随着越来越多的学者加入,环境税研究不断深入。

后来,环境税开始引起了各国立法者的关注。法国是世界上最早进行环境税(费)立法的国家之一,其环境税(费)设置以前较为分散,从 20 世纪 90 年代中期开始逐步进行整合。1998 年 11 月,法国通过"1999 年度财政预算法案",确定建立"污染活动一般税"制度,并从 1999 年 1 月 1 日开始分领域逐步实施。现在,美国、德国、日本等许多工业化国家都已先后推动环境税立法。

而排污权交易又称排污许可证交易,它是指在满足环境保护标准的条件下,创设排污权(污染物排放权)作为一种准私权,允许这种权利像商品一样被买入和卖出,以此来进行污染物排放总量的控制。排污权交易是以科斯定理为理论基础进行污染控制的政策工具,排污权交易的设想大概要归功于戴尔斯,他最早于其 1968 年的著作《污染、产权与价格》中提出了这一设想。[2]初创理论难免不成熟,引来的争议自然不少。[3]后来,1972 年,蒙哥马利对排污权交易机制进行了更为系统的论述,并用计量经济学方法作了证明。[4]学界的研究加速了排污

---

[1] See G. Tullock, "Excess Benefit", *Water Resources*, Vol. 3, No. 2, 1967, pp. 643-644.

[2] J. H. Dales, *Pollution, Property and Prices: An Essay in Policy-Making and Economics*, University of Toronto Press, 1968, p. 100.

[3] 比如,对戴尔斯关于社会总成本最低的判断就引来不少批评,一些学者认为,排污权交易只能确保市场主体的遵从成本或减排成本最低,而社会总成本还得包括行政成本等其他成本。See Chulho Jung, Kerry Krutilla, Roy Boyd, "Incentives for Advanced Pollution Abatement Technology at the Industry Level: An Evaluation of Policy Alternatives", *Journal of Environmental Economics and Management*, Vol. 30, No. 1, 1996, pp. 95-111; Daniel H. Cole, *Pollution and Property: Comparing Ownership Institutions for Environmental Protection*, Cambridge University Press, 2002, pp. 14-15.

[4] See W. David Montgomery, "Markets in Licenses and Efficient Pollution Control Programs", *Journal of Economic Theory*, Vol. 5, No. 3, 1972, pp. 395-418.

权交易从理论到实践的落地过程。美国改变了原本侧重命令控制机制的《空气污染控制法》《空气质量法》等相关法律制度，逐步引入排污权交易等新的机制。1970年通过的《清洁空气法》确立了排污权交易机制，是美国环境法律制度创新的里程碑，此后，排污权交易运用到了更多的领域。

业已形成的共识是，排污权交易"是一种创造市场的形式"，"其基本思想很简单：①排放的总量不能超过允许的限额。②在限额内，污染者可自由决定其如何控制排放。污染者决定是否减少污染出售许可证，或持续污染并且购买许可证，或持续污染并交纳罚金。③基于成本和价格信号，污染者可以通过与其他有额外减排信用的人交易而获益。④不遵守规定将会被处罚。"[1]

我国从20世纪七八十年代开始排污权交易的探索实践，就主要污染物排放权交易而言，从1987年上海市闵行区开展COD排污权实践开始，[2]至今已有30多年的历史。2007年起，国家批复江苏、浙江、天津、湖北、湖南、山西等11个省份开展排污权交易试点工作，广东、辽宁等一些省份也自行开展了试点。[3]总的来说，我国排污权交易虽然探索时间早，但发展仍较为缓慢，排污权交易制度尚未成熟。除山西、重庆等少数地区外，天津、河北等多数试点省份排污权交易推行面临困境。我国排污权交易制度尚有诸多理论与实务问题亟待各方研析。

就目前情况来看，我国排污权交易在有偿使用、排污许可

---

[1] [英]萨布海斯·C.巴塔查亚：《能源经济学——概念、观点、市场与治理》，冯永晟、周亚敏译，经济管理出版社2015年版，第529页。

[2] 参见吴朝霞、曾石安："建立我国统一框架下的排污权交易机制"，载《人文杂志》2018年第8期。

[3] 参见刘炳江："强力推进排污权交易试点 努力开创减排工作新局面"，载《环境保护》2014年第18期。

制度和总量控制制度框架下运行，虽与环境税同为环境经济制度，但其具有鲜明的特色。排污权交易的前提条件是环境总量控制制度，我们也可以将排污权交易理解为环境总量控制之下的部分合法权利的特殊让渡形式。如果说环境税默示地承认了企业对环境资源的某种产权——在某些语境下可能被称为环境权，那么，排污权交易制度实际上明示地承认了企业的环境权，因此，排污权交易更多反映了市场经济条件下环境资源的商品化。当然，企业的环境权往往以国家特别许可的形式（如许可证）来表征，从而，排污权交易往往表现为许可证的交易，或者说，排污权交易也是排污许可的市场化机制。

在某种意义上可以说，环境税建立在价格基础上，排污权交易则建立在数量基础上。比较直观的原因是，后者依赖于总量控制制度，在总量控制制度之下，排污权交易方可顺利运行。

我国环境污染总量控制制度分散于多部法律法规之中。《中华人民共和国水污染防治法》第 20 条中规定了，国家对重点水污染物排放实施总量控制制度，并要求各级人民政府建立相应的总量控制制度。该法第 10 条规定，排放水污染物，不得超过国家或者地方规定的水污染物排放标准和重点水污染物排放总量控制指标。该法还规定了相应的处罚措施。《中华人民共和国大气污染防治法》第 21 条中规定，国家对重点大气污染物排放实行总量控制，要求省、自治区、直辖市人民政府应当按照国务院下达的总量控制目标，控制或者削减本行政区域的重点大气污染物排放总量。《中华人民共和国海洋环境保护法》第 3 条第 2 款中规定，国家建立并实施重点海域排污总量控制制度，确定主要污染物排海总量控制指标，并对主要污染源分配排放控制数量。此外，2014 年，《国务院办公厅关于进一步推进排污权有偿使用和交易试点工作的指导意见》要求，严格落实污物总量控制制度,试点地区要严格按照国家确定的污染物减排要求,将污染物总量控制指标分解到基层,不得突破总量控制上限。

环境污染总量控制制度充分发挥作用的前提是,政府测度一定地区的环境容量,通过掌握所辖地区各相关单位的污染物排放情况,并在此基础上,结合本地自然环境禀赋和人口、经济、社会等多方面因素,科学评估本地区应设定的污染物排放总量。在确定地区排放总量之后,再将排放量分割成若干排污权分配给企业,企业的排污权以排污许可证的方式予以确认。排污许可证作为排污权确认凭证的同时,也作为排污交易的管理载体,企业进行排污交易的数量、来源和去向均应在许可证中载明,环保部门则按排污权交易后的排放量进行监管执法。[1]

具体到排污权交易本身,一般来说,其可分为两个运行环节:一是排污权初始分配环节;二是排污权市场交易环节。由此,排污权交易市场形成两个层级,对应于前述两个环节,分别是一级市场和二级市场。这一点,与土地交易市场颇有相似之处。在排污权初始分配阶段,交易主体为政府和企业,政府起主导作用。一般情况下,排污权的初始分配可以有三种形式:无偿分配、拍卖和奖励。[2]开展试点之初,对采取何种方式进行排污权的初始分配,理论界各执一词,意见并不统一。不少人建议初始分配免费,[3]也有一些人建议拍卖分配,还有一些

---

[1] 参见"《控制污染物排放许可制实施方案》30问",载《中国环境报》2017年1月6日,第4版。

[2] 参见蔡守秋、张建伟:"论排污权交易的法律问题",载《河南大学学报(社会科学版)》2003年第5期。

[3] 参见刘鹏崇:"排污权初始配置国内研究综述",载《中南林业科技大学学报(社会科学版)》2010年第3期。

第八章 环境税法与环境保护制度的协调配合

人持折中的观点,建议引入累进性的价格机制,将免费分配与有偿分配有机结合。[1]但就此前试点情况来看,多采用有偿使用分配,排污企业向县级以上生态环境主管部门缴纳排污权有偿使用费,取得排污权,并由生态环境主管部门核发排污许可证。随着排污权交易试点改革的深化,未来排污权初始分配方式是否会采用无偿分配方式,尚不得而知。不过,从主管部门对相关建议的回复来看,似乎预示着某些调整动向。[2]当然,初始分配的有偿与否,以及新建企业等没有排污权的主体如何更公平地参与初始分配,仍值得深入研讨。

在排污权市场交易环节,各排污企业成为交易主体,买卖双方之间的排污权交易经由排污权交易平台实施,政府则侧重于交易秩序的监督。在运行良好的排污权交易机制下,排污权一旦界定,排污单位在理性经济人的利益最大化动机驱使下,自愿进行排污权交易,从而实现企业个体获得经济利益和社会总治理成本下降的双重红利。

随着排污权交易试点改革工作的深入,相关问题逐渐浮出水面,理论上的争议也日益增多。例如,目前排污权交易二级市场并不活跃,很多试点地区甚至长时间没有交易量。[3]一般认为,原因可能是二级市场交易受到政府干预过多。有的地方人民政府给排污权交易的主体、地区、价格等方面设置了各种限制条件,导致符合条件者过少,交易成本过高。又如,人们

---

[1] 参见邹伟进、朱冬元、龚佳勇:"排污权初始分配的一种改进模式",载《经济理论与经济管理》2009年第7期。

[2] 在《深化排污权交易试点建议的回复》中,生态环境部提出通过试点,进一步明确政府在排污权交易工作中的定位,按照"降成本、运用价格杠杆服务生态文明"的相关工作安排,全面停止政府预留和出让排污权,鼓励发展二级市场。

[3] 参见叶维丽等:《水污染物排污权有偿使用与交易技术方法》,中国环境出版集团2018年版,第117—125页。

会担心,排污权交易是否会产生企业对排污权的垄断;〔1〕利用市场机制的排污权交易是否会导致权利分配的非正义性;这种市场机制在没有将利益相关者(工厂周边的社区、受污染影响的民众)参与的情况下是否会导致对双方当事人以外的第三方的非正义性。〔2〕

由上可知,排污权交易制度本身尚存诸多问题,未来走向也有诸多不确定性。但从理论上来说,环境税和排污权交易都是解决环境污染外部性问题的重要手段,其作用难分伯仲。现在普遍认为,"污染许可证(排污权交易)和庇古税(环境税)一样是一种低成本高效率地使环境保持清洁的方法。"〔3〕

当然,也有学者认为,与环境税相比,排污权交易更具优越性。〔4〕相反的观点认为,环境税比许可证制度更具有优势。〔5〕但无论采取何种环境治理措施,都要依据一国的具体环境污染情况去选择。"判断哪一个才是合理的政策工具,有必要探讨以下因素:①囊括国内广大范围的排放主体;②给其足够的减排激励;③可以对制度引进产生的分配问题进行调整的制度设计,再加上现实中是否可以进行。"〔6〕

---

〔1〕参见张帆、夏凡:《环境与自然资源经济学》(第3版),格致出版社、上海人民出版社2016年版,第224—225页。

〔2〕参见王慧:"被忽视的正义——环境保护中市场机制的非正义及其法律应对",载《云南财经大学学报》2010年第6期。

〔3〕[美]曼昆:《经济学原理》(原书第3版),梁小民译,机械工业出版社2003年版,第182页。

〔4〕参见李爱年、詹芳:"排污权交易与环境税博弈下的抉择——以构建排污权交易制度为视角",载《时代法学》2012年第2期。

〔5〕[日]诸富彻:《环境税的理论与实践》,张宏翔、张冬雪译,武汉大学出版社2012年版,第231页。

〔6〕[日]诸富彻:《环境税的理论与实践》,张宏翔、张冬雪译,武汉大学出版社2012年版,第231页。

第八章 环境税法与环境保护制度的协调配合

无论如何，各方公认，环境税制度与排污费制度在原理上有着显著的差别。有学者指出："可交易许可证与税收有着本质区别。就污染控制而论，税收产生的激励是为每单位排放确定固定价格，许可证产生的激励是发放固定排放量的许可证，持有者通过灵活价格买卖许可证，改变持有量。环境管理部门认为，税收确定的是排放价格而不是个人或集体的排放量，许可证确定的是集体或个人排放量而不是排放价格。"[1]如此，在环境税制度下，难以控制排放量，而在排污权交易制度下，可以在量上进行控制，但可能产生因投机等因素引起的许可证价格波动的风险。[2]对此，两种制度就需要在不违背本身机理的情况下加以统筹协调。

比如，环境税与排污权交易费用是否存在"税费重复"的问题。2014年《国务院办公厅关于进一步推进排污权有偿使用和交易试点工作的指导意见》规定，有偿取得排污权的单位，不免除其依法缴纳排污费等相关税费的义务。《环境保护税法》实施后，这一政策并未被废除。有的地方在排污权交易制度中更是明确了"税费并存"的规则。[3]就此来看，相关市场主体的确面临双重负担的问题。有意见认为，"在政府规定的排污限度以内的排污，本来不应付费。但是如果采取拍卖的方式分配许可证，实际上企业对允许的排污也付了费。这样做不尽公平。"[4]

---

[1] [英]康芒、斯塔格尔:《生态经济学引论》，金志农等译，高等教育出版社2012年版，第364页。

[2] 参见[日]诸富彻:《环境税的理论与实践》，张宏翔、张冬雪译，武汉大学出版社2012年版，第231页。

[3] 例如，《湖南省主要污染物排污权有偿使用收入征收使用管理办法》第7条规定:"排污单位缴纳排污权有偿使用费，不免除其缴纳环境保护税的义务。"

[4] 参见张帆、夏凡:《环境与自然资源经济学》(第3版)，格致出版社、上海人民出版社2016年版，第224页。

但也有学者认为，企业向政府购买排污权后，再缴纳环境税，也是合理的，其理由是，一些企业的实际排污量低于许可的排污量时，企业可能会增加排放，直到将许可额度用完，从而导致污染增加，而征收环境税则可以起到抑制增大排污量的效果。[1]

应当说，环境税与排污权交易均以市场主体具有环境权为前提，承认环境权，则宜以外部性所产生的社会成本为基础要求排污主体支付相应对价，而非直接对合法达标排放行为征收税费，所以，在环境税与排污权交易初始分配收费两者之间如何协调选择的问题上，只征收环境税是更合理的方案。退一步来说，环境税与排污权交易都是排污主体要支付的对价，这种对价也只应付出一次即可，否则，要么排污主体承担了不合理的过多负担，相当于遭受到惩罚，要么就得降低环境税和排污权交易的对价，使得两者之和仍维持在一个合理的水平。如果选择负担畸重的办法，则正当性缺失，因为，环境税和排污权交易针对的均为合法排污，过重的负担实质上等同于罚款，而罚款是对应于违法行为的，所以，这里存在法理上的尖锐的矛盾。如果选择降低环境税征税标准和排污权交易费用标准（主要是政府出让价格标准），那么，就会产生诸多制度漏洞，反而为相关主体投机、规避监管、逃避税收等创造了机会，徒增更多的规制成本和遵从成本。

当然，前面分析的矛盾主要在于排污权交易的一级市场，对于排污权交易二级市场而言，其与环境税仍有协调的必要。我们先假定排污权的初始分配是免费的，然后再以一个简单的思想实验展开分析。此时，排污权交易的对价是民事主体支付

---

[1] 参见张晓华："环境保护税开征后急需明确的几个问题"，载《财会月刊》2018年第11期。

第八章　环境税法与环境保护制度的协调配合

的，也是民事主体获取的，政府并非该交易当事方，当然也非价款收取方，所以，该对价与环境税是可以并存的。我们用甲、乙企业的相关活动来具体展开这一思想实验。甲企业从乙企业购买排污权后，仍应就其排污行为缴纳环境税；乙企业不再排污，也就无需缴纳环境税，其从甲企业获得的排污权对价属于其节能减排所产生的利润。在这一思想实验中，如果环境税税率标准过高，那么，在二级市场上，排污权交易可能很难达成，因为，对甲企业来说，购买排污权是一桩不划算的交易。尤其是当与超量排污的罚款相比更不划算时更是如此，甲企业与其购买排污权以后还要承担高额的环境税，还不如直接承担更低的罚款。如果环境税税率标准过低，则情况比较复杂。大部分情况下，甲企业会有较多的动力向乙企业购买排污权，但这又会推高排污权交易的价格，可能使排污权更容易被高利润率的行业企业获得，若该高利润率行业恰好是应受重点规制的高能耗、高污染行业，则会产生逆向激励。此时，政府可能进行干预，情况就会变得更为复杂难解。当然，环境税税率标准过低的同时，如果排污权交易市场受到诸多因素影响，交易不活跃，交易价格偏低，那么，对甲企业来说，购买排污权是合算的，但对生态环境保护而言，则是不利的。

如果考虑到环境税与排污权交易制度均要以环境总量控制制度为前提，则尚需统筹考虑更多因素。这一点需要多做一点解释。因为，以往很多人把环境税与环境总量控制制度当作无关的两个范畴。其实不然。环境总量控制制度包括狭义的总量控制和污染物排放标准控制。在我国，"环境管理中执行污染物排放浓度控制和总量控制的双轨制。浓度控制法，就是通过控制污染源排放口排出污染物的浓度，来控制环境质量的方法。这就是人们常说的国家排放标准，具体来说就是国家制定全国统一执行的污染物浓度排放标准。污染物达标排放是实施总量控制的前提和基础。"[1]而环境税是针对符合排放标准的排污行为征收的,因此,环境总量控制制度直接决定了何种行为要受到环境税法的规制。同时,环境总量控制制度又间接影响环境税的课税要素。比如,污染物排放标准偏低且总量设定偏高(如目标总量、容量总量或行业总量设定值过高),可能意味着无需更高的环境税税率对排污行为进行规制。在这样的情况下,也往往意味着排污企业有相对充裕的排放许可额度或排污权,进而通过排污权交易市场调剂余缺的需求不足,交易价格偏低。如果污染物排放标准偏高且总量设定偏低,则排污企业有更大的购买排污权的需求,交易价格相对更高,同时,环境税税率一般会更高,在此情况下,企业负担会更重,从而引发决策者如何协调环境税与排污权交易制度的问题。

此外,环境污染往往是跨域性的,这就更加剧了问题的复杂性。《环境保护税法》授权地方调整环境税税率,省、自治区、直辖市人民政府统筹考虑本地区环境承载能力、污染物排放现状和经济社会生态发展目标要求,可在规定的税额幅度内确定和调整税额。据此,各地方调整环境税税率时,也要不同程度地考虑本地区的环境容量,如通过提高税率以控制排放量。而排污权交易的市场如何因地而异,或者排污权交易被地方人民政府限定在某些特定地域内进行,则其与环境税税率的地方规则之间如何调适,值得讨论。更进一步地,这样的问题是否会影响全国生态环境保护的全局,也需要作更多的考量。

而从污染物类型来看,当前我国排污权交易的主要污染物类型集中在二氧化硫、氮氧化物、化学需氧量和氨氮四类污染

---

[1] 蔡艳荣主编:《环境影响评价》(第2版),中国环境出版社2016年版,第200页。

第八章 环境税法与环境保护制度的协调配合

物上。因各省市污染情况和交易市场的发达程度不同，在主要污染物类型上又有所差异。例如，湖南增加了铅、镉和砷三项指标，山东增加了烟尘这一指标，天津暂时只将二氧化硫和化学需氧量作为排污权交易指标。[1]对照来看，如前所述，环境税的征税对象包括大气污染物、水污染物、固体废物和噪声四类，并未覆盖所有的污染物类型。因此，环境税法与排污权交易制度所涉及的污染物范围有交叉，但并不完全重合，可能导致部分排污行为无法同时受到两项制度调节的问题，产生制度空白，因而需要决策者妥善协调，以形成制度合力。

此外，环境税与排污权交易所涉及的行政部门不同，而排污权交易中产生的数据、信息等对环境税征收管理具有重要意义，如何进行跨部门的协调，也需要制度设计上加以考虑。以前，排污权交易中一级市场的收入问题归生态环境主管部门负责，2021年1月1日起，此项职能归属税务机关，[2]可望在一定程度上缓解跨部门难题。当然，难题并未根治，尚需作更多顶层设计。

三、从行政部门视角看制度间的矛盾与化解

前面更多的是从各个制度的要素之间的关系来展开的讨论，其实，环境税制度与环境保护制度基本上都属于国家干预型制度，制度运作均主要依靠行政部门。就此而言，从行政部门视角来考察制度之间存在哪些不协调之处以及如何协调，就甚有必要了。

---

〔1〕 参见吴朝霞、曾石安："建立我国统一框架下的排污权交易机制"，载《人文杂志》2018年第8期。

〔2〕《财政部关于水土保持补偿费等四项非税收入划转税务部门征收的通知》（财税〔2020〕58号）、《国家税务总局关于水土保持补偿费等政府非税收入项目征管职责划转有关事项的公告》（国家税务总局公告2020年第21号）明确，水土保持补偿费、排污权出让收入、防空地下室易地建设费三项非税收入自2021年1月1日起划转至税务机关征收。

回溯过去，排污费改为环境税，早已经在2007年提上了改革的议事日程，[1]十二五规划再一次明确了环境税开征的任务，环境税立法的必要性和重要性进一步得到了凸显。党的十八届三中、四中全会提出"推动环境保护费改税""用严格的法律制度保护生态环境"，开征环境税已迫在眉睫。于是历经重重讨论与修改，环境税法于2018年1月1日终于登上我国税制实践舞台，成为生态环境保护方面的重要经济法律制度。环境税开征，意味着作为环境保护制度重要内容的排污费已经"跳槽"到税收制度中去。

当然，"跳槽"只是一个表象，排污费改革为环境税，主要是为了更好地保护环境，彻底解决排污费征收管理中存在的诸多弊病。就目的和宗旨来说，现行环境保护制度和环境税法在很多方面是一致的，但目的和宗旨的一致并不意味着两者必然协调。就像为了共同的目标而一起干事的人之间也可能不同程度产生各种分歧一样，制度之间也是如此，更何况制度也是人制定的。事实上，环境税制度和环境保护制度之间的矛盾和冲突是客观存在的，有的矛盾还比较严重。

关于环境保护制度的讨论往往离不开生态环境主管部门，基于此，接下来我们不妨以生态环境主管部门为基本视角，考察环境税开征对生态环境主管部门的权限和经济利益的影响，分析生态环境主管部门的行政管理体制、专业职能以及由此导致的生态环境主管部门和税务部门之间的矛盾。这些分析将证明，环境税与环境保护制度的矛盾是客观存在的，并通过生态环境主管部门得到了集中体现。改革就是对现有制度的调整，就是对利益的再分配，因此，矛盾和冲突是改革必然伴随的现

---

[1] 2007年《国务院关于印发节能减排综合性工作方案的通知》就提出了这个问题，并明确了"研究开征环境税"的任务。

第八章 环境税法与环境保护制度的协调配合

象。环境税制度和环境保护制度的修改完善和实施全过程中,均须对此予以高度重视,并审慎加以解决。

(一) 部门利益的制度考量

在环境税立法之前,环境保护制度的行政主体主要是生态环境主管部门,排污费制度的行政主体也是生态环境主管部门,环境税立法之后,环境税制度的行政主体主要是税务部门,同时需要生态环境主管部门的协同配合。这种职权调整和主体变更在排污费改环境税之前就已成为各方共识。同时,也有研究者认为,排污费改为环境税将可能损害生态环境主管部门的利益,"影响环境保护现有的利益格局"。[1]

生态环境主管部门有权对相应管辖范围内的环境保护工作实施统一监督管理,[2]与环境保护相关的任何制度构建、工作开展,都与该部门密切相关。现行环境税采用"企业申报、税务征收、环保协同、信息共享"的模式,在税收征管程序中,离不开生态环境主管部门的支持和配合。为了维护公共环境利益,生态环境主管部门也有义务支持和配合环境税的开征,但是,对于客观存在的,也有一定合理性的部门利益来说,总是会受到一定的影响。如果只仰望星空,不低头看现实,坚决认为所谓的"部门利益"是彻头彻尾的不正当的利益,完全不在环境税制度中予以考虑,那么,环境税法的实施效果必定要大打折扣。正视环境税制度和环境保护制度中的利益因素,并积

---

[1] 参见孔志峰:"排污费'费改税'的难点剖析",载《环境保护》2009年第20期;何锦前:"环境税与环保制度的矛盾与化解——以行政部门为视角",载《石河子大学学报(哲学社会科学版)》2012年第4期。

[2] 现行《环境保护法》第10条规定:国务院环境保护主管部门,对全国环境保护工作实施统一监督管理;县级以上地方人民政府环境保护主管部门,对本行政区域环境保护工作实施统一监督管理。县级以上人民政府有关部门和军队环境保护部门,依照有关法律的规定对资源保护和污染防治等环境保护工作实施监督管理。

极面对它,这才是应有的务实态度和理性科学态度。大体来说,生态环境主管部门至少有两个方面的利益可能会受到影响。

1. 权限范围

从法理上讲,行政机关法无授权不可为,职权即生命,权限的调整对行政机关来说利益攸关。从权限上来看,排污费改税无疑缩减了生态环境主管部门的权力范围,生态环境主管部门对污染控制管理的自主性也在一定程度上受到影响。

虽然和以前相比较,2002年通过的《排污费征收使用管理条例》(已失效)第4条明确了排污费征收使用"收支两条线"的原则,大大限制了当时环境保护行政主管部门在排污费征收使用上的权力,但事实上,由于规则仍然比较粗糙,环境保护行政主管部门在排污费征收上的自主权是比较大的,即便对于排污费的支出,其也有较大的影响力。在排污费改税之后,原环境保护行政主管部门,现生态环境主管部门在环境税征收管理方面已不再具有主导性权力。

这一主体变更和权限调整的后果是,原来被认为实施效果颇佳的某些环境管理措施也随之无法继续沿用。例如,2009年,湖南省株洲市将投保环境污染责任保险的企业所投保费的50%,在当年排污费中冲抵,对此,当时的环境保护部认为此举"极大地促进了企业的投保积极性",因此被列为"环境经济政策主要进展"之一。[1]我们可以设想,如果要在环境税语境下采取这种政策,则首先需要该类政策与环境税之间能匹配结合上,然后,由生态环境主管部门实施某种环境保护税收减免或实施对企业的财政补贴,通过对正外部性行为的补贴和负外部性行为的收税,刺激企业生产行为朝着有利于环境保护的方向发展。

---

[1] 参见环境保护部:《2009年中国环境状况公报》(2010年5月31日公布),第23页。

第八章　环境税法与环境保护制度的协调配合

但问题是，从当前我国环境税法来看，一是并无这方面的税收优惠规定，二是环境税的行政主体由税务部门主导，生态环境主管部门并无主导权。可见，要实行以往那样的环境经济政策，欠缺实定法上的依据和权限，从而无法继续沿用类似的冲抵政策，在可见的未来也没有在环境税法实施中沿用该类政策的可能性。即便有些以前从属于排污费制度或与排污费制度具有密切关联的环保政策仍有延续的必要，在"后排污费时代"或"环境税时代"，相关环保政策的实施也可能不得不考虑环境税的因素，生态环境主管部门甚至需要征询税务部门的意见，要协调税务部门甚至财政部门乃至更多部门的工作。诸如此类的情况意味着，"后排污费时代"生态环境主管部门原有某些权限的萎缩是必然趋势，由于部门间协作而新增政策实施成本恐怕也是必然的结果。[1]可以想见，由生态环境主管部门具体实施的相关法律制度也须将此变化纳入今后修法考量因素之中。

当然，自主性权力的减少也意味着生态环境主管部门工作难度的加大，有些环保制度和环保措施必须作出调整。近年来，生态环境主管部门在行政序列中的地位虽有所提高，[2]但要协调与其他部门之间的关系，殊为不易。在《环境保护税法》立法工作推进过程中，为妥善协调生态环境主管部门（当时主要是环保部）和其他部门之间的关系，在明确立法方向、坚持基

---

[1] 当然，从整个国家治理或整个生态文明建设的全系统或全生命周期来看，这种成本变动是结构性的，即此成本增加的同时，意味着彼成本的减少，最终导致总成本的减少。

[2] 1974年，国务院成立环境保护领导小组办公室，1982年成立环境保护局，归属城乡建设环境保护部（建设部），1984年更名国家环保局，1988年从城乡建设环境保护部独立出来成为国务院直属机构，1998年国家环境保护局升格为国家环境保护总局，2008年改称环境保护部，由直属机构升格为国务院组成部门。以前，环境保护部在国务院组成部门27个部委中排在第16位，2018年机构改革后，生态环境部在国务院组成部门26个部委中排在第15位。

本原则的前提下，采取了"协调性立法"[1]的方式，由原环保部、国家税务总局以及财政部在调查研究的基础上负责起草工作，在就立法关键问题广泛征求意见之后，《环境保护税法》最终揭开面纱。费改税的启动与生态环境主管部门的利益权限直接相关，将其纳入立法工作的参与，于生态环境主管部门而言，对其意愿的表达以及与其他部门间权限的调和起着积极作用，从而有利于降低改革的成本，提高环境保护效率。

2. 经济利益

排污费制度之所以要改革，其中很大的一个原因就是生态环境主管部门在排污费征缴上存在经济利益，很容易产生"规制俘获"的风险。[2]改革为环境税以后，可以大大提高征管的刚性，降低俘获风险。不过，从经济利益来说，生态环境主管部门在某种程度上将可能面临资金来源减少的局面。

1989年《环境保护法》第28条曾规定，排放污染物超过国家或者地方规定的污染物排放标准的企业事业单位，依照国家规定缴纳超标准排污费，并负责治理。征收的超标准排污费必须用于污染的防治，不得挪作他用，具体使用办法由国务院规定。这个规定是原则性的，比较模糊。在该法实施以前及实施后的相当长时期内，排污费征收管理基本上与环保部门的经济利益直接挂钩，被人们形象地称之为"吃"排污费。[3]后来，

---

[1] See David H. Rosenbloom, "Rosemary O'Leary", *Joshua Chanin Public Administration and Law*, Taylor and Francis Group, LLC, 2010, p. 107.

[2] See Don Fullerton, Andrew Leicester, Stephen Smith, "Environmental Taxes", in IFS ed., *Dimensions of Tax Design: The Mirrlees Review*, Oxford University Press, 2010, p. 432.

[3] 例如，侯剑秋：“欣闻环保人员不再'吃'排污费”，载《人民之声》1999年第1期；梁鹏、赵鹏：“既要吃企业 又要罚企业”，载《新华每日电讯》2001年8月29日，第3版。

第八章 环境税法与环境保护制度的协调配合

《排污费征收使用管理条例》（已失效）对相关事项作出了规定，其中第 4 条中规定：排污费的征收、使用必须严格实行"收支两条线"，征收的排污费一律上缴财政；第 5 条第 1 款规定：排污费应当全部专项用于环境污染防治，任何单位和个人不得截留、挤占或者挪作他用；第 18 条第 1 款规定：排污费必须纳入财政预算，列入环境保护专项资金进行管理，主要用于重点污染源防治、区域性污染防治以及污染防治新技术、新工艺的开发、示范和应用等项目的拨款补助或者贷款贴息。对于环保部门长期以来未得到很好解决的经费保障问题，该条例第 4 条也明确规定：环境保护执法所需经费列入本部门预算，由本级财政予以保障。

上述措施取得了一定成效，但是，客观来说，仍未完全根除环保部门的经济利益与排污费征收之间千丝万缕、欲断还连的关系。[1]有的地方在排污收费制度改革后叫苦不迭，如厦门市原环保局局长反映，该局"一年的业务经费就少了 2000 多万元"，"一下子少了三分之二，我现在穷得叮当响。不仅工作难以正常开展了，连吃饭都成了问题。"[2]为了解决"吃饭"的问题，环保部门难以避免地继续想方设法直接或间接地"吃"排污费。笔者在调查中也发现，在一段时间内，地方环保部门征收的排污费所形成的环境保护专项资金中，有相当大的部分

---

[1] 从这些年来的报道就可以看出，"吃"排污费的问题并未彻底解决。参见意赅："莫让排污费成环保部门饭碗"，载《消费日报》2005 年 8 月 1 日，第 A01 版；郭振纲："排污费不是'唐僧肉'"，载《工人日报》2005 年 9 月 8 日，第 3 版；章轲："张文梅：靠吃'排污费'坚守基层环保"，载《第一财经日报》2006 年 4 月 24 日，第 A08 版；秦佩华："环保局人满为患 排污费不够'吃饭'"，载《人民日报》2007 年 7 月 31 日，第 9 版；王新民："解决基层环保人员'吃'排污费问题"，载《中国纪检监察报》2010 年 3 月 5 日，第 4 版。

[2] 章轲："一个地方环保局长的心声：不是'不作为'而是'无法作为'"，载《第一财经日报》2005 年 1 月 25 日，第 A03 版。

被用于环保部门的能力建设，实际上就相当于变相作为环保部门的行政开支。

客观地说，以往环保部门有自身的难处，排污费被"吃"当然不符合规定，应当受到批评和纠正，不过，一定程度上也有体制机制的原因。当前，环保部门已并入生态环境主管部门之中，但相应的财政机制如何调整尚须高度重视，及早加以预防。

在"后排污费时代"，环境税法实施过程中，如果把生态环境主管部门的这块"蛋糕"拿走，生态环境主管部门的财政空缺如何弥补，会不会导致其他环境管制措施成为下一个被"吃"的对象，进而影响各项环境保护制度的实施效果，这些问题都值得考量。预算经费保障不足导致排污收费被原环保部门挤占挪用的教训就在眼前，有效保障财力是必须采取的措施，是生态环境主管部门有效履责的前提基础。在推进生态文明建设过程中，如果不考虑重新调整并增加生态环境主管部门的经费，环境税法的实施可能会加剧生态环境主管部门经费短缺的窘境。有鉴于此，决策者在合理核定生态环境主管部门行政经费的基础上，宜尽早研究调整有关生态环境主管部门的财力安排，保证生态环境主管部门的经费需要，切实保障生态环境管理、执法所必需的财力物力，以彻底解决生态环境主管部门的后顾之忧。可以说，妥善解决环境税法实施可能引发的部门利益、资源不平衡，对环境税法的顺利实施将大有益处。当然，环境税收入可能不适合像排污费那样作为生态环境主管部门的财政"蛋糕"，但是，从其他预算收入中划出一部分保障生态环境主管部门的资金需要是完全可以实现的。这种制度调整虽然已经超出环境税制度的范畴，但是，"功夫在诗外"，这种调整有必要纳入未来决策考量之中，以防止生态环境主管部门另辟蹊径，从排污处罚或其他方面寻找"财源"。

第八章 环境税法与环境保护制度的协调配合

（二）行政体制的差异与再调整

如前所述，环境税征收管理业务的主导部门是税务部门。我国税务部门以垂直管理体制为主，具体来说，在相当长时期内，我国对省（自治区、直辖市）以下地方税务局实行上级税务机关和同级人民政府双重领导、以上级税务机关垂直领导为主的管理体制，即地、市以及县（市）地方税务局的机构设置、干部管理、人员编制和经费开支由所在省（自治区、直辖市）地方税务机构垂直管理。[1] 2018年机构改革过程中，税务管理体制发生了重大变化。2018年7月20日，中共中央办公厅、国务院办公厅印发《国税地税征管体制改革方案》。该方案要求改革国税地税征管体制，合并省级和省级以下国税地税机构，划转社会保险费和非税收入征管职责，构建优化高效统一的税收征管体系。方案对税务部门领导管理体制作了规定，明确国税地税机构合并后实行以税务总局为主、与省区市党委和政府双重领导的管理体制，理顺统一税制和分级财政的关系，充分调动中央和地方两个积极性。

与税务部门显著不同的是，我国环境保护行政体制实行的是统一管理与分级、分部门管理相结合的管理体制。在当前环保管理体制下，地方生态环境主管部门隶属于同级地方人民政府，在业务上接受上级生态环境主管部门的指导，而在人、财、物等方面则由地方人民政府予以保障和管理，有关地方环境保护政策须经地方人民政府批准。例如，《环境保护法》第13条第3款规定，县级以上地方人民政府环境保护主管部门会同有关部门，根据国家环境保护规划的要求，编制本行政区域的环境保护规划，报同级人民政府批准并公布实施。各项具体环境

---

[1] 参见《国务院关于地方税务机构管理体制问题的通知》（国发〔1997〕34号）。

保护制度的实施状况也和地方人民政府的支持密不可分，生态环境主管部门在行政过程中考虑同级人民政府的意图也属理所当然。因此，生态环境主管部门的工作在很大程度上不可避免地受到同级地方人民政府的影响和制约，弱化甚至丧失了环境保护监督执法应该具备的相对独立性。

鉴于环境保护与地方经济社会发展存在复杂的关联性，生态环境主管部门还往往要考虑环境保护措施对地方经济发展的影响。以往，有的地方人民政府对相关部门分解营商环境任务，而相关部门甚至不得不为了招商引资，将"减免排污费"作为优惠的"绣球"抛出，极大地背离了原来排污费制度的政策初衷。[1]一些地方人民政府领导只注重 GDP 的增长，急功近利，以牺牲环境换取一时一地的经济发展，重蹈先污染后治理的覆辙；一些地方划定"无费区"、实行"减半征收"或"减免征收"等土政策，生态环境主管部门顾忌当地政府的压力，过多考虑企业的承受力，觉得排污收费工作不够轰轰烈烈、不好出政绩，还容易得罪人，也不愿下力气真抓实干。[2]

排污费改税后，税务部门因其垂直管理体制可以在一定程度上矫正原来环保部门独立性欠缺的弊端。而且，垂直管理体制有助于解决机构职能重叠、力量分散、监督力度不大、效率不高等问题，有利于实现执法管理统一化、执法单位专门化和执法人员专业化，有助于减少地方行政干预，打破地方保护主义和部门保护主义，降低税收征管的阻力，保障和促进执法的公平、公正和统一。由此可见，税务部门垂直管理体制具有明显的优势，

---

[1] 参见闫艳等："排污费改税有啥利弊？"，载《中国环境报》2011 年 1 月 3 日，第 6 版。

[2] 张力军："认真总结经验锐意开拓进取，扎实有效推进排污费工作再上新台阶——在全国排污费征收管理工作会议上的讲话"。另可参见环境保护部环境监察局编：《排污收费与排污申报》，中国环境科学出版社 2012 年版，第 34—35 页。

第八章 环境税法与环境保护制度的协调配合

甚至也是当时排污费改环境税的合理性和可行性的论据之一。

不过,垂直管理体制下的环境税征收,就不能再像排污费那样可以顺畅自如地与地方人民政府的经济政策"无缝对接"了,尤其是省级以下地方更是如此。至少,在排污费征收过程中,企业往往可以与原环保部门讨价还价,而环境税则不同,其刚性大大压缩了这种"潜规则"的空间。正如斯蒂芬·布雷耶所说的,"税收使规制者与相关企业减少了直接接触",从而避免了大量的规制俘获的问题。[1]税务部门无法"漫天要价",企业也不能"坐地还钱"。

进而言之,生态环境主管部门更容易受到来自同级地方人民政府的影响,因此,在地方人民政府,尤其是基层人民政府有强烈的 GDP 崇拜和招商引资冲动的情况下,生态环境主管部门和税务部门就很可能产生一定的矛盾。在"排污费时代",这种经济发展与环境保护的矛盾在生态环境主管部门内部得到了消化。而在"环境税时代",这种矛盾就可能会凸显出来并直接影响到环境税征管。在环境税立法之前,有很多学者专家提出过各种立法方案,在大多数的环境税立法方案中,关于纳税人所排放的污染物的种类、数量等基础数据,一般是由生态环境主管部门提供的,如果生态环境主管部门和税务部门不能有效配合,那么,环境税征管的相关基础工作很可能受到影响。如果采取由生态环境主管部门代为征收环境税的方案,则在当时管理体制下,生态环境主管部门仍然可能"吃"环境税或按地方人民政府的要求为吸引投资而"减免征收",那么,其后果只能是更加有碍于环境税立法目的的实现。或许正是基于这样的考虑,最后《环境保护税法》采取了税务部门主导征收

---

[1] See Stephen Breyer, "Regulation and Its Reform", *President and Fellows of Harvard College*, 1982, pp. 164-165.

管理的模式。

虽然环境税法并未采取由生态环境主管部门代征的方式，而是采取税务征收、环保协同的方式，但是在整个征管程序中，生态环境主管部门的作用是极为突出的。例如，《环境保护税法》第 20 条第 1 款规定，税务机关应当将纳税人的纳税申报数据资料与生态环境主管部门交送的相关数据资料进行比对。《中华人民共和国环境保护税法实施条例》第 21 条明确规定，纳税人申报的污染物排放数据与环境保护主管部门交送的相关数据不一致的，按照环境保护主管部门交送的数据确定应税污染物的计税依据。这些规定都肯定了生态环境主管部门所交送的数据信息的价值，可见生态环境主管部门在环境税征管中扮演着重要角色。作为同一个硬币的另一面，这也反映了税务部门在环境税征收管理中稍显被动的角色。但是，这并不能否认现行环境税法中的征管模式，综合各方面情况看，环境税法中的征管模式是约束条件下的最优方案。事实上，后面的分析也表明，完全由税务部门独立实施环境税征管是很不现实的。

对此，为尽量减少对生态环境主管部门的专业依赖、提高税务部门的环境税征管业务水平，强化对税务工作人员技能培训也极为必要。针对生态环境主管部门易受地方左右的问题，改革环境保护行政体制成为可行的路径。许多人对目前地方生态环境主管部门的尴尬处境深有感触，也多有意见。2007 年，时任国家环保总局副局长的潘岳在接受媒体采访时说，目前，地方环保局的地位最为尴尬，他们中有很多人坚持原则，但往往是"挺得住的站不住"，更为滑稽的是，很多地方局长要通报当地的污染，居然只能给国家环保总局写匿名信。[1]事实上，

---

[1] 参见郄建荣："环境执法亟须垂直管理"，载《法治日报》2007 年 9 月 21 日，第 1 版。

第八章 环境税法与环境保护制度的协调配合

尽管不可避免地存在一些争议，[1]但是，这些年来许多学者和官员都一直主张生态环境主管部门实行垂直管理，借此破除地方人民政府对环境执法的干扰，保障生态环境主管部门行政行为的相对独立性。同时，也须加快发展方式转变，矫正地方人民政府错误的发展理念，从根源上解决生态环境主管部门和税务部门职能上的矛盾。当然，这种转变不容易迅速实现，有赖于更高层次、更大范围改革的推进。

此时，决策层关于生态环境主管部门的体制改革也应时而生。2018年12月4日，中共中央办公厅、国务院办公厅印发《关于深化生态环境保护综合行政执法改革的指导意见》的通知。该指导意见提出："与相关领域机构改革同步实施，与'放管服'改革、省以下生态环境机构监测监察执法垂直管理制度改革等有机衔接，落实生态环境保护'一岗双责'，统筹安排，协调推进，提升改革整体效能。""全面贯彻先立后破、不立不破原则，把握生态环境保护综合行政执法改革与地方机构改革、省以下生态环境机构监测监察执法垂直管理制度改革以及其他机构改革的内在联系，做到协调一致、统筹推进，于2019年3月底前基本完成生态环境保护综合执法队伍整合组建工作。"就此而言，生态环境主管部门部分职能垂直管理改革对环境税征管也具有积极意义，对环境税制度与环保制度之间的协调也将产生深远影响。

（三）专业分工与职能协调

税收立法应遵循税收法定、税收公平和税收效率三项基本原则，[2]前两者我们暂且不论，就以税收效率原则而言，税务

---

[1] 参见刘洋等："关于我国环境保护垂直管理问题的探讨"，载《环境科学与技术》2010年第11期。

[2] 参见张守文：《税法原理》（第5版），北京大学出版社2009年版，第34页。

部门和生态环境主管部门的专业分工就很可能影响税收效率。税收效率原则可以分为税收经济效率原则和税收行政效率原则，环境税立法必须对经济效率和行政效率进行科学且仔细的评估。[1]下面分别从这两个角度对税务与环保专业分工所产生的问题展开分析。

从税收经济效率的角度来看，环境税应协调经济发展和环境保护两者的关系，既不能因为经济发展而放任环境被破坏，又不宜只顾保护环境而忽视经济发展。要做到这一点，就必须对环境税的课税要素进行精心设计，尤其是对环境税税率的设计极为重要。美国学者丹尼尔·科尔指出，环境税"唯一真正的困难在于如何正确定价，换言之，如何将税率设定在有效率的水平上……如果税率过低，污染者就会选择不削减排放量，环保目标就无法实现。与此相反，如果税率过高，所有的污染者都会选择减少排放量而不是交税，这对环境而言固然是利好，但若从经济角度而言，却是非常没有效率的。"[2]

根据我国的立法经验，税务部门一般在税收立法中占据了主导地位，不过，对于技术性极强的环境税立法，如果不充分发挥生态环境主管部门的专业优势，是难以高质量地完成环境税立法的。这里就直接涉及专业领域分化的问题，由于生态环境主管部门和税务部门都掌握了高度专业化的知识和技能，导致它们之间存在严重的信息不对称。立法过程如果不能充分利用生态环境主管部门的专业优势和完备信息，后果可能是很严重的。著名法学家桑斯坦就曾指出："政府可能仅仅是因为缺乏

---

[1] 参见孙钢："我国开征环境税的难点及建议"，载《税务研究》2008年第8期。

[2] Daniel H. Cole, *Pollution and Property: Comparing Ownership Institutions for Environmental Protection*, Cambridge University Press, 2002, p. 70.

第八章 环境税法与环境保护制度的协调配合

必要的信息致使规定的税太低……有可能税被规定在一个错误的水平,因而导致产生过多的污染。"[1]因此,将来环境税法的修改完善需要充分发挥生态环境主管部门的作用。

一般来说,环境税税率设计的前提是污染物排放标准已经明确,而污染物排放标准需要依靠生态环境主管部门的专业技术和信息资料来加以确定。这些标准不可能全国"一刀切",而是根据各地人口密度、工业化水平、污染物排放总量、自然环境自净能力和环境容量等因素而确定的。[2]回溯《环境保护税法》的立法过程可知,为实现排污费制度到环境税制度间的平稳过渡,立法者按照"税负平移"的原则进行环境保护费改税,在税率设计上,将排污费收费标准作为环境保护税的税额下限。同时,考虑到各地环境情况差异较大,为有效解决各地环境突出问题,有必要实行税额的差别调整和动态调整机制,故立法也应授权地方确定和调整具体税额。《环境保护税法》第6条第2款中规定,应税大气污染物和水污染物的具体适用税额的确定和调整,由省、自治区、直辖市人民政府统筹考虑本地区环境承载能力、污染物排放现状和经济社会生态发展目标要求,在该法所附《环境保护税税目税额表》规定的税额幅度内提出。其中无论是对环境容量的测度,还是对污染物排放情况的统计分析,抑或是对经济社会生态发展目标的确定,都是生态环境主管部门擅长的领域,需依靠生态环境主管部门的专业技术来实现监测分析,以确定适合地方经济环境发展的优质税率。可见,《环境保护税法》的征收管理全过程也离不开生态环境主管

---

[1] Cass R. Sunstein, *Risk and Reason: Safety, Law, and the Environment*, Cambridge University Press, 2002, p. 281.

[2] 参见季解等:"排污费的性质及其规律《关于排污费的使用与管理的探讨》之一",载《环境管理》1982年第2期。

部门的积极协同。联系前述立法过程分析可知,生态环境主管部门充分发挥其专业优势、履行其法定职责,是推进环境税法制度建设和制度实施的重要元素。

此外,污染物种类繁多,同一污染源的污染物构成是非常复杂的,如何有针对性地设计税目、税率以及征管制度,是当初环境税立法过程中各方讨论的重点和难点。例如,污水中的污染物就往往是多因子而非单因子的,"水污染加重可能是由有机物质、悬浮物和重金属等物质的混合物引起的,而对排放量的计量可能既困难又昂贵。"[1]环境税开征前,诸如对水污染到底是按各类污染物因子分类征收,还是综合征收,税率如何确定,这些问题,单靠税务部门来作制度设计,往往存在技术障碍或知识欠缺,影响制度设计效果,所以,必须紧密依靠生态环境主管部门来完成相关制度设计。事实上,环境税立法的确是多个部门合作的产物。最终的法律文本也体现了这一点,而且,法律文本上多处明确了生态环境主管部门的相关职责,有的地方间接体现了生态环境主管部门的协作义务。例如,《环境保护税法》第11条中规定,应税水污染物的应纳税额为污染当量数乘以具体适用税额,以污染当量来从量计算环境税额的计征方式,这就表明,环境税应纳税额计算需要依靠生态环境主管部门的前期工作。

从税收行政效率的角度来看,减少征管环节是提高效率的重要途径。[2]从一般常识看,由多个部门进行合作征管往往要低于一个部门单独征管时的效率。从排污费征管转变为环境税

---

[1] 杨金田、葛察忠主编:《环境税的新发展:中国与OECD比较》,中国环境科学出版社2000年版,第20页。

[2] See Adam Smith, *An Inquiry Into the Nature and Causes of the Wealth of Nation*, Vol. III, edited by William Playfair, William Pickering, 1995, pp. 270-271.

第八章 环境税法与环境保护制度的协调配合

征管,征管体制将发生重大的调整,征管权限将会从一元转变为多元。当然,多元征管权限仅仅是一个概括性的说法,也并非是立法后才发现的现象。事实上,这一点早就在立法之前就被各方预料到了,当时,关于环境税征管权限的分配方案多种多样,既有以"税务部门为主+生态环境主管部门为辅"的方式进行征管的方案,也有"税务部门与生态环境主管部门并重"的方案。"税务部门为主+生态环境主管部门为辅"方案最终入法。无论如何,多元化的征管权限当然也意味着征管环节的增多,如何降低征管成本、提高征管效率就显得尤为迫切。按照马克斯·布瓦索的说法,制度变革的重要目的就在于"降低社会交换的信息成本",[1]我们可以将布瓦索这个结论进一步拓展为——制度变革的重要使命是降低社会成本。环境税立改废全生命周期和环境税征收管理全过程中,都应强调对成本、效率以及效益的分析。

环境税的征收是以污染物的排放数量作为征税依据的,所适用的税率往往与不同污染物导致的污染后果相关。[2]为使税负公平合理,对污染物种类和数量的确定不可能完全依据征管部门的主观评价,也不能完全依赖纳税人的自我申报,而必须主要依靠专门的监测检验和高度技术化的评估测算。因此,环境税的征收管理必须考虑人力物力等征管条件,否则不具备可操作性。如果不充分利用生态环境主管部门的专业特长和已有的客观条件,那么,税务部门必定需要重新购置大量的检测设备,还需充实专业技术人员,开展大规模的技术培训,由此导

---

[1] [英]马克斯·H.布瓦索:《信息空间:认识组织、制度和文化的一种框架》,王寅通译,上海译文出版社2000年版,第189页。
[2] 参见李挚萍:《环境法的新发展——管制与民主之互动》,人民法院出版社2006年版,第101页。

致环境税的征税成本过高，征管效率较低。需要指出的是，专业设备的成本可不低，例如，"十二五"期间，仅仅是中央财政这一块就投入了100多亿元用于支持全国污染减排"三大体系"和环境监管能力建设，建成污染源监控中心343个，配备监测执法设备10万多台套。[1]即便这些设备可以实现税务和生态环境主管部门共享，那么，专业技术仍然是一座难以逾越的大山。如果不利用生态环境主管部门现成的专业设备和专业技术，环境税征管的效率就真的是个大问题。而且在税收征管领域中，掌握涉税信息是税收征管的前提和基础，考虑在环境税开征之前，生态环境主管部门作为环境监测和征收排污费的主体，其掌握的信息资源相比税务机关而言显然更具优越性。

基于上述因素的考量，为降低征管成本、提高征管效率，《环境保护税法》规定了税务部门和生态环境主管部门涉税信息共享平台的相关规则，以及跨部门工作配合机制和相关部门职权划分规则。一般税收法律关系中，常见参与主体主要是征纳双方，而在环境税法中则明显不同。基于环境税的专业性、技术性和征管行政效率，将生态环境主管部门纳入环境税法征管主体范畴之中，且赋予其重要职能，虽在税收法律制度中少见，却是必要的。环境税的征管程序中，税务机关作为主导机构，负责纳税申报受理、进行涉税信息比对、组织税款入库等工作。而生态环境主管部门作为协助机构，主要负责应税污染物监测管理、制定和完善污染物监测规范等工作，并以此为基础提供相关数据。2017年，为进一步强化部门合作、明确职责分工、建立环境税征管协作机制，包括中央和地方在内的各级税务部门和生态环境主管部门均签署了备忘录，重点明确税务和生态

---

[1] 参见《中国环境年鉴》编辑委员会编：《中国环境年鉴2011》，中国环境年鉴社2011年版，第227页。

第八章　环境税法与环境保护制度的协调配合

环境主管部门合作的七大类工作任务，切实做好环境税开征准备工作，确保环境税法能够顺利实施。可见，为保障征管效率，税务机关和生态环境主管部门之间提升合作效能，完善信息交换将成为关键。随着今后涉税信息共享平台的建设和完善，通过进一步规范涉税信息交换的数据项、交换频率和数据格式，提高涉税信息交换的及时性、准确性，环境税征管的行政效率将会大大提高，环境税的征管秩序也将更加规范。

总而言之，"促进和改善环境、减少污染物排放、推动生态文明建设是环境治理主体们的共同职责和价值追求"，[1]环境税"规制—收入"复合功能的实现，仅靠税务部门一己之力难以完成，需要其他部门的密切配合。我国现行环境税法所推行的多部门协同征管模式符合共同职责理念，同时也有利于发挥环境税法的复合功能。无论是环境税制度完善还是环境税征收管理，都应充分重视并发挥生态环境主管部门的专业优势，减少不必要的部门利益争执和部门本位主义，通过明确税务部门和生态环境主管部门的职责，坚持职责法定化原则，在明晰权限和责任的基础上，注重协调配合，有效推动环境税法的实施。当然，税务部门也应在条件具备的情况下积极履行法定职能，在数据信息时代，进一步推行排污申报、纳税的电子化、网络化，大力推广使用环境税征收管理系统、污染源基础数据库系统，加强与生态环境主管部门等相关部门间的数据交换和共享，加强税务部门自身的能力建设，充实一批懂环境科学技术、掌握税务知识技能的人才，建立自己的专业队伍，提高环境税征收管理效率。

---

[1] 陈斌、邓力平："环境保护税征管机制：新时代税收征管现代化的视角"，载《税务研究》2018年第2期。

四、小结

法律制度不是在真空中运行的，法律要有效，离不开与相关系统的契合。环境税法要充分发挥其"规制—收入"复合功能，也必须与相关系统匹配协调。尤其是，环境税法既是新型税法，在某种意义上又是横跨税收法律制度与环境保护法律制度的特殊制度，其与相关环保法律制度的协调直接决定了其功能发挥和效果体现。

回顾起来，排污费改革为环境税，不仅仅是法律规则的调整或立法位阶的提升，更涉及利益格局的调整、体制机制的重构以及行政职能的分割配置。前述分析已经表明，环境税法离不开对当前环境保护制度的理解和尊重，也离不开对现有制度资源的充分利用。任何忽视当前语境的改革，都可能陷入乌托邦式的困境。只有贴近"后排污费时代"的历史遗迹，在环境税法与排污权交易等相关环保制度之间来回省思，并对税务、生态环境等相关主体报以同情的理解和理性的剖析，由此才能发现未来相关制度完善的可能路径，最大限度地挖掘环境税法的"红利"效应，推动生态文明和美丽中国建设。

参考文献

一、中文专著（含译著）

1. 《世界税制现状与趋势》课题组编著:《世界税制现状与趋势（2016）》,中国税务出版社 2017 年版。
2. 《世界税制现状与趋势》课题组编著:《世界税制现状与趋势（2017）》,中国税务出版社 2018 年版。
3. 蔡守秋主编:《欧盟环境政策法律研究》,武汉大学出版社 2002 年版。
4. 曾令良:《欧洲共同体与现代国际法——欧洲共同体对外关系法的理论与实践》,武汉大学出版社 1992 年版。
5. 陈明生:《碳税、规模经济与重工业产业组织结构的调整:以钢铁业为例》,首都经济贸易大学出版社 2016 年版。
6. 陈渊鑫:《全球环境正义视域中的国际碳税制度研究》,中国政法大学出版社 2017 年版。
7. 邓海峰:《排污权:一种基于私法语境下的解读》,北京大学出版社 2008 年版。
8. 杜放、于海峰:《生态税·循环经济·可持续发展》,中国财政经济出版社 2007 年版。
9. 高家伟:《欧洲环境法》,工商出版社 2000 年版。
10. 高培勇主编:《"费改税":经济学界如是说》,经济科学出版社 1999 年版。

11. 高萍：《中国环境税制研究》，中国税务出版社 2010 年版。
12. 葛察忠等：《环境保护税研究》，中国环境科学出版社 2018 年版。
13. 葛察忠、王金南、高树婷主编：《环境税收与公共财政》，中国环境科学出版社 2006 年版。
14. 陆新元主编：《中国的排污收费回顾与展望》，海洋出版社 1988 年版。
15. 国家环保总局环境规划院、国家信息中心：《2008—2020 年中国环境经济形势分析与预测》，中国环境科学出版社 2008 年版。
16. 国家环境保护局监督管理司编：《中国排污收费制度改革国际研讨会论文集》，中国环境科学出版社 1998 年版。
17. 国家环境保护局自然保护司编：《中国生态环境补偿费的理论与实践》，中国环境科学出版社 1995 年版。
18. 国家税务总局税收科学研究所编：《中国税收研究报告》（2006 年），中国财政经济出版社 2007 年版。
19. 国家税务总局税收科学研究所编：《中国税收研究报告》（2014 年），中国财政经济出版社 2016 年版。
20. 国家税务总局税收科学研究所编：《中国税收研究报告》（2009 年），中国财政经济出版社 2010 年版。
21. 计金标：《生态税收论》，中国税务出版社 2000 年版。
22. 李慧玲：《环境税费法律制度研究》，中国法制出版社 2007 年版。
23. 李旭红主编：《环境、税收与企业发展》，中国财政经济出版社 2017 年版。
24. 刘普照：《生态税制理论与应用》，经济科学出版社 2010 年版。
25. 毛涛：《工业绿色发展税收立法研究》，中国社会科学出版社 2017 年版。
26. 牛坤玉、郭静利：《基于环境保护的机动车税费绿化研究》，冶金工业出版社 2016 年版。
27. 彭峰：《法典化的迷思——法国环境法之考察》，上海社会科学院出版社 2010 年版。
28. 邵景春：《欧洲联盟的法律与制度》，人民法院出版社 1999 年版。
29. 司言武：《环境税经济效应研究》，光明日报出版社 2009 年版。

30. 王慧:《环境税合法性研究》,法律出版社 2018 年版。
31. 王金南等编著:《环境税收政策及其实施战略》,中国环境科学出版社 2006 年版。
32. 王小龙:《排污权交易研究:一个环境法学的视角》,法律出版社 2008 年版。
33. 武亚军、宣晓伟:《环境税经济理论及对中国的应用分析》,经济科学出版社 2002 年版。
34. 邢丽:《碳税的国际协调》,中国财政经济出版社 2010 年版。
35. 徐丽媛:《生态补偿财税责任差异化的法律机制研究——与"共有但有区别责任"原则契合》,中国政法大学出版社 2018 年版。
36. 杨金田、葛察忠主编:《环境税的新发展:中国与 OECD 比较》,中国环境科学出版社 2000 年版。
37. 于凌云:《发展绿色经济的地方财税政策研究》,中国财政经济出版社 2007 年版。
38. 张真等:《消费领域环境税费》,复旦大学出版社 2010 年版。
39. 赵海峰执行主编:《欧洲法通讯》(第 1 辑),法律出版社 2001 年版。
40. 中国环保执法年鉴编委会编:《中国环保执法年鉴 (2005—2006)》,新华出版社 2007 年版。
41. 朱红琼:《基于生态补偿的财政研究》,经济科学出版社 2016 年版。
42. [法] OECD 编:《环境绩效评估:德国》,於方等译,中国环境科学出版社 2006 年版。
43. [法] OECD 编:《环境绩效评估:中国》,曹东等译,中国环境科学出版社 2007 年版。
44. [美] D. 梅多斯等:《增长的极限》,于树生译,商务印书馆 1984 年版。
45. [英] 弗兰西斯·斯奈德:《欧洲联盟法概论》,宋英编译,北京大学出版社 1996 年版。
46. 经济合作与发展组织编:《环境税的实施战略》,张世秋等译,中国环境科学出版社 1996 年版。
47. 经济合作与发展组织编:《税收与环境:互补性政策》,张山岭、刘亚明译，中国环境科学出版社 1996 年版。

48. 欧洲环境局：《环境税的实施和效果》，刘亚明译，中国环境科学出版社 2000 年版。
49. 欧洲环境署、欧洲水污染控制协会编著：《城市污水管理指南》，沈玉梅译，中国环境科学出版社 2000 年版。
50. 世界银行：《国际贸易与气候变化——经济、法律和制度分析》，廖玫等译，高等教育出版社 2010 年版。

二、外文专著

1. Agnar Sandmo, *Environmental Taxation and Revenue for Development*, United Nations University, World Institute for Development Economics Research, 2003.
2. Alberto Cavaliere edited, *Critical Issues in Environmental Taxation: International and Comparative Perspectives*, Vol. 3, Oxford University Press, 2006.
3. Ian W. H. Parry et al., *Fiscal Policy to Mitigate Climate Change: A Guide to Policymakers*, International Monetary Fund, 2012.
4. Jacqueline Cottrell edited, *Critical Issues in Environmental Taxation: International and Comparative Perspectives*, Vol. 6, Oxford University Press, 2009.
5. Janet Milne edited, *Critical Issues in Environmental Taxation: International and Comparative Perspectives*, Vol. 2, Oxford University Press, 2005.
6. Janet Milne edited, *Critical Issues in Environmental Taxation: International and Comparative Perspectives*, Vol. 1, Richmond Law & Tax, 2002.
7. Jing Cao, *Essays on Environmental Tax Policy Analysis: Dynamic Computable General Equilibrium Approaches Applied to China*, UMI, 2007.
8. John Snape, Jeremy de Souza, *Environmental Taxation Law: Policy, Contexts and Practice*, Routledge, 2006.
9. Kurt Deketelaere edited, *Critical Issues in Environmental Taxation: International and Comparative Perspectives*, Vol. 4, Oxford University Press, 2007.
10. Lawrence Kreiser edited, *Critical Issues in International Environmental Taxation: Insights and Analysis for Achieving Environmental Goals Through Tax Policy*, CCH, 2002.

11. Lin-Heng Lye edited, *Critical Issues in Environmental Taxation: International and Comparative Perspectives*, Vol. 7, Oxford University Press, 2010.
12. Nathalie Chalifour edited, *Critical Issues in Environmental Taxation: International and Comparative Perspectives*, Vol. 5, Oxford University Press, 2008.
13. OECD, *OECD Work on Environment*, OECD Publishing, 2011.
14. OECD, *Taxation, Innovation and the Environment*, OECD Publishing, 2010.
15. OECD, *The Political Economy of Environmentally Related Taxes*, OECD Publishing, 2006.
16. OECD, *The Polluter Pays Principle*, OECD Publishing, 1992.
17. Ruud A. De Mooij, *Environmental Taxation and the Double Dividend*, Emerald Publishing Limited, 2000.

三、中文论文

1. 陈光伟、李来来："欧盟的环境与资源保护——法律、政策和行动"，载《自然资源学报》1999年第3期。
2. 陈红彦："碳税制度与国家战略利益"，载《法学研究》2012年第2期。
3. 崔军："关于我国开征碳税的思考"，载《税务研究》2010年第1期。
4. 傅京燕："国外有关环境与贸易问题研究的进展及其启示"，载《财贸经济》2005年第8期。
5. 高萍、计金标、张磊："我国环境税税制模式及其立法要素设计"，载《税务研究》2010年第1期。
6. 何锦前："环境税税目设计的原则与路径——以发展方式转变为背景"，载《广西政法管理干部学院学报》2012年第4期。
7. 何锦前："环境税与环保制度的矛盾与化解——以行政部门为视角"，载《石河子大学学报（哲学社会科学版）》2012年第4期。
8. 何锦前："环境税与环保制度的协调"，载《中国环境管理干部学院学报》2012年第4期。
9. 何锦前："价值视域下的环境税立法"，载《法学》2016年第8期。
10. 何锦前："论环境税法的功能定位——基于对'零税收论'的反思"，载《现代法学》2016年第4期。

11. 何锦前："排污费改税：新设税种还是增设税目"，载《海南师范大学学报（社会科学版）》2012第7期。
12. 计金标、高萍："试论我国开征环境税的框架性问题"，载《税务研究》2008年第11期。
13. 兰花："从相称性原则看欧盟贸易与环境争端的解决"，载《法学评论》2005年第4期。
14. 李伯涛："环境税的国际比较及启示"，载《生态经济》2010年第6期。
15. 李慧玲："环境税立法若干问题研究——兼评《〈中华人民共和国环境保护税法〉（征求意见稿）》"，载《时代法学》2015年第6期。
16. 李慧玲："论环境收入税"，载《现代法学》2007年第6期。
17. 李慧玲："我国环境税收体系的重构"，载《法商研究》2003年第2期。
18. 李寿平："略论欧洲联盟的环境与贸易政策及其启示"，载《法学评论》2005年第3期。
19. 李帅："财税法视角下环境税立法的法经济学分析与展望"，载《石河子大学学报（哲学社会科学版）》2016年第3期。
20. 李文龙："欧盟直接税制的一体化发展——兼论税收一揽子方案"，载《外国经济与管理》2002年第5期。
21. 刘剑文、耿颖："开征环保税：'绿色税制'建设的重要一步"，载《人民论坛》2017年第14期。
22. 马冉："对欧盟环境政策的法律思考"，载《河南大学学报（社会科学版）》2004年第1期。
23. 梅运彬、刘斌："环境税的国际经验及其对我国的启示"，载《武汉理工大学学报（信息与管理工程版）》2011年第1期。
24. 牟坚："国际环境合作与欧盟环境立法实践"，载《长春市委党校学报》2000年第4期。
25. 宋丽颖、王琰："完善我国环境保护税法的思考"，载《税务研究》2015年第9期。
26. 谭立："环境税的基本问题"，载《法学杂志》1999年第3期。

27. 王慧:"从GATT第3条的解释看环境税的合法性——基于'平等对待条款'解释的视角",载《国际商务(对外经济贸易大学学报)》2010年第6期。

28. 王军、邢文达:"环境税国际协调法律制度障碍及解决途径研究",载《河北法学》2017年第6期。

29. 王明远:"从'污染物"末端"处理'到'清洁生产'——发达国家依法保护环境资源的理论与实践",载《外国法译评》1999年第3期。

30. 王霞:"宏观调控型税收视野下的环境税探析",载《湖南科技大学学报(社会科学版)》2014年第2期。

31. 魏珣、马中:"环境税国际经验及对中国启示",载《环境保护》2009年第1期。

32. 谢林:"环境税模式的国际比较以及对我国的借鉴",载《中国集体经济》2011年第3期。

33. 邢会强:"基于激励原理的环境税立法设计",载《税务研究》2013年第7期。

34. 熊伟:"环境财政、法制创新与生态文明建设",载《法学论坛》2014年第4期。

35. 徐凤:"欧盟国家征收环境税的基本经验及其借鉴",载《河北法学》2016年第2期。

36. 闫泽滢:"环境税问题:文献综述",载《北方经济》2010年第5期。

37. 燕洪国:"环境税理论与实践:国内外研究文献综述",载《财政经济评论》2013年第2期。

38. 杨志勇、何代欣:"公共政策视角下的环境税",载《税务研究》2011年第7期。

39. 叶金育、褚睿刚:"环境税立法目的:从形式诉求到实质要义",载《法律科学(西北政法大学学报)》2017年第1期。

40. 叶金育:"环境法与税法价值整合视域下的规制工具配置",载《经济法学评论》2016年第1期。

41. 叶金育:"税收优惠统一立法的证成与展开——以税收优惠生成模式为分析起点",载《江西财经大学学报》2016年第2期。

42. 叶金育："污染产品课税：从消费税到环境税"，载《中国政法大学学报》2017年第5期。

43. 叶姗："环境保护税法设计中的利益衡量"，载《厦门大学学报（哲学社会科学版）》2016年第3期。

44. 俞敏："环境税改革：经济学机理、欧盟的实践及启示"，载《北方法学》2016年第1期。

45. 袁达松："走向包容性的法治国家建设"，载《中国法学》2013年第2期。

46. 张斌："论绿色发展理念下我国生态税体系的构建"，载《黑龙江省政法管理干部学院学报》2017年第2期。

47. 张德勇："促进低碳经济发展的财政政策"，载《税务研究》2010年第6期。

48. 张平华："欧盟环境政策实施体系研究"，载《环境保护》2002年第1期。

49. 张守文："我国环境税立法的'三维'审视"，载《当代法学》2017年第3期。

50. 朱晓勤："欧盟国家的若干环境经济法律制度"，载《世界环境》2000年第1期。

四、外文论文

1. A. Majocchi, "Green Fiscal Reform and Employment: A Survey", *Environmental and Resource Economics*, Vol. 8, No. 4, 1996.

2. A. N. Hatchett, "Bovines and Global Warming: How the Cows Are Heating Things Up and What Can be Done to Cool Them Down", *William & Mary Environmental Law and Policy Review*, Vol. 29, No. 3, 2005.

3. A. W. Brian Simpson, "'Coase v. Pigou' Reexamined", *The Journal of Legal Studies*, Vol. 25, No. 1, 1996.

4. Alain Verbeke, Chris Coeck, "Environmental Taxation: A Green Stick or a Green Carrot for Corporate Social Performance?" *Managerial and Decision Economics*, Vol. 18, No. 6, 1997.

参考文献

5. Allan J. Samansky, "Tax Policy and the Obligation to Support Children", *Ohio State Law Journal*, Vol. 57, No. 2, 1996.
6. Avinash Dixit, Agnar Sandmo, "Some Simplified Formulae for Optimal Income Taxation", *The Scandinavian Journal of Economics*, Vol. 79, No. 4, 1977.
7. B. R. Weingast, "The Economic Role of Political Institutions: Market-Preserving Federalism and Economic Development", *Journal of Law, Economics & Organization*, Vol. 11, No. 1, 1995.
8. Brian Galle, "Tax Fairness", *Washington and Lee Law Review*, Vol. 65, No. 4, 2008.
9. Charles M. Tiebout, "A Pure Theory of Local Expenditures", *Journal of Political Economy*, Vol. 64, No. 5, 1956.
10. Christopher Heady, "Optimal Taxation as a Guide to Tax Policy: A Survey", *Fiscal Studies*, Vol. 14, No. 1, 1993.
11. Chulho Jung, Kerry Krutilla, Roy Boyd, "Incentives for Advanced Pollution Abatement Technology at the Industry Level: An Evaluation of Policy Alternatives", *Journal of Environmental Economics and Management*, Vol. 30, No. 1, 1996.
12. D. Frederick, "Historical Lessons from the Life and Death of the Federal Estate Tax", *The American Journal of Legal History*, Vol. 49, No. 2, 2007.
13. Daniel E. Kwak, "Civilizing Society: The Need for a Carbon Tax in Light of Recent Changes to U. S. Energy Taxation Policy", *Oregon Law Review*, Vol. 88, No. 2, 2009.
14. Daniel L. Millimet, "Assessing the Empirical Impact of Environmental Federalism", *Journal of Regional Science*, Vol. 43, No. 4, 2003.
15. David W. Williams, "Taxing Statutes Are Taxing Statutes: The Interpretation of Revenue Legislation", *The Modern Law Review*, Vol. 41, No. 4, 1978.
16. F. H. Knight, "Some Fallacies in the Interpretation of Social Cost", *The Quarterly Journal of Economics*, Vol. 38, No. 4, 1924.
17. F. P. Ramsey, "A Contribution to the Theory of Taxation", *The Economic Journal*, Vol. 37, No. 145, 1927.

18. George R. Zodrow, Peter Mieszkowski, "Pigou, Tiebout, Property Taxation, and the Underprovision of Local Public Goods", *Journal of Urban Economics*, Vol. 19, No. 3, 1986.
19. J. Van Heerden et al., "Searching for Triple Dividends in South Africa: Fighting CO_2 Pollution and Poverty While Promoting Growth", *The Energy Journal*, Vol. 27, No. 2, 2006.
20. Jack Mintz, Henry Tulkens, "Commodity Tax Competition Between Member States of a Federation: Equilibrium and Efficiency", *Journal of Public Economics*, Vol. 29, No. 3, 1986.
21. Jeffrey B. Nugent, C. V. S. K. Sarma, "The Three E's - Efficiency, Equity, and Environmental Protection-in Search of 'Win-Win-Win' Policies: A CGE Analysis of India", *Journal of Policy Modeling*, Vol. 24, No. 1, 2002.
22. Joel Slemrod, "Optimal Taxation and Optimal Tax Systems", *Journal of Economic Perspectives*, Vol. 4, No. 1, 1990.
23. John D. Wilson, "A Theory of Interregional Tax Competition", *Journal of Urban Economics*, Vol. 19, No. 3, 1986.
24. John D. Wilson, "Optimal Property Taxation in the Presence of Interregional Capital Mobility", *Journal of Urban Economics*, Vol. 18, No. 1, 1985.
25. John Coverdale, "The Flat Tax Is Not a Fair Tax", *Seton Hall Legislative Journal*, Vol. 20, No. 2, 1996.
26. John H. Cumberland, "Efficiency and Equity in Interregional Environmental Management", *Review of Regional Studies*, Vol. 10, No. 2, 1981.
27. Jonathan Rodden, Susan Rose-Ackerman, "Does Federalism Preserve Markets?", *Virginia Law Review*, Vol. 83, No. 7, 1997.
28. Joseph M. Dodge, "The Fair Tax: The Personal Realization Income Tax", *Florida Tax Review*, Vol. 19, No. 9, 2016.
29. Joseph Raz, "Legal Principles and the Limits of Law", *The Yale Law Journal*, Vol. 81, No. 5, 1972.
30. Justin Dabner, "In Search of a Purpose to Our Tax Laws: Can We Trust the Judiciary", *Journal of Australian Taxation*, Vol. 6, No. 1, 2003.

31. M. Hantke-Domas, "The Public Interest Theory of Regulation: Non-Existence or Misinterpretation?", *European Journal of Law and Economics*, Vol. 15, No. 2, 2003.

32. N Lee, "A Purposive Approach to the Interpretation of Tax Statutes?", *Statute Law Review*, Vol. 20, No. 2, 1999.

33. Paul A. Samuelson, "The Pure Theory of Public Expenditure", *The Review of Economics and Statistics*, Vol. 36, No. 4, 1954.

34. Peter A. Diamond, James A. Mirrlees, "Optimal Taxation and Public Production I: Production Efficiency", *The Amerian Economic Review*, Vol. 61, No. 1, 1971.

35. Peter A. Diamond, James A. Mirrlees, "Optimal Taxation and Public Production II: Tax Rules", *The Amerian Economic Review*, Vol. 61, No. 3, 1971.

36. Pierre Schlag, "Four Conceptualizations of the Relations of Law to Economics (Tribulations of a Positivist Social Science)", *Cardozo Law Review*, Vol. 33, No. 6, 2012.

37. R. H. Coase, "The Lighthouse in Economics", *The Journal of Law & Economics*, Vol. 17, No. 2, 1974.

38. Reuven S. Avi-Yonah, "The Three Goals of Taxation", *Tax Law Review*, Vol. 60, No. 1, 2006.

39. Richard A. Musgrave, "The Voluntary Exchange Theory of Public Economy", *The Quarterly Journal of Economics*, Vol. 53, No. 2, 1939.

40. Richard B. Stewart, "Pyramids of Sacrifice?: Problems of Federalism in Mandating State Implementation of National Environmental Policy", *The Yale Law Journal*, Vol. 86, No. 6, 1977.

41. Richard L. Revesz, "Federalism and Interstate Environmental Externalities", *University of Pennsylvania Law Review*, Vol. 144, No. 6, 1996.

42. Richard L. Revesz, "Rehabilitating Interstate Competition: Rethinking the 'Race-to-the-Bottom' Rationale for Federal Environmental Regulation", *New York University Law Review*, Vol. 67, No. 6, 1992.

43. Ronald Dworkin, "Judicial Discretion", *The Journal of Philosophy*, Vol. 60,

No. 21, 1963.
44. Stephanie Benkovic, Joseph Kruger, "To Trade or Not to Trade? Criteria for Applying Cap and Trade", *The Scientific World Journal*, Vol. 1, No. S2, 2001.
45. Talbot Page, "A Nondistortionary Property of Environmental Taxes", *American Journal of Agricultural Economics*, Vol. 86, No. 3, 2004.
46. Tobias Lonnquist, "The Trend Towards Purposive Statutory Interpretation: Human Rights at Stake", *Revenue Law Journal*, Vol. 13, No. 1, 2003.
47. Viktor J. Vanberg, "Competitive Federalism, Government's Dual Role and the Power to Tax", *Journal of Institutional Economics*, Vol. 12, No. 4, 2016.
48. W. Brian Arthur, "Competing Technologies, Increasing Returns, and Lock-in by Historical Events", *The Economic Journal*, Vol. 99, 1989.
49. W. David Montgomery, "Markets in Licenses and Efficient Pollution Control Programs", *Journal of Economic Theory*, Vol. 5, No. 3, 1972.
50. Walter J. Blum, "Motive, Intent, and Purpose in Federal Income Taxation", *The University of Chicago Law Review*, Vol. 34, No. 3, 1967.
51. Yingyi Qian, Barry R. Weingast, "China's Transition to Markets: Market-Preserving Federalism, Chinese Style", *Journal of Policy Reform*, Vol. 1, No. 2, 1996.
52. Yingyi Qian, Barry R. Weingast, "Federalism as a Commitment to Preserving Market Incentives", *Journal of Economic Perspectives*, Vol. 11, No. 4, 1997.
53. Zhongxiang Zhang, Andrea Baranzini, "What Do We Know About Carbon Taxes? An Inquiry into Their Impacts on Competitiveness and Distribution of Income", *Energy Policy*, Vol. 32, No. 4, 2004.